公共基础知识

GONG GONG JI CHU ZHI SHI

黄　璐◎编著

中国政法大学出版社

2023·北京

图书在版编目（ＣＩＰ）数据

公共基础知识/黄璐编著. —北京：中国政法大学出版社，2023.12
ISBN 978-7-5764-1264-2

Ⅰ.①公…　Ⅱ.①黄…　Ⅲ.①行政事业单位－招聘－考试－中国－自学参考资料
Ⅳ.①D630.3

中国国家版本馆 CIP 数据核字(2024)第 007771 号

出 版 者	中国政法大学出版社
地　　址	北京市海淀区西土城路 25 号
邮寄地址	北京 100088 信箱 8034 分箱　邮编 100088
网　　址	http://www.cuplpress.com (网络实名：中国政法大学出版社)
电　　话	010-58908586(编辑部) 58908334(邮购部)
编辑邮箱	zhengfadch@126.com
承　　印	固安华明印业有限公司
开　　本	720mm×960mm　　1/16
印　　张	20.5
字　　数	350 千字
版　　次	2023 年 12 月第 1 版
印　　次	2023 年 12 月第 1 次印刷
定　　价	99.00 元

目　录

◇ 第一篇　法　律 ◇

◇ 第二篇 道 德 ◇

◇ 第三篇 科学与技术 ◇

◇ 第四篇 公文 ◇

◇ 第五篇　事业单位管理 ◇

第一篇　法　律

第一章　法理学

第一节　法的概述

一、法的概念

法是由国家制定或认可的，以规定权利和义务为内容，由国家强制力保证实施的社会规范的总和。

二、法的特征

特征	具体内容	知识延伸
规范性	法是规定权利与义务的社会规范，权利和义务是法的主要内容。法律对社会关系的调整，主要是通过确定权利和义务的关系来实现的。	法的规范性包含了不特定性和反复适用性，即法的适用对象是不特定的人，并且不仅仅适用一次，而是可以反复适用。
国家性	法是由国家制定、认可和解释，并有普遍约束力的社会规范。	法律是统治阶级的国家意志的体现。
普遍性	法的普遍性是指法作为社会规范在国家管辖范围内普遍有效。	区别法的规范性和普遍性：规范性是普遍性的前提和基础，而普遍性是规范性的发展和延伸。
国家强制性	法是由国家强制力保证实施的社会规范。法律最主要的特征是靠国家强制力保证实施。	国家强制性是法最主要的特征。
程序性	法是有严格程序规定的规范，具有程序性。法是强调程序、规定程序和实行程序的规范。也可以说，法是一个程序制度化的体系或者制度化解决问题的程序。	程序是社会制度化的最重要的基石。

（一）法律与道德的联系和区别

1. 区别

（1）道德调整的范围更广、内容更丰富，法律更具强制性。

（2）与法律相比，道德与宗教等社会规范也规定义务，但它们轻视权利，不承认利益，仅提倡对社会、对他人的责任和义务。

2. 联系

（1）法律是最低层次的道德；

（2）法律与道德在一定条件下相互转化；

（3）违反道德的未必违反法律，违反法律的未必违反道德。

（二）法律与政策的联系和区别

政策：国家、政党为调整社会关系、实现特定任务规定的路线、方针、规范和措施的统称。

1. 区别

	制定机关	表现形式	实施方式	稳定性
法律	国家机关制定	以法条的形式表现	国家强制力保证实施	法律的稳定性比政策更强
政策	党政机关均可制定	一般为决定、决议的形式	以宣传的方式实施	

2. 联系

政策指导法律，法律制约政策。

三、法的本质

本质	具体内容
阶级意志性	法是统治阶级意志的体现。（中国的法律是人民意志的体现）
物质制约性	法的内容、产生、变更都由统治阶级所处的社会物质生活条件所决定。（本质的本质）

四、法的分类

分类标准	分类结果	相关定义
以法的创制方式和表达形式为标准进行的分类	成文法	由国家特定机关制定和公布，并以法律条文形式出现的法律。
	不成文法	非经国家立法机关以特定程序制定的，亦不以条文化形式展示法律内容的，却具有国家法律效力的法律形式。（包括判例法、习惯法、法理三种形式）
以法律规定内容的不同为标准对法律的分类	实体法	指规定具体权利义务内容或者法律保护的具体情况的法律，如民法、刑法、行政法等。
	程序法	为实现实体权利义务而制定的关于程序方面的法律，如民事诉讼法、刑事诉讼法、行政诉讼法、仲裁法、复议法。
以法律的地位、效力、内容和制定主体、程序的不同为标准对法律的分类	根本法	宪法就是根本大法。
	一般法	除了宪法之外的法律，其法律地位和法律效力低于宪法。
以法律的创制主体和适用主体为标准对法律的分类	国内法	指在一主权国家内，由特定国家法律创制机关创制并在本国主权所及范围内适用的法律。
	国际法	由参与国际关系的国家通过协议制定或认可的，并适用于国家之间的法律。
以法律运用的目的不同为标准对法律的分类	公法	以保护公共利益为目的的法律，如宪法、行政法、刑法。
	私法	以保护私人利益为目的的法律，如民法、商法。

五、法的要素

要素	定义	示例
★法律规则	规定权利、义务及法律后果的规范。	《刑法》[1]第 400 条第 1 款：司法工作人员私放在押的犯罪嫌疑人、被告人或者罪犯的，处五年以下有期徒刑或者拘役；……

---

〔1〕　本书涉及我国法律法规，直接使用简称，省去"中华人民共和国"字样，全书统一，后不赘述。

续表

要素	定义	示例
法律原则	在一定法律体系中作为法律规则的指导思想、基础或本原的、综合的、稳定的原理和准则。	《民法典》第5条：民事主体从事民事活动，应当遵循自愿原则，按照自己的意思设立、变更、终止民事法律关系。
法律概念	法律概念是指法律对各种具有法律意义的事物、状态、行为进行概括而形成的专门术语。	《刑法》第14条第1款：明知自己的行为会发生危害社会的结果，并且希望或者放任这种结果发生，因而构成犯罪的，是故意犯罪。

★法律规则知识延伸：

1. 法律规则的结构

（假定）+行为模式（可为、应为、勿为）+法律后果。

示例：《刑法》第400条第1款规定，司法工作人员（假定）私放在押的犯罪嫌疑人、被告人或者罪犯的（行为模式-勿为），处五年以下有期徒刑或者拘役（法律后果）。

法律规则与法律条文的关系：大多法律条文与法律规则是一一对应的关系。

特例一：《刑法》第115条规定，放火、决水、爆炸以及投放毒害性、放射性、传染病病原体等物质或者以其他危险方法致人重伤、死亡或使公私财产遭受重大损失的，处十年以上有期徒刑、无期徒刑或者死刑。过失犯前款罪的，处三年以上七年以下尤其徒刑；情节较轻的，处三年以下有期徒刑或者拘役。

特例二：《刑法》第382条第1款规定，国家工作人员利用职务上的便利，侵吞、窃取、骗取或者以其他手段非法占有公共财物的，是贪污罪。

结论：

A. 法律条文与法律规则并非一一对应关系。

B. 法律规则并非都表现为法律条文。

2. 法律规则的分类

分类标准	分类结果	相关定义
根据规则内容规定的不同	授权性规则	指规定人们可为或不可为一定行为以及要求其他人为或不为一定行为的规则。授权性规则可被分为职权性规则和权利性规则。
	义务性规则	指规定人们应为或勿为一定行为的规则。义务性规则可被分为命令性规则和禁止性规则。
根据规则对人们行为规定和限定的范围或程度的不同（规则的适用谁说了算）	强行性规则（国家说了算）	指内容具有强制性质，不允许人们随便加以更改的法律规则。义务性规则和授权性规则中的职权性规则为强行性规则。
	任意性规则（当事人说了算）	指规定在一定范围内，允许当事人以自己的意思更改其内容或者排除其适用的法律规则。授权性规则中的权力性规则为任意性规则。
根据规则内容的确定性程度不同（找谁帮忙）	确定性规则（不需帮忙）	指内容已被明确规定，无需再援引或参照其他规则来确定其内容的法律规则。法律条文规定的绝大多数法律规则均属于此种规则。
	委任性规则（找人帮忙）	指内容尚未确定，而只是规定某种概括性指示，由相应国家机关通过相应途径或程序加以规定的法律规则。
	准用性规则（找法帮忙）	指内容本身没有规定人们具体的行为模式，而是可以援引或参照其他相应内容规定的规则。

六、法的作用

规范作用	定义		法的规范作用，是指法基于其规范性对人的行为产生的影响。
	分类	指引作用	法的指引的对象为本人的行为。法的指引作用又被分为确定的指引和有选择的指引，即必须为和可以为。
		评价作用	法的评价对象为他人的行为。
		预测作用	法的预测对象为人们的相互行为，包括国家机关的行为。
		教育作用	法的教育对象为一般人的行为。
		强制作用	法的强制对象为违法犯罪者的行为。

续表

社会作用	定义		法的社会作用，是指法作为社会关系调整器对社会所产生的影响。
	分类	维护统治阶级的作用	维护统治阶级的阶级统治是法的社会作用的核心，法的目的是维护对统治阶级有利的社会关系和社会秩序。
		执行社会公共事务的作用	（1）为维护人类社会基本生活条件的法律，如有关自然资源、医疗卫生、环境保护、交通通信以及基本社会秩序的法律； （2）有关生产力和科学技术的法律； （3）有关技术规范的法律，即使用设备工序、执行工艺过程和对产品、劳动、服务质量要求的法律； （4）有关一般文化事务的法律。

七、法的效力

（一）定义

法的效力，即法律的约束力，指人们应当按照法律规定的那样行为，必须服从。

（二）分类

1. 空间效力

定义		法律对人的效力，是指法律对谁有效力，适用于哪些人。
原则	属人原则	即法律只适用于本国公民，不论其身在国内还是国外，非本国公民即使身在该国领域内也不适用。
	属地原则	法律适用于该国管辖地区内的所有人，不论是不是本国公民，都受法律约束和法律保护，本国公民不在本国，则不受本国法律的约束和保护。
	保护原则	以保护本国利益作为是否适用本国法律的依据，任何侵害了本国利益的人，不论其国籍和所在地域，都要受该国法律的追究。
	普遍原则	以保护国际社会的共同利益为标准，凡发生国际条约所规定的侵害国际社会共同的犯罪，不论犯罪人是本国人还是外国人，也不论犯罪地在本国领域内还是在本国领域外，都适用本国刑法。

2. 时间效力

定义	指法律何时生效、何时终止效力以及法律对其生效以前的事件和行为有无溯及力。	
分类	生效时间	（1）法律公布之日； （2）法律明文规定生效时间。
	失效时间	（1）明示废止：明文规定废止旧法。 （2）默示废止：新法与旧法相抵触时，适用新法使旧法事实上废止，或者因法自身规定的有效期届满、历史任务完成等而自行失效。
	法的溯及力	即法律溯及既往的效力，是指法律对其生效以前的事件和行为是否适用。如果适用，就具有溯及力；如果不适用，就没有溯及力。（原则：法不溯及既往，但有利溯及除外——从旧兼从轻）

第二节　法律关系

一、法律关系的含义

法律关系是法律在调整社会关系的过程中所产生的人们之间的权利和义务关系。

二、法律关系的分类

分类标准	分类结果	相关定义
按照法律主体在法律关系中的地位不同	横向（平权）法律关系	横向法律关系是指平权法律主体之间的权利义务关系。其特点在于，法律主体的地位是平等的，权利和义务的内容具有一定程度的任意性。
	纵向（隶属）法律关系	纵向（隶属）的法律关系是指在不平等的法律主体之间所建立的权力服从关系。其特点：①法律主体处于不平等的地位。②法律主体之间的权利与义务具有强制性，既不能随意转让，也不能任意放弃。
按照相关的法律关系作用和地位的不同	第一性（主）法律关系	是人们之间依法建立的不依赖其他法律关系而独立存在的或在多向法律关系中居于支配地位的法律关系。
	第二性（从）法律关系	在多向法律关系中产生的、居于从属地位的法律关系。

三、法律关系的结构

（一）法律关系的主体

定义		法律关系主体是法律关系的参加者，即在法律关系中一定权利的享有者和一定义务的承担者。权利的享有者称为权利人；义务的承担者称为义务人。
分类	自然人	自然人是指基于自然出生而依法在民事上享有权利和承担义务的个人。
	法人	法人是具有民事权利能力和民事行为能力，依法独立享有民事权利和承担民事义务的组织，是社会组织在法律上的人格化。

（二）法律关系的内容

法律关系的内容就是法律关系主体之间的法律权利和法律义务。

（三）法律关系的客体

种类	特点
物	（1）应得到法律之认可；（2）应为人类所认识和控制，不可认识和控制之物（如地球以外的天体）不能成为法律关系客体；（3）能够给人们带来某种物质利益，具有经济价值；（4）须具有独立性。
人身	（1）自然人的身体，不得被视为法律上之"物"；（2）权利人对自己的人身不得进行违法或有伤风化的活动，不得滥用人身或自践人身和人格；（3）对人身行使权利时必须依法进行，不得超出法律授权界限，严禁对他人人身非法强行行使权利。
智力成果（精神产品）	人通过某种物体（如书本、胶片、磁盘）或大脑记载下来并加以流传的思维成果。精神产品不同于有体物，其价值和利益在于物中所承载的信息、知识、技术、符号和其他精神文化。同时，它又不同于人的主观精神活动本身，是精神活动的物化、固定化。
行为结果	（1）物化结果，即义务人的行为（劳动）凝结于一定的物体，产生一定的物化产品或营建物（房屋、桥梁、道路等）；（2）非物化结果，即义务人的行为没有转化为物化实体，而仅表现为一定的行为过程，直至终了，最后产生权利人所期望的结果（或效果）。

四、法律关系的产生、变更和消灭

法律关系处在不断生成、变更和消灭的运动过程中。它的形成、变更和消灭需要具备一定的条件。其中最主要的条件有两个：一是法律规范；二是法律事实。

法律规范是法律关系形成、变更和消灭的法律依据，没有一定的法律规范就不会有相应的法律关系。但法律规范的规定只是主体权利和义务关系的一般模式，还不是现实的法律关系本身。法律关系的形成、变更和消灭还必须具备直接的前提条件，这就是法律事实。法律事实是法律规范与法律关系联系的中介。

法律事实	定义		法律规范所规定的、能够引起法律关系的产生、变更和消灭的客观情况或现象。
	分类	法律事件	法律规范规定的、不以当事人的意志为转移而引起法律关系形成、变更或消灭的客观事实。
		法律行为	以人的意志为转移，是人们有意识的自觉活动的结果。包括作为（即积极的行为）和不作为（即消极的行为）。

第三节　法的运行

一、法律制定

法律制定	定义	法律制定也称法的创制或立法，是指有立法权的国家机关或经授权的国家机关，在法定的职权范围内，依照程序，创制、认可、修改、补充和废止法律与其他规范性法律文件的一项专门性活动。
	特征	（1）法律制定是国家的一项专有活动。
		（2）法律制定既包括有立法权的国家机关进行的法律制定活动，也包括经授权的国家机关进行的法律制定活动。
		（3）法律制定既包括法的创制活动，也包括法的认可、修改、补充和废止活动。
		（4）法律制定是一种严格依照法定程序进行的活动。

二、法律解释

定义	法律解释是指一定的人或者组织对法律规定含义的说明。		
分类	正式解释（有权解释）	正式解释定义：特定国家机关、官员或其他有解释权的主体对法律作出的具有法律约束力的解释。	
		分类	（1）立法解释，解释主体为全国人民代表大会常务委员会。
			（2）司法解释，解释主体为最高人民法院、最高人民检察院。
	非正式解释（无权解释）		（3）行政解释，解释主体为国务院及其组成部门。
		非正式解释定义：学者或者其他个人组织对法律规定所作的不具有法律约束力的解释，又称为学理解释。	

三、法的实施

法的实施，是指法在社会生活中被人们实际施行的活动，包括执法、司法、守法和法律监督。

实施活动	相关定义	活动主体
执法	一般指行政执法，即国家行政机关、公务员及授权组织依照法定职权和程序贯彻和实施法律的活动。	行政机关。
★司法	又被称为"法的适用"或"法律适用"，是指国家司法机关依照法定职权和程序，具体适用法律处理各种案件的专门活动。	司法机关，包括法院和检察院。（易混淆点：公安局、监狱、司法局系行政机关，而非司法机关。）
守法	指国家机关、社会组织和公民个人依照法的规定，行使权利（权力）和履行义务（职责）的活动。	所有主体（守法不仅是履行义务，行使权利亦是守法）。
法律监督	指所有的国家机关、社会组织和公民对各种法律活动的合法性所进行的监察和督促。一般分为国家监督和社会监督。	所有主体对所有主体。

★知识延伸：司法的原则

司法的原则	以事实为根据，以法律为准绳。
	公民在法律面前人人平等。
	司法机关依法独立行使职权。司法机关独立行使职权有两层含义：一是法律规定，国家的司法权只能分别由人民法院和人民检察院依法统一行使，其他任何机关、组织和个人都无权行使这项权力；二是法律规定司法机关独立行使职权时，不受其他行政机关、社会团体和个人的干涉。
	实事求是、有错必纠。

第四节　法律体系

一、法系

法系是指由不同的国家或地区于历史上所形成的具有相同法的结构和法的表现形式的一种法的类型。在历史上，公认的有五大法系，即中华法系、伊斯兰法系、印度法系、大陆法系、英美法系。

二、法律体系

法律体系是指一国所有现行法律规范按照不同的法律部门分类组合而形成的一个呈体系化的有机联系的统一整体。简单而言，法律体系就是部门法体系。

法律体系与法系的区别：

法系更多表达的是一种法律传统，是跨越历史和国度的。

法律体系则是以国内由现行法律规范组合而成的法律部门的统一整体，它只能是现行法，而且也只能在一个主权国家范围内构成。

三、法律部门

法律部门是指根据一定的标准和原则，按照法律规范自身的不同性质、调整社会关系的不同领域和不同方法等所划分的同类法律规范的总和。法律部门是法律体系的基本构成部分，各个不同的法律部门的有机组合便成了一国的法律体系。

四、中国特色社会主义法律体系

中国特色社会主义法律体系被划分为以下九个主要的法律部门。

法律部门	分类	具体内容
宪法部门	国家机构方面	《全国人民代表大会组织法》《国务院组织法》《监察法》《人民法院组织法》《人民检察院组织法》等
	民族区域自治方面	《民族区域自治法》
	特别行政区基本法	《香港特别行政区基本法》《澳门特别行政区基本法》
	立法方面	《立法法》
	保障公民民主权利，扩大基层民主方面	《全国人民代表大会和地方各级人民代表大会选举法》《村民委员会组织法》《城市居民委员会组织法》等
	涉及国家领域、国家主权、国家象征及公民的有关政治权利等方面	《国防法》《国家安全法》《国旗法》《国歌法》《香港特别行政区驻军法》《澳门特别行政区驻军法》《外交特权与豁免条例》《反分裂国家法》等
民商法部门	民法部门	《民法典》《拍卖法》《商标法》《专利法》《著作权法》等
	商法部门	《公司法》《证券法》《保险法》《票据法》《企业破产法》等
行政法部门	在规范行政机关行政权力方面	《行政处罚法》《行政强制法》《行政许可法》《行政复议法》《公务员法》等
	在国防、外交方面	《人民防空法》《国防动员法》《驻外外交人员法》等
	在公安、国家安全、人事、民政等方面	《人民警察法》《海关法》《居民身份证法》《出境入境管理法》《护照法》《治安管理处罚法》《反恐怖主义法》《国防交通法》等
	在教育、科学技术、文化、体育、卫生等方面	《教育法》《科学技术进步法》《国家通用语言文字法》《人口与计划生育法》《传染病防治法》《献血法》《体育法》等
	在司法行政方面	《律师法》《公证法》《监狱法》等
	在城市土地、房地产管理方面	《土地管理法》《城市房地产管理法》《城乡规划法》等

续表

法律部门	分类	具体内容
经济法部门	在加强宏观调控方面	《预算法》《审计法》《会计法》《个人所得税法》等
	在规范市场秩序和竞争规则方面	《反垄断法》《反不正当竞争法》《产品质量法》《广告法》《政府采购法》《烟草专卖法》《反洗钱法》等
	在扩大对外开放、促进对外经济贸易的发展方面	《对外贸易法》《台湾同胞投资保护法》
	在促进重点产业的振兴和发展方面	《农业法》《渔业法》《畜牧法》《种子法》《铁路法》《民用航空法》《港口法》《公路法》《电力法》等
	作为国民经济发展基础制度的法律	《标准化法》《计量法》《统计法》《资产评估法》《中小企业促进法》等
社会法部门	《劳动法》《劳动合同法》《安全生产法》《残疾人保障法》《未成年人保护法》《工会法》等	
环境资源法部门	有关环境保护和污染防止方面	《环境保护法》《海洋环境保护法》《野生动物保护法》《水污染防治法》《大气污染防治法》等
	有关保护、治理和合理开发自然资源方面	《矿产资源法》《森林法》《草原法》《渔业法》《土地管理法》《水法》《水土保持法》等
	其他特别环境资源立法	《环境影响评价法》《清洁生产促进法》《可再生能源法》等
军事法部门	《国防法》《兵役法》《现役军官法》《预备役军官法》《军事设施保护法》等	
刑法部门	《刑法》及其修正案	
诉讼与非诉讼程序法部门	《刑事诉讼法》《民事诉讼法》《行政诉讼法》《海事诉讼特别程序法》《引渡法》《仲裁法》《劳动争议调解仲裁法》《农村土地承包经营纠纷调解仲裁法》《人民调解法》等	

第五节　法律责任

一、法律责任的含义

法律责任是由特定法律事实引起的对损害予以补偿、强制履行或接受惩罚的特殊义务，即行为人由于违法行为、违约行为或者法律的规定而应承受的某种不利的法律后果。

二、法律责任的分类

责任类型		相关定义
根据法律责任的类型对法律责任进行的分类	民事法律责任	指公民或法人因侵权、违约或者基于法律规定的其他事由而依法承担的不利后果，是现代社会常见的法律责任，主要为补偿性的财产责任。
	行政法律责任	指因违反行政法或基于行政法规定的事由而应当承担的法定的不利后果。
	刑事法律责任	指因违反刑事法律而应当承担的法定的不利后果。行为人违反刑事法律的行为必须具备犯罪的构成要件才承担刑事法律责任。该责任是最严厉的一种法律责任。
	违宪责任	指因违反宪法而应当承担的法定的不利后果。违宪通常是指有关国家机关制定的某种法律、法规和规章，以及国家机关、社会组织或公民的某种行为与宪法的规定相抵触。

三、法律责任的构成要素

法律责任的构成要素	责任主体	因违反法律、约定或法律规定的事由而承担法律责任的人，包括自然人、法人和其他组织。责任主体是法律责任构成的必备条件。不是所有人都能成为责任主体，无行为能力人就不可能成为违法行为或违约行为的责任主体。因此，责任主体与法律责任的有无、种类、大小都有着密切的关系。
	违法行为或违约行为	违法行为或违约行为在法律责任的构成中居于重要地位，是法律责任的核心构成要素。违法行为或违约行为包括作为和不作为两类。
	损害结果	指违法行为或违约行为侵害他人或社会的权利和利益所造成的损失和伤害，包括实际损害、丧失所得利益及预期可得利益。当然，这种损害结果是由一定的因果关系引起的。因此，因果关系是归责的基础和前提，是认定法律责任的基本依据。
	主观过错	指行为人实施违法行为或违约行为时的主观心理状态。包括故意和过失两类。

需要注意的是，某些法律责任的构成仅仅要求这四方面中的部分要素而非全部。

四、法律责任的承担方式

法律责任承担的方式，是指承担或追究法律责任的具体形式，主要包括惩罚、补偿和强制三种。

惩罚	定义		即法律制裁，是国家通过强制对责任主体的人身、财产和精神实施制裁的责任方式。惩罚是最严厉的法律责任实现方式。
	分类	民事制裁	对主体应承担的民事法律责任而实施的强制措施，通常是由侵权行为或违约行为引起，主要内容包括进行赔偿或支付违约金等。
		行政制裁	对主体应承担的行政法律责任而实施的强制措施。主要包括行政处罚（所有主体）、行政处分（行政主体）。
		刑事制裁	对主体应承担的刑事法律责任而实施的强制措施。这是所有制裁中最严厉的制裁。
		违宪制裁	对主体应承担的违宪责任而实施的强制措施。主要方式有撤销同宪法相抵触的法律、行政法规、地方性法规等；罢免国家机关的领导人员。
补偿	定义		通过国家强制力或应当事人要求由责任主体以作为或不作为形式弥补或赔偿所造成的损失的责任方式。其作用在于制止法律关系的侵害以及通过对被侵害的权利进行救济使被侵害的社会关系恢复原态。
	分类	民事补偿	依照民事法律规定，由责任主体承担的停止、弥补、赔偿等责任方式，具体包括停止侵害、排除妨碍、消除危险、返还财产、恢复原状、修理、重作、更换、继续履行、赔偿损失、支付违约金、消除影响、恢复名誉、赔礼道歉等。
		国家赔偿	包括行政赔偿和刑事赔偿。 行政赔偿是国家因行政主体及其工作人员行使职权造成相对人受损而给予受害人赔偿的一种责任方式。 刑事赔偿是国家因司法机关及其工作人员行使职权造成当事人受损而给予受害人赔偿的一种责任方式。
强制	定义		国家通过强制力迫使不履行义务的责任主体履行义务的责任方式。强制是承担行政法律责任的主要方式。
	分类	对人身的强制	拘传、强制传唤、强制戒毒、强制治疗、强制检疫。
		对财产的强制	强制划拨、强制扣缴、强制拆除、强制拍卖、强制变卖。

法律制裁和法律责任之间的关系：无责任无制裁、有责任未必有制裁。

第六节　法治与法制

一、法治

法治，即法的统治，是以社会公平正义为价值取向，以民主政治为基础，以宪法和法律至上为原则，以尊重和保障人权为核心，以确保权力正当运行为重点的国家治理方式、社会管理机制、社会活动方式和社会秩序状态。

二、法制

法制，是指统治阶级按照自己的意志，通过国家政权建立起来的一系列法律制度的总称。

	联系	区别
法治与法制的联系与区别	法制是法治的基础。法治是法制的深化。	（1）是否强调法律至上不同。法治强调的是法的统治，因此必然具有法律至上的含义，而法制则不必然包含法律至上的含义。 （2）产生和存在的时代不同。法治是资产阶级革命的产物，是资本主义时代才产生并建立的，只存在于资本主义社会和社会主义社会中。法制是从法律出现以来就产生了，最早可以追溯到奴隶社会初期。 （3）与权力的关系不同。法治要约束权力，包括公共权力或者国家权力。法制可能是约束权力的法治之下的法制，也可能是为权力左右的人治之中的法制。 （4）价值观念不同。法治必然包含自由、平等、人权的价值观念，但法制却不一定。也就是说，法治一定是良法之治，它是一个褒义词。而法制则是一个中性词，可能服务于"善"，也可能服务于"恶"。 （5）与民主的关系不同。没有民主，就没有法治。民主既是法治的价值观念，也是法制的政治基础和目标追求。但法制则不要求必须有民主的政治基础，也不必然以民主作为目标追求。

三、社会主义法治理念

社会主义法治理念是中国共产党作为执政党，从社会主义现代化建设事业的现实和全局出发，借鉴世界法治经验，对近现代特别是改革开放以来中国法治发展的历史经验的总结。

（一）建设方针

1. 十一届三中全会确立的法制建设方针

有法可依（前提）、有法必依（中心）、执法必严（关键）、违法必究（保障）。

2. 十八大确立的社会主义法治建设方针

科学立法、严格执法、公正司法、全民守法。

（二）基本内容

基本内容	作用	相关定义
依法治国	核心内容	要求政法机关和政法干警必须不断提高法律素养，切实增强法制观念，坚持严格执法，模范遵守法律，自觉接受监督，时时处处注意维护法律的权威和尊严。
执法为民	本质要求	以人为本；保障人权；文明执法。把实现好、维护好、发展好最广大人民的根本利益作为法治工作的根本出发点和落脚点。在各项法治工作中真正做到以人为本、执法为民，切实保障人民群众的合法权益。
党的领导	根本保证	自觉地把坚持党的领导、巩固党的执政地位和维护社会主义法治统一起来，把贯彻落实党的路线方针政策和严格执法统一起来，把加强和改进党对政法工作的领导与保障司法机关依法独立行使职权统一起来，始终坚持正确的政治立场，忠实履行党和人民赋予的神圣使命。
服务大局	重要使命	把握大局，围绕大局，立足本职。要求各级政法机关和政法干警，必须紧紧围绕党和国家大局开展工作，立足本职，全面正确履行职责，努力创造和谐稳定的社会环境和公正高效的法治环境。
公平正义	价值追求	法律面前人人平等是公平正义的首要内涵；合法合理是公平正义的内在品质；程序正当是实现公平正义的方式和载体；及时高效是衡量公平正义的重要尺度。

第二章 宪 法

第一节 宪法概述

一、宪法的产生

17、18 世纪，资产阶级革命先后在欧洲各国取得胜利，取得政权的资产阶级为了巩固其政权、协调社会关系制定了宪法。因此，宪法是资产阶级革命的产物，是资产阶级推翻封建地主阶级统治的强大武器。

（一）宪法产生的社会历史条件

	条件	具体情况
宪法产生的社会历史条件	经济条件	资本主义生产关系的确立。
	政治条件	资产阶级对国家政权的掌握和资产阶级民主制度的建立。
	思想条件	天赋人权、人民主权、社会契约、三权分立。
	法律条件	法律制度本身的发展、法律形式的分化以及由此产生各种法律部门。

（二）宪法的产生与发展

宪法的产生与发展	英国	英国最早产生议会政治，建立了资本主义代议制度，并产生了最早的宪法性文件——1215 年的《自由大宪章》（并非首部宪法）。1688 年光荣革命胜利，之后颁布了《权利法案》等法律性文件，形成了英国的不成文宪法。英国宪法是不成文宪法，没有统一的宪法典，其宪法体系是由各个时期颁布的宪法性文件以及形成的宪法判例、宪法惯例构成的。作为最先建立宪法体系的国家，英国被称为"宪法之母"。

美国	1775 年至 1783 年，北美人民为摆脱英国统治，进行了独立战争。1776 年通过《独立宣言》，宣告了美国的建立。1777 年，制定了《邦联条例》。1787 年，颁布了《美利坚合众国宪法》。至此，世界上第一部成文宪法诞生。美国宪法在形式上表现为统一完整的法典，在内容上确立了以"联邦主义"和"三权鼎立"为基本原则的资产阶级民主共和政体。
法国	1789 年，法国爆发资产阶级大革命，期间通过了著名的《人权宣言》。该文献比较系统地提出了资产阶级的政治纲领、经济纲领和法治原则，明确宣告了"主权在民""天赋人权""权力分立""法律面前人人平等""私有财产神圣不可侵犯"等规定，是法国建立资产阶级国家法律制度的纲领性文件。1791 年，以《人权宣言》为序言，制定了欧洲历史上第一部成文宪法，在资本主义宪法史上占有重要地位。法国现行宪法是 1958 年的《第五共和国宪法》，又称《戴高乐宪法》。
日本	日本宪法主要有两部：第一，1889 年的《大日本帝国宪法》，即"明治宪法"，确立了天皇专权的君主立宪政体。第二，1946 年《日本国宪法》，确立了以天皇为国家象征的议会内阁制君主立宪政体。
德国	1919 年《德意志国宪法》，即《魏玛宪法》确立了联邦主义原则和二元议会制的共和政体，规定了公民的政治权利和自由，对私有制进行限制，推进了近代资本主义宪法向现代资本主义宪法的过渡。1949 年，通过《德意志联邦共和国基本法》，宣告德意志联邦共和国成立。基本法吸取纳粹统治的教训，把实权总体变为虚位国家元首，明确禁止对外侵略及法西斯统治。
俄国	1917 年，俄国十月社会主义革命取得胜利。1917 年至 1918 年期间，苏维埃政权颁布了一系列宪法性法令，统称"十月法令"。1918 年，以十月法令为基础，以列宁起草的《被剥夺劳动人民权利宣言》为序言，颁布了《苏俄宪法》，《苏俄宪法》是十月革命的产物，是世界上第一部社会主义类型的宪法。1922 年，苏联成立；1924 年，通过了《苏维埃社会主义共和国联盟宪法（根本法）》，这部宪法反映了剥削阶级尚未完全消灭、社会主义改造正在进行时期的特点。1936 年，苏联颁布 1936 年《宪法》，这部宪法标志着社会主义宪法已经巩固并发展到了较为成熟的阶段。

二、中国宪法历程

(一) 中华人民共和国成立前的宪法历程

时期		具体情况
	清末	1908年8月清政府为挽救摇摇欲坠的政权，颁布《钦定宪法大纲》，制定君主立宪的方案，虽具有浓厚的封建色彩，但它是中国历史上第一部宪法性文件。1911年，辛亥革命爆发，清政府公布《宪法重大信条十九条》。1912年，清帝退位，《十九信条》随之被废弃。
建国前宪法历程	孙中山时期	1912年1月1日，中华民国临时政府在南京成立，孙中山就任临时大总统，通过《中华民国临时约法》，是中国宪法史上第一部资产阶级宪法性质的文件。
	北洋军阀时期	1912年3月，袁世凯就任临时大总统，立即背弃《中华民国临时约法》。1913年，国会宪法起草委员会通过《中华民国宪法（草案）》，即"天坛宪草"，坚持责任内阁制，规定国会对总统的牵制权。袁世凯对此极为不满，解散宪法起草委员会，"天坛宪法"成为一纸空文。
		1914年，袁世凯指使亲信组织"约法会议"，炮制出《中华民国约法》，史称"袁记约法"。"袁记约法"否定了资产阶级民主共和制度，确认封建军阀专制，为袁世凯复辟铺平了道路。
		袁世凯复辟失败，曹锟通过贿赂当上总统。1923年10月10日，《中华民国宪法》颁布，史称"贿选宪法"。随着曹锟下台，这部宪法很快被抛弃。
		曹锟垮台，段祺瑞成为"中华民国临时总执政"，组织起草《中华民国宪法草案》，但还未经过会议通过，段祺瑞政府便垮台，该宪法草案随之流产。
	南京国民政府时期	北洋政权覆灭后，执掌中央政权的是以蒋介石为首的南京国民政府。1928年，国民党中央常委会制定《训政纲领》，宣布在国民党的领导下实行"训政"。1931年5月，国民会议以《训政纲领》为基础制定了《中华民国训政时期约法》，确立了国民党一党专政和蒋介石的个人独裁专制统治。
		抗战胜利后，1946年11月15日，由国民党包办的"国民大会"在南京召开。会议于12月25日通过了《中华民国宪法》，并于1947年1月1日公布。这部宪法虽然在条文中体现了一些民主原则，但实际上从根本上代表和维护大地主、大资产阶级的利益。

	革命根据地的宪法性文件	1927年，第一次国内革命失败后，中国共产党领导人民建立革命根据地，建立了工农民主性质的苏维埃政权。1931年，在江西瑞金召开的第一次全国苏维埃代表大会通过了《中国苏维埃共和国宪法大纲》，并在1934年经修改后公布实施。《宪法大纲》是中国共产党领导人民制定的第一部宪法性文献，也是中国历史上由人民政权制定并公布施行的第一个宪法性文件。
		抗日战争全面爆发后，中国共产党领导的抗日民族根据地进行了民主与法治建设。1941年11月，陕甘宁边区第二届参议会通过了《陕甘宁边区施政纲领》，它是陕甘宁边区的宪法性文件，确立了"三三制"原则，规定了抗日民主根据地人民享有的基本权利和自由。
		1946年4月，陕甘宁边区第三届参议会通过了《陕甘宁边区宪法原则》。《宪法原则》的制定和实施对巩固新民主主义政权、争取人民解放战争的胜利起到了积极作用。

从清末开始，除孙中山的《中华民国临时约法》和革命根据地的宪法性文件之外，清政府、北洋军阀以及南京国民政府颁布的一系列宪法虽然在形式上带有一些资产阶级宪法的特点。但实质上都是以宪法之名，行专制之实，有的甚至根本未发生任何效力。

（二）中华人民共和国宪法历程

1. 四部宪法

	简称	具体情况
中华人民共和国宪法历程	共同纲领（临时宪法）	1949年9月29日，中国人民政治协商会议第一届全体会议正式通过《中国人民政治协商会议共同纲领》，成为新中国建设的蓝图，是一部立足中国实际、切合人民需要的行动纲领，发挥了临时宪法的作用，为1954年《宪法》的制定奠定了基础，在新中国制宪史上具有重要地位。
	五四宪法	1954年9月20日，会议全票通过《中华人民共和国宪法》，由主席团公布实施。五四宪法规定了过渡时期的总任务，确定了建设社会主义制度的道路和目标，确立了适合中国国情的国体和政体，较完整地规定了公民的基本权利和义务，内容上反映了过渡时期的特点。

续表

	简称	具体情况
	七五宪法	1975年，"文化大革命"时期，受极"左"思想的影响，五四宪法没有得到全面施行。1975年，第四届全国人大第一次会议审议通过了七五宪法。七五宪法是在"文革"背景下修改的，虽然规定了中国共产党对国家的全面领导，肯定了社会主义公有制，但还存在诸多其他问题，如把"阶级斗争为纲"的基本路线作为修宪的指导思想，大幅减少了公民的基本权利和自由，强化单一公有制等。
	七八宪法	1978年，"文革"结束。同年，第五届全国人大第一次会议全面修改七五宪法，通过了七八宪法。七八宪法较之七五宪法具有一定的进步性，但由于受到历史条件的限制，七八宪法未能完全摆脱"文革"的消极影响，未能彻底纠正七五宪法中的错误。
	八二宪法	1978年12月，十一届三中全会召开。1982年9月，党的十二大召开。1982年12月4日，第五届全国人大五次会议通过《中华人民共和国宪法》。八二宪法是在五四宪法的基础上，根据十一届三中全会确立的路线、方针、政策，总结长期实践经验，吸取"文革"教训制定的。它确立了宪法的指导思想和根本任务，完善了对公民基本权利的保障，总结了历史经验，加强了社会主义民主法制建设，维护了国家统一和民族团结，为"一国两制"提供了宪法依据，完善了国家机构体系。

2. 五部修正案

	简称	具体情况
中华人民共和国五部宪法修正案	八八宪法修正案	(1) 确认了私营经济的宪法地位，规定"国家允许私营经济在法律规定的范围内存在和发展。私营经济是社会主义公有制经济的补充。国家保护私营经济的权利和利益，对私营经济实行引导、监督和管理"。
		(2) 修改了土地政策，即"任何组织或个人不得侵占、买卖或者以其他形式非法转让土地。土地的使用权可依照法律规定转让"。
	九三宪法修正案	(1) 明确中国正处于社会主义初级阶段，国家的根本任务是建设有中国特色的社会主义，集中力量进行社会主义现代化建设。
		(2) 明确逐步实现工业、农业、国防、科技现代化，把我国建设成为富强、民主、文明的社会主义国家。
		(3) 确认中国共产党领导的多党合作和政治协商制度将长期存在和发展。
		(4) 规定国家实行社会主义市场经济；将"国营经济"改为"国有经济"，以适应提高企业自主权的要求；规定"家庭联产承包责任制"的法律地位。
		(5) 将县、不设区的市、市辖区的人民代表大会每届任期由3年改为5年。

续表

九九宪法修正案	(1) 确立了邓小平理论在我国社会主义现代化建设中的指导地位；指出我国将长期处于社会主义初级阶段。
	(2) 确认"依法治国，建设社会主义法治国家"的治国方略。
	(3) 规定社会主义初级阶段坚持公有制为主体、多种所有制经济共同发展的基本经济制度，坚持按劳分配为主体、多种分配方式并存的分配制度；农村集体经济组织实行家庭承包经营为基础、统分结合的双层经营体制；明确在法律规定范围内的个体经济、私营经济等是社会主义市场经济的重要组成部分。国家对个体经济、私营经济实行引导、监督和管理。
	(4) 将原宪法中的"反革命的活动"修改为"危害国家安全的犯罪活动"。
零四宪法修正案	(1) 确认"三个代表"重要思想在国家社会生活中的指导地位；明确物质文明、政治文明和精神文明协调发展；将"社会主义事业的建设者"列为爱国统一战线的组成部分。
	(2) 规定国家基于公共利益的需要，可以依照法律规定对公民的私有财产实行征收或征用并给予补偿；明确国家鼓励、支持和引导非公有制经济的发展；保护公民合法的私有财产不受侵犯。
	(3) 在公民权利保障方面，规定国家建立社会主义保障制度；国家尊重和保障人权。
	(4) 在国家机构设置方面，规定国家主席可进行国事活动；将乡、民族乡、镇的人民代表大会的任期延长为 5 年。
	(5) 将有关戒严的规定修改为紧急状态；规定中华人民共和国国歌是《义勇军进行曲》。
一八宪法修正案	(1) 确立科学发展观、习近平新时代中国特色社会主义思想在国家政治和社会生活中的指导地位。
	(2) 调整充实中国特色社会主义事业总体布局和第二个百年奋斗目标的内容，相关表述修改为"推动物质文明、政治文明、精神文明、社会文明、生态文明协调发展，把我国建设成为富强民主文明和谐美丽的社会主义现代化强国，实现中华民族伟大复兴"。
	(3) 完善依法治国和宪法实施举措，增加"国家工作人员就职时应当依照法律规定公开进行宪法宣誓"。
	(4) 充实完善我国革命和建设发展历程的内容，将"在长期的革命和建设过程中"修改为"在长期的革命、建设、改革过程中"。
	(5) 充实完善爱国统一战线和民族关系的内容。将爱国统一战线的范围确定为"包括全体社会主义劳动者、社会主义事业的建设者、拥护社会主义的爱国者、拥护祖国统一和致力于中华民族伟大复兴的爱国者"。将"平等、团结、互助的社会主义民族关系"修改为"平等、团结、互助、和谐的社会主义民族关系"。

续表

| (6) 充实和平外交政策方面的内容。在和平共处五项原则基础上增加"坚持和平发展道路、坚持互利共赢开放战略"。同时,增加"推动构建人类命运共同体"。 |
| (7) 增加"中国共产党领导是中国特色社会主义最本质的特征"。 |
| (8) 把社会主义核心价值观写入。 |
| (9) 删除"国家主席、副主席连续任职不得超过两届"。 |
| (10) 设立监察委员会。 |

三、宪法的含义

宪法是规定国家根本制度和根本任务,保障公民基本权利,集中体现各种政治力量对比关系的具有最高法律效力的国家根本法。

四、宪法的特点

	特点	具体表现
宪法的特点	在内容上,规定国家最根本、最重要的问题。	宪法规定了国家的指导思想、根本制度、根本任务、国家性质、中国共产党的领导、政权组织形式、国家结构形式、经济制度、文化制度、外交政策和处理国际关系的原则、公民的基本权利和义务等。
	在效力上,法律效力最高。	宪法是普通法律制定的基础和依据。与宪法相抵触的普通法律无效。
	在程序上,制定和修改的程序比其他法律更加严格。	(1) 宪法的制定:①宪法的制定一般要求成立一个专门机构,该专门机构的职责就是起草或制定宪法,在完成起草或者制定宪法的任务后,该专门机构即解散。②宪法的通过程序比普通法更加严格。一般要求立法机关2/3以上或者3/4以上同意。
		(2) 宪法的修改:①只有宪法规定的特定主体才可提出修改宪法的议案。我国宪法规定,宪法修改由全国人民代表大会常务委员或者1/5以上的全国人民代表大会代表提议。②修改宪法的通过程序更加严格。我国宪法规定,修改宪法由全国人民代表大会以全体代表的2/3以上的多数通过。

五、宪法的本质

本质		具体体现
宪法的本质	宪法是公民权利的保障书	宪法调整的主要社会关系是国家与公民之间的关系，在国家与公民之间的关系上，宪法的主要功能和核心价值是限制国家权力、保障公民权利。（列宁：宪法是一张写满人民权利的纸。）
	宪法是各种政治力量对比关系的集中体现	宪法规定的是国家生活和社会生活中最根本的问题，决定着不同的阶级、基层、集团和群体的根本经济利益和政治利益。各种政治力量都力图掌握或影响宪法制定权，因而宪法是一国特定时代各种政治力量对比关系全面、集中的体现。政治力量对比关系首先表现为阶级力量对比关系，主要表现在三个方面：①宪法是阶级斗争的产物；②宪法规定社会各阶级在国家中的地位及相互关系；③宪法随着阶级力量对比关系的变化而变化。

六、宪法的原则

原则		具体要求
宪法的原则	坚持党的领导原则	首先，我国宪法序言记叙了20世纪中国发生的翻天覆地的伟大变革，肯定了我们党带领人民进行革命、建设、改革取得的伟大成果，确认了党的领导。其次，我国宪法立足国家的阶级本质，明确规定我国的国体是工人阶级领导的、以工农联盟为基础的人民民主专政的社会主义国家。而中国工人阶级的领导，只有通过其先锋队即中国共产党才能实现。最后，一八宪法修正案规定"中国共产党领导是中国特色社会主义最本质的特征"，更加强化了现行宪法"坚持中国共产党的领导"这一原则。
	人民主权原则	宪法确认人民民主专政的国家性质，保障一切权力属于人民；规定社会主义经济制度，奠定人民当家作主原则的社会主义经济基础；规定社会主义政治制度，保障广大人民通过全国及地方各级人民代表大会实现对国家权力的行使；规定武装力量属于人民，捍卫国家主权等，都是对人民主权原则的体现。
	社会主义法治原则	宪法明确规定中华人民共和国实行依法治国，建设社会主义法治国家，维护社会主义法制的统一和尊严；规定任何组织或者个人都不得超越宪法和法律的特权等内容，都是坚持社会主义法治原则的体现。
	基本人权原则	零四宪法修正案将"国家尊重和保障人权"明确载入宪法，同时规定了广泛的公民的基本权利和义务。

续表

权力制衡原则	宪法赋予各级人民代表大会对国家机关的监督权、赋予公民对国家机关和工作人员的监督权，赋予国家机关的监督权，都体现了机关之间、人之间、机关与人之间的权利制衡关系。
民主集中制原则	在国家机构和人民的关系上，国家权力来自人民，人民代表大会由民主选举产生，对人民负责、受人民监督。在国家权力机关与其他国家机关的关系上，国家权力机关居于核心地位，其他国家机关对它负责、受它监督。在中央国家机关和地方国家机关的关系上，遵循在中央统一领导下，充分发挥地方的主动性与积极性的原则。同时，国家权力机关的运行高度重视民主机制。

<h2 align="center">第二节　国家基本制度</h2>

一、国体和根本制度

《宪法》第1条规定："中华人民共和国是工人阶级领导的、以工农联盟为基础的人民民主专政的社会主义国家。社会主义制度是中华人民共和国的根本制度。中国共产党领导是中国特色社会主义最本质的特征。禁止任何组织或者个人破坏社会主义制度。"《宪法》在第1条用三句话明确了我国的国体、根本制度和第一原则。其中，我国的国体是人民民主专政，我国的根本制度是社会主义制度，宪法的第一原则是坚持党的领导。

二、人民代表大会制度

国体决定政体，政体反映国体。我国人民民主专政的国体决定了国家一切权力属于人民。人民当家作主是社会主义民主政治的本质和核心，这个核心也决定了我国必然采取人民代表大会制度的政体。人民代表大会制度既是我国的政体、政权组织形式，又是我国的根本政治制度。人民代表大会制度直接反映了我国的国家性质，是我国人民当家作主、行使国家权力的重要途径和最高实现形式，决定国家的各种具体制度和社会生活的各个方面。

三、选举制度

选举制度是国家政治制度的重要组成部分，是选举人民代表或其他公职人员的各项制度的总称。

（一）选举原则

1. 普遍性原则

凡年满 18 周岁的中华人民共和国公民，除依法被剥夺政治权利的人，都有选举权和被选举权。对被判有期徒刑、拘役、管制而没有附加剥夺政治权利的人，对被羁押，正在受侦查、起诉、审判，人民检察院或者人民法院没有决定停止行使选举权利的人，均准予其行使选举权。但被判处死刑、无期徒刑的，一定会被剥夺政治权利。精神病人本身是有选举权的，但是因为病情不能行使选举权利的，经选举委员会确认，不列入选民名单。

2. 平等性原则

平等性原则在选举制度中包含两层含义：

（1）一人一票，即每个选民在每次选举中只能在一个地方享有一个投票权。

（2）同票同权，即每一选民所投选票的价值与效力是一样的，每一个代表所代表的城乡人口数相同。

3. 无记名投票原则

无记名投票原则，又被称为秘密选举原则。即在全国和地方选举中，选民在填选票时不用署名，以将亲自书写选票并已填好选票投入密封的投票箱或者按电子表决器的形式自由表达意志。如果是文盲或者因残疾而不能写选票，可以委托他人代写。同时，2015 年修改的《全国人民代表大会和地方各级人民代表大会选举法》增加了"选举时应当设有秘密写票处"的规定，这是对无记名投票原则的重要完善。

4. 直接选举与间接选举并用原则

（1）直接选举。直接选举是由选民直接投票选举代议机关代表或其他公职人员的选举。《全国人民代表大会和地方各级人民代表大会选举法》规定，不设区的市、市辖区、县、自治县、乡、民族乡、镇的人民代表大会的代表，由选民直接选举。（即县级以下为直接选举。）

（2）间接选举。间接选举是由选民选出代表或选举人，再由代表或选举人通过投票选举上一级代表机关或其他公职人员的选举。《全国人民代表大会和地方各级人民代表大会选举法》规定，全国人民代表大会的代表，省、自治区、直辖市、设区的市、自治州的人民代表大会的代表，由下一级人民代表大会的代表选举。

（二）当选要求

1. 直接选举

直接选举时，只有选区全体选民的过半数参加投票，选举才有效。代表候选人获得参加投票的选民过半数，始得当选。获得过半数选票的代表候选人人数超过应选代表名额时，以得票多的当选。如遇票数相等的情形，应当就票数相等的候选人再次投票。获得过半数选票的当选代表的人数少于应选代表的名额时，不足的名额另行选举。

2. 间接选举

间接选举时，代表候选人获得全体代表过半数的选票，始得当选。获得过半数选票的代表候选人人数超过应选代表名额时，以得票多的当选。如遇票数相等的情形，应当就票数相等的候选人再次投票。获得过半数选票的当选代表的人数少于应选代表的名额时，不足的名额另行选举。

（三）罢免要求

1. 直接选举

罢免县级和乡级的人民代表大会代表，须经原选区过半数的选民通过。

2. 间接选举

罢免县级以上的地方各级人民代表大会选举的代表，须经该级人民代表大会过半数的代表通过；如果是在闭会期间，则须经常务委员会组成人员的过半数通过。

四、多党合作和政治协商制度

中国共产党领导的多党合作制度和政治协商制度是我国的一项基本政治制度。该制度要求遵循"长期共存、互相监督、肝胆相照、荣辱与共"的方针。坚持中国共产党的领导是多党合作制度的首要前提。中国共产党是宪法确认的执政党，其余八个党派为参政党，分别是：中国国民党革命委员会、中国民主同盟、中国民主建国会、中国民主促进会、中国农工民主党、中国致公党、九三学社、台湾民主自治同盟。

中国人民政治协商会议，简称"人民政协"或"政协"，是中国人民爱国统一战线的组织，是中国共产党领导的多党合作和政治协商的重要机构，是我国政治生活中发扬社会主义民主的重要形式，是我国治理体系的重要组成部分。人民政协主要履行政治协商、民主监督、参政议政三个方面的政治职能。

我国在长期的政治实践中，形成了人民代表大会与人民政治协商会议同期召开大会、各级政协委员列席人民代表大会全体会议的惯例，两个会议被简称为"两会"。两会制度高度体现了选举民主和协商民主相结合的人民民主，是适合我国国情的社会主义民主政治制度。

五、民族区域自治制度

从国家结构形式来分类，可以分为单一制和复合制。单一制国家是由若干普通行政单位或自治单位组成的单一主权国家，各组成单位都是国家不可分割的组成部分的一种国家结构形式。单一制国家只有一部宪法，只有一个中央政权机关，各地方单位都要受到中央的统一领导。我国的国家结构形式就是单一制。复合制又分为联邦制和邦联制。联邦也称为"联盟国家"，是由若干成员单位组成的统一国家。联邦和各成员单位都有自己的宪法和法律，都有各自的国家机关体系，联邦的权力来自各成员单位的授予，因此，联邦中央对于各成员单位的控制力稍弱。美国就是典型的联邦制国家。邦联制是两个或两个以上的国家为了达到军事、贸易或其他共同目的而形成的一种国家联合制度。邦联不是一个主权国家，没有统一的宪法和集中统一的国家机关体系，各个国家都有自己的独立主权、中央国家机关体系和法律制度体系。东盟、欧盟实际上就是邦联。

民族区域自治制度是指在国家的统一领导下，以少数民族聚居区为基础，建立相应的民族地方制度，设立民族自治机关，行使宪法和法律规定的自治权的一项我国的基本政治制度。单一制是我国的国家结构形式，我国民族区域自治是在国家统一领导下的自治，各民族自治地方都是中国不可分离的部分，各民族自治地方的自治机关都是中央政府领导下的一级地方政权，都必须服从中央领导。民族自治地方无权制定宪法，其活动不得违背宪法。但民族自治机关除了可以行使同级一般地方国家机关职权外，还拥有宪法规定的自治权。

类型	相关规定
民族区域自治制度	
自治地方	自治区、自治州、自治县。
自治机关	民族自治地方设立的行使同级相应地方国家机关职权和同时行使自治权的国家机关，包括自治区、自治州、自治县的人民代表大会和人民政府。
自治机关领导人	民族自治地方的人民代表大会常务委员会中应当有实行区域自治的民族的公民担任主任或者副主任。自治区主席、自治州州长、自治县县长由实行区域自治的民族的公民担任。

六、特别行政区制度

特别行政区，简称"行政特区"，是根据我国宪法和基本法的规定而设立的，具有特殊的法律地位，实行特别的政治、经济制度的行政区域。特别行政区制度，是指特别行政区政府对所辖区域社会的政治、经济、财政、金融、贸易、工商业、土地、教育、文化等方面享有的高度自治权的制度，是"一国两制"的具体实践。

类型	相关规定
特别行政区享有的高度自治权	
行政管理权	除国防、外交以及其他根据基本法应当由中央人民政府处理的行政事务外，特别行政区有权依照基本法的规定，自行处理有关经济、财政、金融、贸易、工商业、土地、教育、文化等方面的行政事务。
立法权	特别行政区享有立法权。虽然立法机关制定的法律须报全国人民代表大会常务委员会备案，但并不影响该法律的生效。
独立的司法权和终审权	特别行政区法院独立进行审判，不受任何干涉；特别行政区的终审法院为最高审级，该终审法院的判决为最终判决。
自行处理有关对外事务的权力（外务权）	中央人民政府可授权特别行政区依照基本法自行处理有关对外事务。

七、基层群众自治制度

基层群众自治制度是指依照宪法和有关法律规定，由居民（村民）选举

的成员组成居民（村民）委员会，实行自我管理、自我教育、自我服务、自
我监督的制度，是我国的一项基本政治制度。

	特征	相关规定
基层群众自治制度的特征	群众性	基层群众自治组织以居民委员会和村民委员会为组织形式，具有群众性的特点，不同于国家政权组织形式。
	自治性	基层群众自治组织既不是国家机关的下级组织，又不从属于居民（村民）居住地范围内的其他任何社会组织，而是一个具有自治性质的基层群众组织，自治是最主要的特色。
	基层性	基层群众自治组织没有上级组织，更没有全国性、地区性的统一组织，其只存在于居民（村民）居住地区范围内的基层社区，而且其所从事的工作都是居民（村民）居住范围内社区的公共事务和公益事业，具有基层性的特点。

对于基层群众自治组织与基层人民政府的关系，宪法的规定是：不设区
的市、市辖区（乡、民族乡、镇）的人民政府对居民（村民）委员会的工作
给予指导、支持和帮助。居民（村民）委员会协助不设区的市、市辖区（乡、
民族乡、镇）的人民政府开展工作。

八、基本经济制度

（一）社会主义公有制是我国经济制度的基础

《宪法》第6条第1款规定："中华人民共和国的社会主义经济制度的基
础是生产资料的社会主义公有制，即全民所有制和劳动群众集体所有制。社
会主义公有制消灭人剥削人的制度，实行各尽所能、按劳分配的原则。"

1. 全民所有制

全民所有制是社会全体成员共同占有生产资料的所有制形式。它的生产
资料所有权，不属于任何个别劳动者或部分劳动者，而是属于全社会的劳动
者整体，集中体现了社会主义公有制的特征。

2. 劳动群众集体所有制

劳动群众集体所有制，是指由部分劳动者共同占有生产资料的一种社会
主义公有制形式。集体所有制与全民所有制有共同属性，即生产资料归劳动
群众所有。但在集体所有制下，生产资料公有化的范围比较小，生产资料所

有权只属于集体经济的单位的劳动者所有，归集体占有、支配和使用，集体生产经济的成果在集体范围内分配。

（二）所有制结构和分配制度

《宪法》第6条第2款规定："国家在社会主义初级阶段，坚持公有制为主体、多种所有制经济共同发展的基本经济制度，坚持按劳分配为主体、多种分配方式并存的分配制度。"

	类型	类型的细分	地位	国家政策
所有制结构	公有制经济	国有经济：即社会主义全民所有制经济，是国民经济中的主导力量。国有经济是一种公有制形式很高的经济类型。党的十五大指出，国有经济的这种主导作用主要体现在控制力上，对关系到国民经济命脉的行业和关键领域，国有经济必须占支配地位。	中华人民共和国的社会主义经济制度的基础是生产资料的社会主义公有制。	国家保障国有经济的巩固和发展。
		集体经济：劳动群众所有制包括农村集体所有制和城镇集体所有制两种基本形态。集体经济组织享有经营自主权。农村集体所有制经济实行家庭承包经营为基础、统分结合的双层经营体制。		国家保护城乡集体经济组织的合法的权利和利益，鼓励、指导和帮助集体经济的发展。
	非公有制经济	个体经济：劳动者个人或家庭所占有生产资料，从事个体劳动和经营的所有制形式。	在法律规定范围内的个体经济、私营经济等非公有制经济，是社会主义市场经济的重要组成部分。	国家保护个体经济、私营经济等非公有制经济的合法的权利和利益。国家鼓励、支持和引导非公有制经济的发展，并对非公有制经济依法实行监督和管理。
		私营经济：以生产资料私有和雇佣劳动为基础，以取得利润为目的的所有制形式。		
		外资经济：我国发展对外经济关系，吸引外资建立起来的所有制形式。包括中外合资经营企业、中外合作经营企业中的境外资本部分，以及外商独资企业。		

对于一些具体的公有物品，宪法明确区分了它们的经济属性。

种类	具体物品
肯定属国有	矿藏、水流（海域）、城市的土地、无线电频谱
一般属国有可能属集体	森林、山岭、草原、荒地、滩涂等自然资源
肯定属集体	宅基地和自留地、自留山
一般属集体可能属国有	农村和城市郊区的土地

（表格左侧标注：具体物品的所有制形式）

由上表可见，土地是所有制成分最为复杂的一种物品。除上述内容外，宪法中对土地还作出了如下规定：国家为了公共利益的需要，可以依照法律规定对土地实行征收或者征用并给予补偿。任何组织或者个人不得侵占、买卖或者以其他形式非法转让土地。土地的使用权可以依照法律的规定转让。一切使用土地的组织和个人必须合理地利用土地。

（三）社会主义市场经济体制

《宪法》第15条第1款规定："国家实行社会主义市场经济。"把社会主义基本制度和市场经济结合起来，建立社会主义市场经济体制，是中国共产党带领全国各族人民改革实践的一个伟大创举，是对马克思主义关于社会主义建设理论的历史性贡献。社会主义市场经济体制既明确我国经济体制的社会主义属性，又强调市场在资源配置中的决定性作用。

第三节　公民的基本权利和义务

一、公民

1. 公民的概念

公民是指具有某国国籍的自然人。

2. 中国公民的概念

具有中华人民共和国国籍的人都是中华人民共和国公民。

3. 中国国籍的取得方式

首先，中华人民共和国不承认中国公民具有双重国籍。因此，公民只能在中国国籍和他国国籍之间选择其一。对于如何取得中国国籍，《国籍法》作出了详细规定：父母双方或一方为中国公民，本人出生在中国，具有中国国籍。父母双方或一方为中国公民，本人出生在外国，具有中国国籍；但父母双方或一方为中国公民并定居在外国，本人出生时即具有外国国籍的，不具有中国国籍。父母无国籍或国籍不明，定居在中国，本人出生在中国，具有中国国籍。

4. 公民与人民的概念辨析

方面	公民	人民
范畴不同	公民是具有某国国籍的自然人，是与外国人相对应的法律概念。	人民在不同历史时期有着不同含义。现阶段，人民是指全体社会主义劳动者、拥护社会主义的爱国者和拥护祖国统一的爱国者。
范围不同	公民的概念比人民更广一些。公民包括拥有该国国籍的全体社会成员。	人民不包括拥有中国国籍但依法被剥夺政治权利的人和敌对分子。
后果不同	公民中的敌人则不能享有全部权利，也不能履行部分义务。	公民中的人民享有宪法和法律规定的一切公民权利并履行全部义务。
所指概念不同	公民表达的是个体的概念。公民是指取得某国国籍，并根据该国法律规定，享有权利和承担义务的人。	人民表达的是群体的概念。人民是指以劳动群众为主体的社会基本成员。

二、公民的基本权利

(一) 平等权

平等权是指公民平等地享有权利，不受任何差别对待，要求国家同等保护的权利。《宪法》第 33 条第 2、3、4 款规定：中华人民共和国公民在法律面前一律平等。国家尊重和保障人权。任何公民享有宪法和法律规定的权利，同时必须履行宪法和法律规定的义务。这个条款是平等权原则的深刻体现。平等权包含两个方面的意思：第一，法律面前人人平等。第二，禁止不合理的差别对待。

(二) 政治权利

政治权利是公民参与国家政治生活的权利和自由的统称。它的形式主要表现为公民参与国家、社会组织与管理的活动。

1. 选举权与被选举权

选举权是指选民依法选举代议机关代表的权利。被选举权是指选民依法选举为代议机关代表的权利。《宪法》第 34 条规定："中华人民共和国年满十八周岁的公民，不分民族、种族、性别、职业、家庭出身、宗教信仰、教育程度、财产状况、居住期限，都有选举权和被选举权；但是依照法律被剥夺政治权利的人除外。"因此，拥有选举权与被选举权的条件是：年满 18 周岁、中国公民、未被剥夺政治权利。选举权与选举权是公民参加国家管理的一项最基本的政治权利。

2. 言论、出版、结社、集会、游行、示威

政治自由	含义	特征
言论自由	言论自由是指公民通过各种语言形式表达、传播自己的思想和观点的自由。	言论自由是公民参与国家管理、自由地表达思想的基本形式，更侧重于口头上的思想表达与交流。
出版自由	出版自由是指公民可以通过公开发行的出版物，包括报纸、期刊、图书、音像制品、电子出版物等形式，自由地表达自己对国家事务、经济和文化事业、社会事务等的见解和看法。	出版自由是言论自由的延伸和具体化，旨在保护公民通过文字的方式表达自己的观点，侧重于通过出版物来表达思想和观点的自由。
结社自由	结社自由是指公民为了实现一定的目标而依法律规定的程序组织某种社会团体的自由。	社会团体是指公民自愿组成，为实现会员共同意愿，按照其章程开展活动的非营利性社会组织。公民组成社会团体应当依法登记。
集会自由	集会自由是指公民聚集于露天公共场所，进行发表意见、表达意愿等活动的自由。	集会、游行、示威应当和平进行，不得携带武器、不得使用暴力或煽动使用暴力，不得妨碍社会公共秩序。必须依法向主管机关提出申请并获得许可。
游行自由	游行自由是指公民在公共道路、露天公共场所列队行进、表达共同愿望的自由。	
示威自由	示威自由是指公民在露天公共场所或者公共道路上以集会、游行、静坐等方式，表达要求、抗议或者支持、声援等共同意愿的自由。	

选举权和被选举权、言论、出版、结社、集会、游行、示威既是一种政治权利，又是一种政治自由，不能说"选举权和被选举权仅是一项政治权利，

言论、出版、结社、集会、游行、示威是一种政治自由",因为权利和自由不可分。

(三) 宗教信仰自由

宗教信仰自由,是指公民依据内心的信念,自愿地信仰宗教的自由。具体内容包括:公民既有信仰宗教的自由,也有不信仰宗教的自由;有信仰这种宗教的自由,也有信仰那种宗教的自由;在同一宗教里,有信仰这个教派的自由,也有信仰那个教派的自由;有过去信教而现在不信教的自由,也有过去不信教而现在信教的自由。宗教信仰自由作为一种权利体系,主要由信教自由、宗教活动自由、宗教仪式自由构成。

宗教信仰自由应当遵循以下原则:

	原则	含义
宗教信仰自由原则	合法性原则	《宪法》规定:国家保护正常的宗教活动。任何人不得利用宗教进行破坏社会秩序、损害公民身体健康、妨碍国家教育制度的活动。这说明,公民虽享有宪法和法律规定的宗教信仰自由,也应保证宗教活动符合宪法和法律的规定。
	政教分离原则	国家不能动用自己的资源支持或者压制任何宗教、教派,基本要求是:①禁止设立国教;②国家对宗教保持中立,确立国家与宗教互不干涉的原理与制度;③国家不得以公权力的身份进行特定宗教的教育或宗教活动。
	各宗教一律平等原则	我国各宗教一律平等,法律对各种宗教的保护一视同仁。各宗教之间应互相尊重、和睦相处。
	独立办教原则	坚持独立自主自办宗教的方针,反对外来势力支配与干涉中国宗教的内部事务,中国的宗教事务和宗教团体不受外国势力支配。

(四) 人身自由

人身自由,是指公民的人身不受非法侵犯的自由。人身自由是公民基本权利的重要内容,是最基本的、实现其他权利的基础。《宪法》规定:中华人民共和国公民的人身自由不受侵犯。

具体权利		相关知识点
人身自由	生命权	生命权是享有生命的权利，体现着人类的基本尊严与价值，是人身自由的首要前提。《宪法》虽然没有明文规定生命权，但从宪法精神和文本的解释来看，生命权受到宪法的保护，如宪法规定的"国家尊重和保障人权"，包含着国家对生命权保障的义务。
	人身自由权	人身自由权是指公民享有不受任何非法搜查、拘禁、逮捕、剥夺、限制的权利。《宪法》规定，任何公民，非经人民检察院批准或者决定或者人民法院决定，并由公安机关执行，不受逮捕。禁止非法拘禁和以其他方法非法剥夺或者限制公民的人身自由，禁止非法搜查公民的身体。
	人格尊严权 姓名权	公民有权决定、使用和依照规定变更自己的姓名，禁止他人干涉、盗用、假冒。对公民姓名权的侵犯就是对公民人格尊严的侵犯。
	肖像权	肖像是人的形象的客观记录，是公民人身的派生物。《民法典》规定，公民享有肖像权，未经本人同意，不得以营利为目的使用公民的肖像。
	名誉权	名誉权是指公民要求社会和他人对自己的人格给予尊重的权利。
	荣誉权	荣誉权是指公民对社会给予的褒扬享有的不可侵犯的权利。
	隐私权	隐私权是指法律保护公民在私生活领域信息的权利。
	住宅安全权	住宅安全权是指任何公民的住宅不得被非法侵入，任何公民的住宅不得被随意搜查，任何公民的住宅不得被随意查封。这里的"住宅"是广义的，既包括固定居住的住宅，也包括宿舍、旅馆等临时性的住所。
	通信权	通信权是指通信自由和通信秘密受到宪法保护，公民通过书信、电报、传真、电话及其他通信手段，根据自己的意愿进行通信，不受他人干涉的自由。《宪法》规定，除因国家安全或者追查刑事犯罪的需要，由公安机关或者检察机关依照法律规定的程序对通信进行检查外，任何组织或者个人不得以任何理由侵犯公民的通信自由和通信秘密。

（五）监督权与请求权

1. 监督权

监督权是指公民依照宪法和法律规定监督国家机关及其工作人员活动的权利。《宪法》规定，中华人民共和国公民对于任何国家机关和国家工作人员，有提出批评和建议的权利；对于任何国家机关和国家工作人员的违法失职行为，有向有关国家机关提出申诉、控告或者检举的权利，但是不得捏造或者歪曲事实进行诬告陷害。

	具体内容	含义
监督权的具体内容	批评、建议权	批评权是指公民有权对国家机关及其工作人员的缺点、错误提出批评意见，其形式是多样化的。建议权是指公民通过一定的形式向国家机关及其工作人员提出合理化意见。公民在行使批评、建议权时有可能不正确，因此，国家机关及其工作人员应对公民的批评、建议采取宽容的态度。
	控告、检举权	控告、检举权是指公民对于任何国家机关和工作人员的违法失职行为，有权向有关国家机关提出控告，揭发违法失职与犯罪行为，请求有关机关对违法失职者给予制裁。
	申诉权	当自己的合法权益受到侵犯时，公民有权向各级国家机关提出申诉。申诉权分为诉讼上的申诉权与非诉讼上的申诉权。诉讼上的申诉权是指当事人或其他公民提出申请要求重新审查处理的权利。非诉讼上的申诉权是指公民对行政机关的决定不服，向其上级机关提出申请，要求重新处理的权利。

2. 国家赔偿请求权

国家赔偿请求权是指由于国家机关和国家工作人员侵权而受到损失的公民，依照法律规定取得赔偿的权利。《宪法》规定，由于国家机关和国家工作人员侵犯公民权利而受到损失的人，有依照法律规定取得赔偿的权利。

（六）社会经济权利

社会经济权利是指公民依照宪法的规定享有与经济利益相关的权利。与传统的自由权不同，社会经济权利是以国家权力积极而适度地干预为条件的。国家应采取积极的干预方式，为公民享有权利提供充分的物质条件，特别是对社会弱势群体的权益给予特殊保护。

	具体内容	相关知识
社会经济权利的具体内容	财产权	财产权是指公民个人通过劳动或其他合法方式取得、占有、使用、处分财产的权利。《宪法》规定，公民的合法的私有财产不受侵犯。国家依照法律规定保护公民的私有财产权和继承权。这一规定为公民合法的私有财产权的保护提供了宪法依据，《民法典》的制定与实施将该宪法原则具体化，为保护公民的财产权提供了具体的程序与救济途径。但是，对公民财产权的保护也不是绝对的，《宪法》

	规定,社会主义的公共财产神圣不可侵犯。这就意味着,在社会主义的公共财产与公民的私有财产之间,《宪法》更倾向于保护社会主义的公共财产。同时,《宪法》还规定:国家为了公共利益的需要,可以依照法律规定对公民的私有财产实行征收或者征用并给予补偿。这些规定有利于在公权力与私权利、公共财产与私有财产之间确定合理的界限。
劳动权	劳动权是指一切有劳动能力的公民享有的劳动和取得劳动报酬的权利。劳动权是公民赖以生存的基础,是行使其他权利的物质前提。《宪法》规定,中华人民共和国有劳动的权利和义务。因此,劳动既是一项权利,也是一项义务。
休息权	休息权是指劳动者在付出一定的劳动以后消除疲劳、恢复劳动能力的权利,是劳动权存在和发展的基础。《宪法》规定,中华人民共和国劳动者有休息的权利。
社会保障权	社会保障权是指一般公民为了维持有尊严的生活而向国家要求给付的请求权。《宪法》规定,国家建立健全同经济发展水平相适应的社会保障制度。
物质帮助权	物质帮助权是指公民在年老、疾病或丧失劳动能力的情况下,有从国家和社会获得物质帮助的权利。《宪法》规定,国家发展为公民享受这些权利所需要的社会保险、社会救济和医疗卫生事业。物质帮助权与社会保障权有一定的重合之处,但又有各自的外延,区别在于:①物质帮助权的权利主体是特定公民,即年老、疾病或丧失劳动能力的特定公民,社会保障权的权利主体是全体公民。②物质帮助权的特定主体获得的是"物质帮助",社会保障权不仅仅是指物质帮助,它包括个人生活的各种需求。③物质帮助权的义务主体是国家与社会,社会保障权的义务主体还包括用人单位和公民自己等。

（七）文化教育权利

文化教育权利是公民按照宪法规定,在文化与教育领域享有的权利。

	具体权利		相关知识点
文化教育权	受教育权		受教育权是公民在教育领域享有的基本权利，是公民接受文化、科学等方面训练的权利。《宪法》规定，中华人民共和国公民有受教育的权利和义务。因此，受教育和劳动一样，既是一种权利，也是一种义务。
	文化权	科学研究的自由	公民从事科学研究的权利受宪法和法律的保护。科学研究包括自然科学的研究与哲学社会科学的研究。
		文学艺术创作的自由	公民根据宪法的规定有权自由从事文学艺术创作活动并发表成果。文艺创作是一种创造性劳动，应当允许公民自由选择创作内容、创作形式和创作风格。
		进行其他文化活动的自由	除了上述科学研究和文学创作之外的活动均属于"其他文化活动"的范围，主要是指欣赏文艺作品、利用图书馆、文化馆、出版社从事文化活动等。

三、公民的基本义务

义务是法律规定的、公民必须履行的某种责任。宪法规定的公民义务是公民的基本义务。

	具体义务	宪法要求
公民的基本义务	维护国家统一和各民族团结的义务	《宪法》第 52 条：中华人民共和国公民有维护国家统一和全国各民族团结的义务。
	遵守宪法和法律的义务	《宪法》第 53 条：中华人民共和国公民必须遵守宪法和法律，保守国家秘密，爱护公共财产，遵守劳动纪律，遵守公共秩序，尊重社会公德。
	维护祖国安全、荣誉和利益的义务	《宪法》第 54 条：中华人民共和国公民有维护祖国的安全、荣誉和利益的义务，不得有危害祖国的安全、荣誉和利益的行为。
	依法服兵役和参加民兵组织的义务	《宪法》第 55 条：保卫祖国、抵抗侵略是中华人民共和国每一个公民的神圣职责。依照法律服兵役和参加民兵组织是中华人民共和国公民的光荣义务。
	依法纳税的义务	《宪法》第 56 条：中华人民共和国公民有依照法律纳税的义务。

其他义务	（1）劳动的义务。《宪法》第 42 条第 1 款：中华人民共和国公民有劳动的权利和义务。
	（2）受教育的义务。《宪法》第 46 条第 1 款：中华人民共和国公民有受教育的权利和义务。
	（3）计划生育的义务。《宪法》第 49 条第 2 款：夫妻双方有实行计划生育的义务。
	（4）抚养赡养的义务。《宪法》第 49 条第 3 款：父母有抚养教育未成年子女的义务，成年子女有赡养扶助父母的义务。

第四节　国家机构

一、国家机构的基本原理

（一）国家机构的组织

国家机构是宪法最主要的内容。宪法可以没有序言、总纲，甚至可以不规定公民基本权利，但不能不规定国家机构。因为宪法最主要的功能就是规范国家权力，规定国家机构的产生和权力，要求国家机构按照法定原则行使权力、履行职责，防止国家权力的滥用，从根本上保障公民的基本权利。

国家机构伴随国家的产生而产生，但早期的国家机构设置极为简单。17世纪，英国资产阶级逐步取得和巩固议会权力，根据洛克的分权学说，将立法权和行政权分立，形成了分别执掌立法权与行政权的机关。18世纪，法国启蒙思想家孟德斯鸠提出"三权分立"学说，主张将立法权、行政权与司法权分别由不同的国家机构行使，同时使这些不同的国家机构在行使权力的过程中保持一种相互制衡的关系。美国独立之后，依据"三权分立"学说，设置了国家机构，成为典型的实行"三权分置"制度的国家。至此，"三权分立"成为西方国家设置政府机构的基本宪法原则。

美国 "三权分立" 制度

社会主义国家的宪法没有采纳西方国家普遍实行的 "三权分立" 原则，而是确立了民主集中制原则。在社会主义国家，由人民选举的代表组成的人民代表机关是国家的权力机关，统一行使国家权力。国家的行政机关、司法机关以及其他重要机关都由国家权力机关产生，对它负责、受它监督。在我国，由人民选举出全国人民代表组成全国人民代表大会，它是我国最高国家权力机关，其余国家机构都由它产生、对它负责、受它监督。

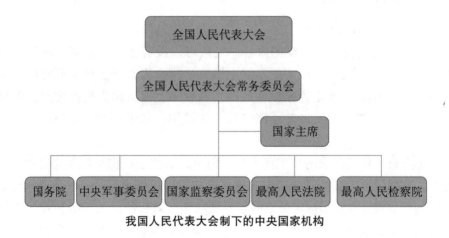

我国人民代表大会制下的中央国家机构

（二）我国国家机构体系

我国现有的国家机构包括全国人民代表大会及其常务委员会、国家主席、国务院、最高人民法院、最高人民检察院、国家监察委员会、中央军事委员会、地方各级人民代表大会及县级以上地方各级人大常务委员会、地方各级人民政府、民族自治地方的自治机关。此外，还包括香港、澳门两个特别行政区的政权机关。

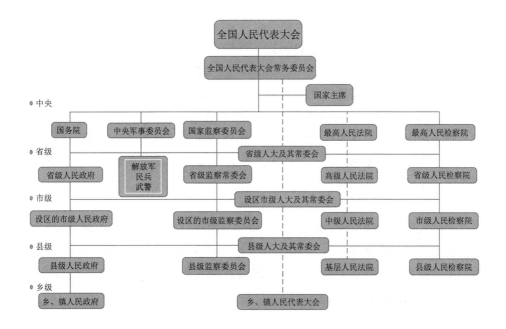

二、全国人民代表大会

（一）性质

全国人民代表大会是最高国家权力机关，国家立法机关，行使国家立法权。《宪法》规定，国家一切权力属于人民，全国人民代表大会因其代表的广泛性，能够集中代表全国人民的根本利益和意志，统一行使国家权力，在整个国家机构体系中居于最高地位。

全国人民代表大会作为最高国家权力机关，是由它的性质和它在整个国家机构体系中的地位来决定的，这与坚持中国共产党对国家的全面领导是完全一致的。中国共产党的最高领导机关，是党的全国代表大会和它所产生的中央委员会。党的中央委员会和全国人民代表大会是性质不同的两种组织：前者是党的中央组织和党的最高领导机关，后者是全国人民行使国家权力的最高政权组织，属于国家机构范畴。党章和宪法都确立了中国共产党是中国特色社会主义的最本质特征，中国共产党是中国特色社会主义事业的领导核心。坚持党中央对国家最高权力机关和立法机关的领导，既是贯彻落实党章的要求，也是实施宪法的体现。

（二）组成和任期

全国人民代表大会由省、自治区、直辖市、特别行政区和军队选出的代表组成，代表名额不超过 3000 人。全国人民代表大会每届任期为 5 年。全国人民代表大会任期届满的 2 个月以前，全国人民代表大会常务委员会必须完成下届全国人民代表大会代表的选举。如果遇到不能进行选举的非常情况，由全国人民代表大会常务委员会以全体组成人员的 2/3 以上的多数通过，可以推迟选举，延长本届全国人民代表大会的任期。在非常情况结束后 1 年内，必须完成下届全国人民代表大会代表的选举。

（三）会议制度

全国人民代表大会会议一般每年举行一次，每年第一季度由全国人民代表大会常务委员会召集，主席团主持。全国政协委员、国务院的组成人员、中央军事委员会的组成人员、最高人民法院院长和最高人民检察院检察长列席会议。全国人民代表大会一般公开举行。

（四）职权

职权	具体要求
修改宪法和监督宪法实施的权力	宪法的修改由全国人民代表大会常务委员会或者 1/5 以上全国人大代表提议，并由全国人民代表大会以全体代表的 2/3 以上的多数通过。此外，全国人民代表大会还有权监督宪法的实施。
制定和修改基本法律的权力	全国人民代表大会行使国家立法权，有权制定和修改刑事、民事、国家机构的和其他的基本法律。
对中央国家机关组成人员选举、决定人选和罢免的权力	（1）选举国家主席、副主席、国家监察委员会主任、中央军委主席、最高人民法院院长、最高人民检察院检察长。 （2）根据主席提名，决定国务院总理人选。 （3）根据国务院总理提名，决定国务院副总理、国务委员、各部部长、各委员会主任、审计长和秘书长的人选。 （4）根据中央军事委员会主席的提名，决定中央军事委员会其他组成人员的人选。 （凡是全国人大选举和决定的，全国人民代表大会有权罢免）
决定国家重大事项的权力（一批一改二审二决定）	（1）一批：批准省、自治区和直辖市的建置。 （2）一改：改变或者撤销全国人民代表大会常务委员会不适当的决定。 （3）二审：审查和批准国民经济和社会发展计划和计划执行情况的报告；审查和批准国家的预算和预算执行情况的报告。

职权	具体要求
	（4）二决定：决定特别行政区的设立及其制度；决定战争与和平问题。
其他职权	宪法不可能完全列举全国人民代表大会的职权，而国家的一些重大问题又必须由全国人民代表大会来处理，为此，宪法赋予全国人大行使作为最高国家权力机关应当行使的其他职权。如《国务院组织法》就规定，国务院各部、各委员会的设立、撤销或者合并，经总理提出，由全国人民代表大会决定；在全国人民代表大会闭会期间，由全国人民代表大会常务委员会决定。

（五）全国人民代表大会代表的职权

全国人民代表大会代表，简称全国人大代表，是按照法律规定选举产生的最高国家权力机关的组成人员，代表人民的意志和利益，依照宪法和法律赋予的各项职权，行使国家权力。

职权	具体要求
一般职权	出席会议，参加审议各项议案、报告和其他议题，发表意见，提出对各方面工作的建议、批评和意见。
联名提案权	依法联名提出议案、质询案、罢免案。
言论免责权	全国人大代表在全国人民代表大会各种会议上的发言和表决，不受法律追究。
刑事豁免权	全国人民代表大会代表，非经全国人民代表大会会议主席团许可，在全国人民代表大会闭会期间非经全国人民代表大会常务委员会许可，不受逮捕或者刑事审判。《全国人民代表大会和地方各级人民代表大会代表法》规定：县级以上的各级人大代表，非经人民代表大会主席团许可，在本级人大会闭会期间，非经本级人大常委会许可，不受逮捕或者刑事审判。如果因为是现行犯被拘留，执行拘留的机关应当立即向该级人民代表大会主席团或者人民代表大会常务委员会报告。乡、民族乡、镇的人民代表大会代表，如果被逮捕、受刑事审判或者被采取法律规定的其他限制人身自由的措施，执行机关应当立即报告乡、民族乡、镇的人民代表大会。（即乡级代表无刑事豁免权，县级以上的人大代表均有刑事豁免权。）

三、全国人民代表大会常务委员会

(一) 性质

全国人民代表大会常务委员会，简称"全国人大常委会"，产生于全国人民代表大会，是全国人民代表大会的常设机关，在全国人民代表大会闭会期间行使最高国家权力，但不是一个独立于全国人民代表大会之外的最高国家权力机关，二者之间是领导与被领导的隶属关系。全国人民代表大会常务委员会要对全国人民代表大会负责并报告工作，是国家立法机关，行使国家立法权。

(二) 组成

全国人民代表大会常务委员会由委员长、副委员长若干人、秘书长、委员若干人组成，这些组成人员从全国人民代表大会从代表中选出，不得担任国家行政机关、监察机关、审判机关和检察机关的职务。全国人民代表大会常务委员会与全国人民代表大会每届任期相同，均为 5 年。委员长、副委员长连续任期不得超过 2 届。

全国人民代表大会常务委员会委员长主持全国人民代表大会常务委员会的工作，召集全国人民代表大会常务委员会会议。副委员长、秘书长协助委员长工作。委员长、副委员长、秘书长组成委员长会议，处理全国人民代表大会常务委员会的重要日常工作。全国人民代表大会常务委员会设立办公厅，在秘书长领导下工作。

(三) 职权

职权	具体要求
解释宪法，监督宪法实施的权力	有权解释法律的国家机关较多，但只有全国人民代表大会常务委员会有权解释宪法。同时，和全国人民代表大会一样，都拥有监督宪法实施的权力。
立法权	制定和修改除应当由全国人民代表大会制定的法律以外的其他法律，在全国人大闭会期间，对全国人民代表大会制定的法律进行部分补充和修改，但是不得同该法律的基本原则相抵触。
法律解释权	法律的规定需要进一步明确具体含义的，法律制定后出现新的情况，需要明确适用法律依据的，都由全国人民代表大会常务委员会作出解释。全国人民代表大会常务委员会作出的解释被称为立法解释。

续表

职权	具体要求
人事任免权	（1）在全国人民代表大会闭会期间，根据国务院总理的提名，决定部长、委员会主任、审计长、秘书长的人选。（注意：副总理、国务委员无权决定）但是在 2021 年 3 月修正的《全国人民代表大会组织法》（简称：《组织法》）中关于这一条的规定有变化，即常务委员会在全国人民代表大会闭会期间，根据国务院总理的提名，可以决定国务院其他组成人员的任免。即《组织法》规定全国人民代表大会常务委员会在全国人民代表大会闭会期间，可以决定副总理、国务委员的人选。 （2）根据中央军委主席的提名，决定中央军事委员会其他组成人员的人选。 （3）根据国家监察委员会主任的提名，任免国家监察委员会副主任和委员。 （4）根据最高人民法院院长的提请，任免最高人民法院副院长、审判员、审判委员会委员和军事法院院长。 （5）根据最高人民检察院检察长的提请，任免最高人民检察院副检察长、检察员、检察委员会和军事检察院检察长，并且批准省、自治区、直辖市的人民检察院检察长的任免。（上一级人大常委会有权任免下一级检察长。） （6）决定驻外全权代表的任免。
监督权	（1）监督国务院、中央军事委员会、国家监察委员会、最高人民法院和最高人民检察院的工作。 （2）撤销国务院制定的同宪法、法律相抵触的行政法规、决定和命令。 （3）撤销省、自治区、直辖市国家权力机关制定的同宪法、法律和行政法规相抵触的地方性法规和决议。
国家重大事项决定权	（1）在全国人民代表大会闭会期间，审查、批准国民经济和社会发展计划、国家预算在执行过程中所必须作的部分调整方案。 （2）决定同外国缔结的条约和重要协定的批准和废除。 （3）规定军人和外交人员的衔级制度和其他专门衔级制度。 （4）规定和决定授予国家的勋章和荣誉称号。 （5）决定特赦。 （6）在全国人民代表大会闭会期间，如果遇到国家遭受武装侵犯或者必须履行国际间共同防止侵略的条约的情况，决定战争状态的宣布。 （7）决定全国总动员或者局部动员。 （8）决定全国或者个别省、自治区、直辖市进入紧急状态。

（四）全国人民代表大会及常务委员会职权辨析

	全国人民代表大会	全国人民代表大会常务委员会
相同点	（1）监督宪法实施。 （2）根据总理提名，决定国务院各部部长、各委员会主任、审计长、秘书长的人选。	
不同点	全国人民代表大会 负责修改宪法	全国人民代表大会 常务委员会提议修改宪法
	全国人民代表大会 不对法律进行解释	全国人民代表大会 常务委员会负责解释宪法和法律

四、中华人民共和国主席

（一）国家主席制度的建立

国家主席的设置始于 1954 年颁布的第一部《宪法》。1966 年以后，国家主席长期空缺，该制度名存实亡。1975 年、1978 年两部《宪法》取消了国家主席的设置。1982 年《宪法》，在总结新中国成立以来的实践经验之上，恢复了国家主席的设置。

（二）性质

中华人民共和国主席是国家机构，包括主席和副主席。国家主席没有个人决策权，与全国人民代表大会常务委员会共同行使国家元首职责。

（三）组成

国家主席、副主席由全国人民代表大会选举产生。有选举权和被选举权的年满 45 周岁的中华人民共和国公民可以被选为国家主席、副主席。2018 年《宪法》删除了"国家主席、副主席连续任职不得超过两届"的规定。

国家主席缺位时，由副主席继任；副主席缺位时，由全国人民代表大会补选；国家主席、副主席都缺位时，由全国人民代表大会补选，在补选以前，由全国人民代表大会常务委员会委员长暂时代理主席职位。

（四）职权

职权	具体要求
公布法律、发布命令的权力	中华人民共和国主席根据全国人民代表大会及其常务委员会的决定，公布法律，发布特赦令，宣布进入紧急状态，宣布战争状态，发布动员令。
任免权	提名国务院总理，根据全国人民代表大会及其常务委员会的决定，任免国务院总理、副总理、国务委员、各部部长、各委员会主任、审计长、秘书长。
授予荣誉权	根据全国人民代表大会及其常务委员会的决定，授予国家的勋章和荣誉称号。
外事权	中华人民共和国主席代表中华人民共和国，进行国事活动，接受外国使节；根据全国人民代表大会常务委员会的决定，派遣和召回驻外全权代表，批准和废除同外国缔结的条约和重要协定。

由于中华人民共和国主席的职权较少，因此该国家机构不向全国人民代表大会作报告。

五、国务院

（一）性质

中华人民共和国国务院，即中央人民政府，是最高国家权力机关的执行机关，是最高国家行政机关。

（二）产生、组成和任期

国务院由总理、副总理若干、国务委员若干人、各部部长、各委员会主任、审计长、秘书长组成。国务院总理，由国家主席提名，全国人民来决定，国家主席任免。副总理、国务委员、各部部长、各委员会主任、审计长、秘书长由总理提名，全国人民代表大会决定，国家主席任免。全国人民代表大会常务委员会在全国人大闭会期间，根据总理提名，决定各部部长、各委员会主任、审计长、秘书长的人选，并由国家主席任免。国务委员的职位相当于国务院副总理级，是国务院常务会议的组成人员。秘书长在总理的领导下，负责处理国务院的日常工作。国务院每届任期与全国人民代表大会每届任期相同，均为 5 年。其中，总理、副总理、国务委员连续任职不得超过 2 届。

（三）领导体制

国务院实行总理负责制，各部、各委员会实行部长、主任负责制。

（四）会议制度

	国务院全体会议	国务院常务会议
组成人员	国务院全体成员，即总理、副总理、国务委员、各部部长、各委员会主任、审计长、秘书长组成，由总理召集和主持	总理、副总理、国务委员、秘书长组成，由总理召集和主持。
主要任务	（1）讨论决定国务院工作中的重大事项。 （2）部署国务院的重要工作。	（1）讨论决定国务院工作中的重要事项。 （2）讨论法律草案、审议行政法规草案。 （3）通报和讨论国务院其他事项。一般每周召开一次。

（五）职权

职权	具体要求
行政法规和政策制定权	根据宪法和法律，规定行政措施，制定行政法规，发布决定和命令。行政法规的名称一般称"条例"，也可以称"规定""办法"等。国务院根据全国人民代表大会及其常务委员会授权制定的行政法规，称"暂行条例"或"暂行规定"。
提案权	向全国人民代表大会或者全国人民代表大会常务委员会提出议案。
行政管理权	（1）规定各部和各委员会的任务和职责，统一领导各部和各委员会的工作，并且领导不属于各部和各委员会的全国性行政工作。 （2）统一领导全国地方各级国家行政机关的工作，规定中央和省、自治区、直辖市的国家行政机关的职权的具体划分。 （3）编制和执行国民经济和社会发展计划和国家预算。 （4）领导和管理经济工作和城乡建设、生态文明建设；教育、科学、文化、卫生、体育和计划生育工作；民政、公安、司法行政等工作；国防建设事业；民族事务，保障少数民族的平等权利和民族自治地方的自治权利。 （5）保护华侨的正当的权利和利益，保护归侨和侨眷的合法的权利和利益。 （6）审定行政机构的编制，依照法律规定任免、培训、考核和奖惩行政人员。 （7）改变或者撤销各部、各委员会发布的不适当的命令、指示和规章；改变或者撤销地方各级国家行政机关的不适当的决定和命令。

续表

职权	具体要求
外事权	管理对外事务，同外国缔结条约和协定。
建置权和区域划分权	批准省、自治区、直辖市的区域划分，批准自治州、县、自治县、市的建置和区域划分。
紧急状态决定权	依照法律规定决定省、自治区、直辖市的范围内部分地区进入紧急状态。

六、中央军事委员会

（一）性质

中华人民共和国中央军事委员会和中共中央军事委员会，均简称"中央军委"，两个机构组成人员、领导机构相同。中央军事委员会是国家的最高军事领导机关，领导全国的武装力量，是国家机构的重要组成部分。

我国的武装力量由中国人民解放军现役部队和预备役部队、中国人民武装警察部队和民兵组成。《宪法》规定：中华人民共和国的武装力量属于人民，任务是巩固国防，抵抗侵略，保卫祖国，保卫人民的和平劳动，参加国家建设事业，努力为人民服务。国家加强武装力量的革命化、现代化、正规化建设，增强国防力量。

（二）组成和任期

中央军委由主席、副主席若干人、委员若干人组成。中央军委主席由全国人民代表大会选举产生；中央军委其他组成人员的人选，根据中央军委主席的提名，由全国人民代表大会决定；在全国人民代表大会闭会期间，根据中央军委主席提名，由全国人民代表大会常务委员会决定。中央军事委员会每届任期同全国人民代表大会每届任期相同，均为5年。

（三）责任制度

中央军事委员会实行主席负责制。中央军委主席对全国人民代表大会及其常务委员会负责。

（四）职权

《国防法》规定的中央军委的职权	统一指挥全国武装力量。
	决定军事战略和武装力量的作战方针。
	领导和管理中国人民解放军的建设，制定规划、计划并组织实施。
	向全国人民代表大会或全国人民代表大会常务委员会提出议案。
	根据宪法和法律，制定军事法规，发布决定和命令。
	决定中国人民解放军的体制和编制，规定总部以及军区、军兵种和其他军区级单位的任务和职责。
	依照法律、军事法规的规定，任免、培训、考核和奖惩武装力量成员。
	批准武装力量的武器装备体制和武器装备发展规划、计划，协同国务院领导和管理国防科研生产。
	会同国务院管理国防经费和国防资产。
	法律规定的其他职权。

需要特别注意的是，中央军委无权决定战争与和平的问题，该决定权在全国人民代表大会。同时，为了保护军事秘密，中央军委不向全国人民代表大会作报告。

七、监察委员会

（一）性质

中华人民共和国各级监察委员会是国家的监察机关，是行使国家监察智能的专责机关，是实现党和国家自我监督的政治机关。依法对所有行使公权力的公职人员进行监察，调查职务违法和职务犯罪，开展廉政建设和反腐败工作，维护宪法和法律的尊严。

（二）组成和任期

中华人民共和国设立国家监察委员会和地方各级监察委员会。全国监察体系包括国家、省、市、县四级监察委员会。

1. 国家监察委员会

国家监察委员会是最高国家监察机关，由全国人民代表大会产生，负责全国监察工作。国家监察委员会由主任、副主任若干人、委员若干人组成，主任由全国人民代表大会选举产生，副主任、委员由主任提请全国人民代表大会常务委员会任免。国家监察委员会主任每届任期同全国人民代表大会每届任期相同，均为 5 年，连续任职不得超过 2 届。

2. 地方各级监察委员会

省、自治区、直辖市、自治州、县、自治县、市、市辖区设立监察委员会，由本级人民代表大会产生，负责本行政区域内的监察工作，地方各级监察委员会由主任、副主任若干人、委员若干人组成，主任由本级人民代表大会选举，副主任、委员由监察委员会主任提请本级人民代表大会常务委员会任免。地方各级监察委员会主任每届任期同本级人民代表大会每届任期相同。

（三）领导体制

国家监察委员会对全国人民代表大会及其常务委员会负责，并接受其监督。地方各级监察委员会对本级人民代表大会及其常务委员会和上一级监察委员会负责，并接受其监督。监察委员会实行"国家监察委员会领导地方各级监察委员会，上级监察委员会领导下级监察委员会"的领导体制。

（四）监察工作的原则

原则	具体要求
依法独立行使监察权	监察委员会依法独立行使监察权，不受行政机关、社会团体和个人的干涉。
与审判机关、检察机关和执法部门互相配合、互相制约	"互相配合"是指监察机关应当与其他机关在办理职务违法犯罪案件时，要按照法律的规定，在正确履行各自职责的基础上，互相支持，不各行其是。"互相制约"是指监察机关与其他机关在追究职务违法犯罪过程中，通过程序上的制约，防止和及时纠正错误，确保案件质量。
有关机关和单位对监察机关的协助义务	《监察法》规定，监察机关在工作中需要协助的，有关机关和单位应当根据监察机关的要求依法予以协助。
严格遵照宪法和法律，以事实为根据，以法律为准绳	"以事实为根据"，主要是指公职人员是否违法犯罪，罪轻还是罪重，都要以事实为根据，对事实情况既不夸大，也不缩小，做到客观公正。"以法律为准绳"，是指监察机关开展监察工作，包括案件线索处置、初核、立案、调查、作出处置决定等，都要以监察法等法律法规为标准。
在适用法律上一律平等，保障当事人的合	"在适用法律上一律平等"，是指监察机关对所有监察对象，不论民族、职业、出身、性别、教育程度都应一律平等地适用法

续表

原则	具体要求
法权益	律，不允许有任何特权。"保障当事人的合法权益"，是指严格遵循相关法律规定，不得违法侵犯公民、法人和其他组织的合法权益。
权责对等，严格监督	权力就是责任，有权必有责，有责要担当，失职要问责，也体现严管就是厚爱，信任不能代替监督的要求。
惩戒与教育相结合，宽严相济	这一原则是惩前毖后、治病救人方针在监察工作中的具体体现。监察委员会不是单纯的办案机构，其首要职责是监督，而不是调查。宽严相济原则体现了党的十八大以来监督执纪"四种形态"的思想和理念。

（五）职权

职权	具体要求
监督职责	监督是监察委员会的首要职责，即对公职人员开展廉政教育，对其依法履职、秉公用权、廉洁从政从业以及道德操守情况进行监督检查。监督所有公职人员行使公权力的行为是否符合法律规定、是否符合公正标准、是否符合清廉要求，以确保公权力不被滥用、不被用来谋取私利，将权利置于监察监督之下。
调查职责	监察委员会对涉嫌贪污贿赂、滥用职权、玩忽职守、权力寻租、利益输送、徇私舞弊以及浪费国家资财等职务违法和职务犯罪行为进行调查。
处置职责	监察委员会对有职务违法行为但情节较轻的公职人员，按照管理权限，直接或委托有关机关、人员，进行谈话提醒、批评教育、责令检查或予以诫勉外，主要处置职责包括：①对违法的公职人员依法作出政务处分决定；②对履行职责不力、失职失责的领导人员进行问责；③对涉嫌职务犯罪的，将调查结果移送人民检察院依法审理、提起公诉；④向监察对象所在单位提出监察建议。

八、人民法院

（一）性质

人民法院是国家的审判机关。各级人民法院都是国家的审判机关，而不是地方的审判机关。地方各级人民法院是国家设在地方的国家审判机关，而不是地方设立的国家审判机关。

（二）组成、任期与组织体系

人民法院的组织体系包括四级，即最高人民法院、地方的高级人民法院、中级人民法院和基层人民法院。另外，还有专门人民法院（军事法院、海事法院、知识产权法院和金融法院）以及应司法改革而生的跨行政区划法院、互联网法院等。

1. 最高人民法院

最高人民法院院长由全国人民代表大会选举；副院长、审判委员会委员、庭长、副庭长和审判员，由院长提请全国人民代表大会常务委员会任免。

2. 地方各级人民法院

地方人民法院包括高级人民法院、中级人民法院、基层人民法院。高级人民法院包括省、自治区和直辖市高级人民法院。中级人民法院包括省、自治区、直辖市的中级人民法院，自治州中级人民法院，在直辖市内设立的中级人民法院，以及在省、自治区内按地区设立的中级人民法院。比如，重庆市有重庆市高级人民法院，还有重庆市第一中级人民法院。基层人民法院包括县、自治县人民法院、不设区的市人民法院，以及市辖区人民法院。基层人民法院根据实际情况，设立若干人民法庭。人民法庭是基层人民法院的组成部分，它的判决和裁定即基层人民法院的判决和裁定。

地方各级人民法院院长由本级人民代表大会选举和罢免；副院长、审判委员会委员、庭长、副庭长和审判员，由院长提请本级人民代表大会常务委员会任免。在省、自治区内按地区设立和在直辖市内设立的中级人民法院院长，由省、自治区、直辖市人民代表大会常务委员会根据主任会议的提名决定任免；副院长、审判委员会委员、庭长、副庭长和审判员由高级人民法院院长提请省、自治区、直辖市人民代表大会常务委员会任免。

各级人民法院院长任期与产生它的人民代表大会每届任期相同。

3. 专门法院

专门法院包括军事法院、海事法院、知识产权法院、金融法院等。专门法院的级别属于中级人民法院级别。

各级法院由本级人民代表大会产生，享有独立的宪法地位，同时接受本级人民代表大会及其常务委员会的监督，对本级人民代表大会负责并报告工作。同时，因为各级人民法院都是国家的审判机关，不是地方的审判机关，因此上下级法院之间不是领导与被领导的关系，只是一种指导与被指导、监

督与被监督的关系。

（三）审判工作原则

原则	具体要求
依法独立行使审判权原则	人民法院依照法律规定独立行使审判权，不受行政机关、社会团体和个人的干涉。
平等适用法律原则	人民法院审理案件，对于一切公民，不分民族、种族、性别、职业、社会出身、宗教信仰、教育程度、财产状况、居住期限等，在适用法律上一律平等，不允许任何组织和个人有超越法律的特权，禁止任何形式的歧视。
合议制原则	我国人民法院审理案件的基本组织形式是合议制。
回避制原则	审判人员不参加审理与自己有利害关系或者其他关系的案件的制度。
公开审判原则	公开审判是指人民法院在审理案件时，除涉及国家秘密、个人隐私、商业秘密等情形或者涉及未成年人等特殊利益保护外，一律公开进行。
使用本民族语言文字进行诉讼原则	各民族公民都有使用本民族语言文字进行诉讼的权利。
当事人有权获得辩护原则	被告人有权获得辩护，人民法院有义务保证被告人获得辩护。犯罪嫌疑人、被告人除自己或委托他人行使辩护权外，人民法院认为必要的时候，可以指定承担法律援助任务的律师为其辩护。

（四）职权

	具体要求
人民法院的职权	通过审判刑事案件，惩罚犯罪，保障人权，维护国家安全和社会稳定。
	通过审判民商事案件，化解社会矛盾纠纷，实现定分止争，平等保护当事人合法权益。
	通过审判行政案件，监督行政机关依法行政，促进法治政府建设，保护行政相对人合法权益。
	通过审判申请再审案件、申诉案件和国家赔偿案件，加强对审判工作的监督，为相关当事人提供司法救济，让人民群众在每一个司法案件中感受到公平正义，进而维护国家法制的统一和尊严，维护宪法法律权威，保障宪法法律事实，保障中国特色社会主义建设的顺利进行。

九、人民检察院

（一）性质

人民检察院是法律监督机关，代表国家行使检察权，通过检察活动，依法对有关机关和人员的行为是否合法进行监督。

（二）组成、任期和组织体系

人民检察院的组织体系包括四级，分别是：最高人民检察院、地方的省级检察院、设区的市级检察院、基层检察院。另外，还包括军事检察院等专门人民检察院。

1. 最高人民检察院

最高人民检察院是最高检察机关，对全国人民代表大会及其常务委员会负责，其检察长由全国人民代表大会选举和罢免，副检察长、检察委员会委员和检察员，由检察长提请全国人民代表大会常务委员会任免。

2. 地方各级人民检察院

地方各级人民检察院包括省级人民检察院、设区的市级检察院和基层检察院。其中，省级人民检察院包括省、自治区、直辖市人民检察院；市级人民检察院包括省、自治区辖市人民检察院、自治州人民检察院，省、自治区、直辖市人民检察院分院；基层人民检察院包括县、自治县、不设区的市、市辖区人民检察院。地方各级人民检察院检察长由本级人民代表大会选举和罢免，其任免须报上一级人民检察院检察长提请本级人民代表大会常务委员会批准；副检察长、检察委员会委员和检察员，由检察长提请本级人民代表大会常务委员会任免。

最高人民检察院领导地方各级人民检察院和专门人民检察院的工作，上级人民检察院领导下级人民检察院的工作。人民检察院检察长任期与产生它的人民代表大会每届任期相同。也就是说，地方各级检察院实行双重领导体制，既要接受上级人民检察院的领导，对上级人民检察院负责，同时对本级人民代表大会及其常务委员会负责并报告工作。

（三）检察工作原则

原则	具体要求
依法独立行使检察权原则	人民检察院依法独立行使检察权，不受行政机关、社会团体和个人的干涉。
平等适用法律原则	人民检察院在办理案件过程中，坚持在适用法律上人人平等，不允许有任何特权和歧视。
司法公正原则	人民检察院坚持司法公正，以事实为依据，以法律为准绳，遵守法定程序，尊重和保障人权。在行使检察权的过程中，重事实、重证据、不轻信口供，严禁刑讯逼供。
司法公开原则	人民检察院实行司法公开，法律另有规定的除外。
司法责任制原则	人民检察院实行司法责任制，建立健全权责统一的司法权力运行机制。
接受人民群众监督原则	人民检察院应当接受人民群众监督，保障人民群众对人民检察院工作依法享有知情权、参与权和监督权。
使用本民族语言文字进行诉讼原则	人民检察院对于不通晓当地通用的语言文字的当事人，应当为他们翻译。在少数民族聚居或多民族共同居住的地区，人民检察院应当用当地通用的语言进行讯问，起诉书、布告和其他文件应当根据实际需要使用当地通用的一种或几种文字。

（四）职权

职权	具体要求
人民检察院的普遍职权	刑事案件侦查权。人民检察院依照法律规定对有关刑事案件行使侦查权，其行使侦查权的具体情形，应当按照法律规定，主要指依照《刑事诉讼法》《监察法》《人民检察院组织法》的规定。
	对刑事案件进行审查，批准或者决定是否逮捕犯罪嫌疑人。
	对刑事案件进行审查，决定是否提起公诉，对决定提起公诉的案件支持公诉。
	依照法律规定提起公益诉讼。
	对诉讼活动实行法律监督。
	对判决、裁定等生效法律文书的执行工作实行法律监督。
	对监狱、看守所的执法活动实行法律监督。

最高人民检察院的特殊职权	对最高人民法院的死刑符合活动实行监督。
	对报请核准追诉的案件进行审查，决定是否追诉。
	对属于检察工作中具体应用法律问题进行解释。
	发布指导性案例供全国检察机关办案参考。

★知识总结：规定连续任职不得超过两届的国家领导人

	机构	领导人
连续任职不得超过两届的国家领导人	全国人民代表大会	委员长、副委员长
	国务院	总理、副总理、国务委员
	司法	法院院长、检察院检察长
	监察	监察委员会主任

★知识总结：国家机构工作人员产生方式

国家机构工作人员产生方式	全部由人民代表大会负责	全国人民代表大会选举	全国人民代表大会常委会、军事委员会主席、国家主席、副主席。
		全国人民代表大会决定	(1) 国务院：总理由主席提名，由全国人民代表大会决定，其他人员由总理提名，由全国人民代表大会决定。(常务委员会可在全国人民代表大会闭会期间任免各部部长、各委员会主任、审计长、秘书长。) (2) 中央军事委员会其他人员：军事委员会主席提名，由全国人民代表大会决定。(常务委员会可在全国人民代表大会闭会期间决定中央军事委员会其他人员。)
	仅1人由全国人民代表大会选举		最高人民法院院长、最高人民检察院检察长、监察委员会主任由全国人民代表大会选举，其他副职由常务委员会任免。

十、地方各级人民代表大会和地方各级人民政府

(一) 地方各级人民代表大会

1. 性质

省、自治区、直辖市、自治州、县、自治县、市、市辖区、乡、民族乡、

镇设立人民代表大会。地方有四级人大，加上全国人民代表大会，总共有五级人民代表大会。地方各级人民代表大会是地方国家权力机关。本级地方国家行政机关、监察机关、审判机关和检察机关都由本级人民代表大会产生，在行政区域内对它负责，受它监督。

2. 组成

地方各级人民代表大会由代表组成。省、自治区、直辖市、自治州、设区的市的人民代表大会代表由下一级人民代表大会选举产生，县、自治县、不设区的市、市辖区、乡、民族乡、镇的人民代表大会代表由选民直接选举产生。地方各级人民代表大会每届任期为 5 年。

3. 职权

职权	具体要求
立法权	省、自治区、直辖市和设区的市、自治州的人民代表大会根据本行政区域的具体情况和实际需要，可以制定地方性法规。
选举权	选举常务委员会的组成人员；选举本级政府正副职领导人员；选举本级监察委员会主任、法院院长、检察院检察长（选出的检察长，须报上一级检察院提请该级人民代表大会常务委员会批准）；选举上一级人民代表大会代表。
重大事项决定权	审查和批准本行政区域内的国民经济和社会发展计划、预算以及它们执行情况的报告。讨论、决定本行政区域内的政治、经济、教育、科学、文化等工作的重大事项。
管理权	听取和审查本级人民代表大会常务委员会、本级人民政府、监察委员会和人民法院、人民检察院的工作报告；改变和撤销本级人民代表大会常务委员会的不适当的决议；撤销本级人民政府不适当的决定和命令。
监督权	在行政区域内，保证宪法、法律、行政法规和上级人民代表大会及常务委员会决定的遵守和执行，保证国家计划和国家预算的执行。

4. 地方人大常委会

县级和县级以上的地方各级人民代表大会设立常务委员会，是本级人大的常设机关，对本级人大负责并报告工作。在本级人大闭会期间，行使本级人民代表大会的部分职权。常务委员会组成人员由本级人民代表大会选举产生，每届任期与本级人民代表大会每届任期相同。

具体要求
领导或主持本级人民代表大会代表的选举；召集本级人民代表大会会议。
讨论、决定本行政区域内的政治、经济、教育、科学、文化等工作的重大事项；根据本级人民政府的建议，决定对本行政区域内的国民经济和社会发展计划、预算的部分变更；决定授予地方的荣誉称号。
在本级人民代表大会闭会期间，决定本级人民政府副职领导人员的个别任免；根据省长、自治区主席、市长、州长、县长、区长的提名，决定本级人民政府秘书长、厅长、局长、委员会主任的任免，报上一级人民政府备案；根据监察委员会主任的提请，任免本级监察委员会副主任、委员；任免人民法院副院长、庭长、副庭长、审判委员会委员、审判员；任免人民检察院副检察长、检察委员会委员、检察员，批准任免下一级人民检察院检察长。
撤销本级人民政府不适当的决定、命令和规章以及下一级人民代表大会及其常务委员会的不适当决议。
监督本级人民政府、监察委员会、人民法院和人民检察院的工作，即监督"一府一委两院"的工作。
在行政区域内，保证宪法、法律、行政法规和上级人民代表大会及常务委员会决定的遵守和执行。

（左侧纵排文字）地方人大常委会的职权

（二）地方各级人民政府

1. 性质

省、自治区、直辖市、自治州、县、自治县、市、市辖区、乡、民族乡、镇设立人民政府。地方各级人民政府是地方各级人民代表大会的执行机关，是地方国家行政机关。地方有四级政府，加上国务院，我国总共有五级政府。

2. 组成和领导体制

省、自治区、直辖市、自治州、设区的市的人民政府分别由省长、副省长，自治区主席、副主席，市长、副市长，州长、副州长和秘书长、厅长、局长、委员会主任等组成；县、自治县、不设区的市、市辖区的人民政府分别由县长、副县长，市长、副市长，区长、副区长和局长等组成；乡、民族乡的人民政府设乡长、副乡长，民族乡的乡长由建立民族乡的少数民族公民担任；镇人民政府设镇长、副镇长。地方各级人民政府分别实行省长、自治区主席、市长、州长、县长、区长、乡长、镇长负责制。各级地方人民政府由本级人民代表大会产生，对它负责，受它监督。上下级政府之间是一种领导与被领导的关系。因此，地方政府受到本级人民代表大会及其常务委员会和上级政府的双重领导。

3. 地方政府机构

地方各级人民政府根据工作需要和精干的原则，设立必要的工作部门。工作部门在省和自治区，一般称厅、局、委员会，在市、县，一般称局、委员会。县级以上的地方各级人民政府工作部门的厅长、局长、委员会主任等正职领导人员，由县级以上地方本级人民代表大会常务委员会分别根据省长、自治区主席、市长、州长、县长、区长的提名，决定任命，是本级地方人民政府组成人员，参加地方各级人民政府全体会议。非组成部门，如直属特设机构、直属机构、部门管理机构等，其正职领导人员由本级人民政府任命，不属于本级地方人民政府组成人员，也不参加地方各级人民政府全体会议。

第五节　立法体系

《宪法》虽然没有专章阐述我国的立法体制，但是在对国家机构的相关规定中，明确规定了各个国家机构的立法权限。另外，《立法法》是宪法的部门法之一，因此将立法体制的相关知识放入宪法这一章当中。

一、立法体制

立法体制既涉及中央和地方立法权限的划分，又包括同级国家机关之间立法权限的划分。一个国家的立法体制和这个国家的结构形式密切相关。联邦制国家的立法体制一般是二元的或多元的，一国之内有两个或多个机关拥有各自专有的或并行的立法权。单一制国家的立法体制一般是一元的，立法权集中在最高国家权力机关，全国只有一个立法体系。

我国实行的是"一元多级"的立法体制。"一元"体现了单一制立法体制的共性，即在全国范围内，立法体系是统一的。"多级"则是中国特色，即我国的立法体制分为中央立法和地方立法多等级立法，包括各省、自治区、直辖市、设区的地级市的立法与香港、澳门两个特别行政区的立法。

二、立法权

法理名称	立法机关	公布主体
法律	全国人民代表大会及其常务委员会	国家主席签署主席令

续表

行政法规	国务院	总理签署国务院令
地方性法规	省级、设区市的人民代表大会及其常务委员会（注：县级人大不可）	立法机关发布公告
规章	国务院组成部门、直属机构省级、设区的市的人民政府	由行政首长签署并公布
自治条例、单行条例（需批准）	自治区、自治州、自治县人民代表大会（注：常务委员会不可）——自治区由全国人民代表大会常务委员会批准，自治州和自治县由省级人民代表大会常务委员会批准	立法机关发布公告

三、立法效力

宪法具有最高的法律效力。法律的效力高于行政法规、地方性法规、规章。行政法规的效力高于地方性法规、规章。地方性法规的效力高于本级和下级地方政府规章。省、自治区的人民政府制定的规章的效力高于本行政区域内设区的市、自治州的人民政府制定的规章。也就是说，上级制定的规则效力大于下级制定的规则。同级人民代表大会制定的规则大于同级行政机关制定的规则。同时，部门规章之间、部门规章与地方政府规章之间具有同等效力。因为部门规章效力小于行政法规，地方性法规的效力小于行政法规，所以，部门规章与地方性法规也属于统一位阶的法，具有同等效力。

四、立法裁决

当同一位阶的法律出现不一致的规定时，应当遵循如下裁决规定。

规定	具体要求
特别法优于一般法	同一机关制定的法律、行政法规、地方性法规、自治条例和单行条例、规章，特别规定与一般规定不一致的，适用特别规定。
新法优于旧法	同一机关制定的法律、行政法规、地方性法规、自治条例和单行条例、规章，新的规定与旧的规定不一致的，适用新的规定。
法不溯及既往，但有利溯及除外（从旧兼从轻）	法律、行政法规、地方性法规、自治条例和单行条例、规章不溯及既往，但为了更好地保护公民、法人和其他组织的权利和利益而作的特别规定除外。

续表

规定	具体要求
地方性法规与部门规章之间的不一致	地方性法规与部门规章之间对同一事项的规定不一致，不能确定如何适用时，由国务院提出意见，国务院认为应当适用地方性法规的，应当决定在该地方适用地方性法规的规定；认为应当适用部门规章的，应当提请全国人民代表大会常务委员会裁决
部门规章之间、部门规章与地方政府规章之间不一致	部门规章之间、部门规章与地方政府规章之间对同一事项的规定不一致时，由国务院裁决。
设区的市的地方性法规与省级人民政府的地方政府规章之间不一致	设区的市的地方性法规与省级人民政府的地方政府规章之间不一致时，由省级人民代表大会常务委员会裁决。

原则：由共同上级进行裁决。

五、立法变更

	具体要求
立法变更权限	全国人民代表大会有权改变或者撤销它的常务委员会制定的不适当的法律，有权撤销全国人民代表大会常务委员会批准的违背了《宪法》和《立法法》规定的自治条例和单行条例。
	全国人民代表大会常务委员会有权撤销同宪法和法律相抵触的行政法规，有权撤销同宪法、法律和行政法规相抵触的地方性法规，有权撤销省、自治区、直辖市的人民代表大会常务委员会批准的违背《宪法》和《立法法》规定的自治条例和单行条例。
	国务院有权改变或者撤销不适当的部门规章和地方政府规章。
	省、自治区、直辖市的人民代表大会有权改变或者撤销它的常务委员会制定的和批准的不适当的地方性法规。
	地方人民代表大会常务委员会有权撤销本级人民政府制定的不适当的规章。
	省、自治区的人民政府有权改变或者撤销下一级人民政府制定的不适当的规章。
	授权机关有权撤销被授权机关制定的超越授权范围或者违背授权目的的法规，必要时可以撤销授权。

★知识总结：改变权、撤销权和单独撤销权的辨析

改变权和撤销权的适用辨析	既能改变又能撤销	上级行政机关对下级行政机关
		人民代表大会对本级人民代表大会常务委员会
	只能撤销不能改变	本级人民代表大会对本级政府
		上级人民代表大会及其常务委员会对下一级人民代表大会及常务委员会

第三章　行政法

第一节　行政法概述

一、行政法的概念

行政法是调整行政关系的法。

（一）行政关系的含义

行政关系是指行政主体在行使行政职权的过程中与行政相对人发生的各种关系。

（二）行政关系的调整对象

行政关系的调整对象	内部行政关系	行政主体与其他行政主体之间的关系
	外部行政关系	行政主体与行政主体工作人员之间的关系
		行政主体与其他非行政主体组织之间的关系
		行政主体与非行政主体工作人员之间的关系

二、行政法的实质

行政法是限制行政权的法律。

三、行政法的特点

行政法的特点	关系双方地位不平等	作为行政关系双方的行政主体与行政相对人，处于一种管理与被管理的关系中。在这种关系中，行政主体在关系中占主导地位。因此，关系双方地位不平等。
	数量众多且无统一法典	行政法调整的对象——行政关系——过于广泛，使得行政法数量众多，各种不同的行政关系又存在较大差别，很难将之用法典进行统一。同时，部分行政关系的稳定性低、变动性大，有必要留给法律位阶较低的法规和规章调整，而不宜由统一法典进行规范。

四、行政法的基本原则

行政法的基本原则	行政合法性原则	即行政法的首要基本原则。合法性原则要求在行政法领域中必须做到：依法行政、执法必严、违法必究。
	行政合理性原则	要求行政机关行使裁量权时必须符合法律精神；行政行为的动机是正当的；行政行为的内容要符合情理，符合社会公德。
	程序正当原则	行政机关作出影响行政相对人权益的行政行为，必须遵循正当法律程序，包括事先告知相对人，向相对人说明行为的根据、理由，听取相对人的陈述、申辩，事后为相对人提供相应的救济途径等。
	高效便民原则	行政机关行使行政职权，进行行政管理，应当积极履行法定职责，遵守法定时限，提高行政效率，并尽可能方便行政相对人。
	诚实守信原则	行政机关公布的信息应当真实、准确、可信。非因法定事由并经法定程序，行政机关不得撤销、变更已经生效的行政（许可）决定。行政允诺应予兑现。
	权责统一原则	行政机关依法履行经济、社会和文化事务管理职责，要有法律、法规赋予其相应的执法手段，保证政令有效。行政机关违法或不当行使职权，应当依法承担法律责任。

第二节　行政主体

一、行政法主体的含义

行政法主体是指行政法调整的各种行政机关的参加人。在行政法主体中必有一方为行政主体。

二、行政主体的含义

行政主体是拥有国家行政权，能以自己的名义行使行政职权，并能独立地对自己行使行政职权的行为产生的后果承担相应法律责任的国家机关或社会组织。

三、行政主体的范围

（一）行政机关

行政机关是指依宪法或行政组织法的规定而设置的行使国家行政职能的国家机关，即各级政府及其职能部门。

1. 派出机关

派出机关	派出主体	批准设立机关
行政公署	省、自治区人民政府	国务院
区公所	县、自治县人民政府	省、自治区、直辖市人民政府
街道办事处	市辖区、不设区的市人民政府	派出主体的上一级人民政府

2. 派出机构

	类别	具体的派出机构
派出机构	各级政府驻外办事机构。	如驻京办、驻外办。
	政府在特殊经济区域或特殊地区的派出机构。	如各类开发区（含高新技术产业园区、经济开发区、出口加工区）及风景名胜区管理机构等。
	政府职能部门设立的派出机构。	如公安分局与派出所、国土分局与国土所、工商分局与工商所、地税分局与地税所、司法所等。
	备注：派出机构只有在法律授权的情况下才为行政主体，比如公安机关的派出机构派出所，经法律授权可以进行警告或500元以下罚款，在此范围内，派出所即为行政主体。	

（二）法律法规授权的组织

法律法 规授权 的组织	含义	法律法规授权组织是指依法律、法规的授权而行使特定行政职能的非国家机关组织。被授权组织在行使法律、法规所授职权时，享有与行政机关相同的行政主体地位。
	类型	我国现有法律、法规授权的组织有：社会团体；事业单位；企业单位；基层群众性自治组织；专门机构，如专利复查委员会、商标评审委员会等。

第三节　行政行为

一、行政行为的含义

行政行为是指行政主体在实施行政管理活动、行使行政职权过程中所作出的具有法律意义的行为。

二、行政行为的分类

	分类标准	具体类别
行政行为 的分类	以所针对相对人是否特定为标准	抽象行政行为和具体行政行为
	以行为是否具有法律效果为标准	行政法律行为和行政事实行为
	以单方意志还是双方意志为标准	单方行政行为和双方行政行为
	行为受法律约束的程度	羁束行政行为和裁量行政行为
	行为启动的方式	依职权行政行为和依申请行政行为
	是否对行政相对人有利	授益性行政行为和负担性行政行为
	与被管理者形成的法律关系	行政立法行为、行政执法行为和行政司法行为
	行政行为的对象以及该对象所处的法律地位	内部行政行为和外部行政行为
	是否具备法定形式	要式行政行为和非要式行政行为

三、行政行为的体系

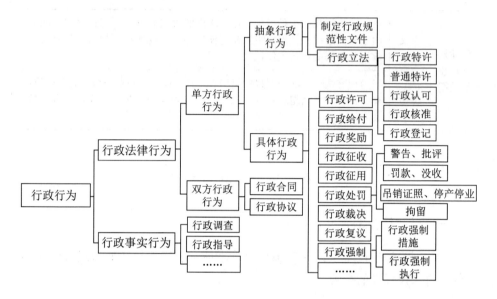

四、行政行为的效力

行政行为的效力	公定力	行政行为的公定力是指，行政行为一经成立，除法律规定的绝对无效的情况外，在被有权机关撤销之前，都被推定为合法，所有机关、组织或个人都必须予以尊重的效力。
	确定力	行政行为的确定力是指，已生效的行政行为对行政主体和行政相对人所具有的不受任意改变的法律效力。确定力是一种对行政主体和行政相对人双方而言的法律效力。
	拘束力	行政行为的拘束力是指，已生效的行政行为的内容对有关组织和个人所产生的一种约束的效力。
	执行力	行政行为的执行力是指，已生效的具有执行内容的行政行为要求行政主体和行政相对人对其内容予以实现的法律效力。

五、行政行为的生效

<table>
<tr><td rowspan="4">行政行为的生效</td><td>即时生效</td><td>即时生效是指行政行为一经作出即具有效力。这种生效方式适用范围较窄，适用条件相对严格，一般适用于紧急情况下所做出的需要立即实现的行为。</td></tr>
<tr><td>告知生效</td><td>告知生效是指行政主体履行告知义务，以便让行政相对人知道行政行为的内容。获得通知是行政相对人能否享有其他权利和及时履行义务的关键。告知的形式包括口头形式，也包括书面形式，如通知书、决定书、公报等。</td></tr>
<tr><td>受领生效</td><td>受领生效又称送达生效。受领即行政相对人对行政行为的接受和知悉。行政相对人的受领是通过行为主体的送达行为实现。行为主体送达的方式有：直接送达、留置送达、转交送达、邮寄送达、公告送达、委托送达等。</td></tr>
<tr><td>附条件生效</td><td>附条件生效是指行政行为在附加的条件得以满足时才发生效力。附加条件的内容也可能是一定的法律事实，也可能是一定的时间，它是对行政行为意思表示的补充或限制。如行政法规和规章在大多数情况下会在附则规定生效的日期。</td></tr>
</table>

第四节　具体行政行为

一、行政处罚

(一) 行政处罚的含义

行政处罚是指特定的行政主体依法给予违反行政管理秩序而尚未构成犯罪的行政相对人人身的、财产的、名誉的及其他形式的法律制裁的行政行为。

(二) 行政处罚的种类

<table>
<tr><td rowspan="3">行政处罚的种类</td><td rowspan="3">精神罚（申诫罚）</td><td>警告</td><td>行政机关对违法行为人所作的一种书面形式的谴责与告诫。</td></tr>
<tr><td>通报批评</td><td>行政机关对违法者的批评以书面形式公布于众，指出其违法行为，予以公开谴责和告诫，以避免其再犯的处罚形式。</td></tr>
</table>

续表

行政处罚的种类	财产罚	罚款	行政主体依法强制违反行政法律规范的行为人在一定期限内向国家缴纳一定数额的金钱的处罚方式。（与刑法中的罚金相区别。）
		没收	行政主体依法将违法行为人的违法所得和非法财物收归国有的处罚形式。
	行为罚	暂扣许可证件	暂时中止持证人从事某种活动的资格，待其改正违法行为后或者经过一定期限和一定努力，再发还证件、恢复其资格，允许其重新享有该权利和资格的处罚形式。
		降低资质等级	对违法行为人已有的资格进行的处罚，从而达到一种限制行政相对人实施某种行为的目的。
		吊销许可证件	撤销行政相对人的凭证，终止其继续从事该凭证所允许活动的资格
		限制开展生产经营活动	在一定区域和时间内限制或禁止行政相对人从事某种生产经营活动。主要是对于未经许可、备案或者不需要采取资格罚的，行政机关可以限制其从事或扩大生产经营活动。
		责令停产停业	行政机关要求从事违法生产经营活动的公民、法人或其他组织停止生产、停止经营的处罚形式。
		责令关闭	行政机关依法责令停止违反行政管理秩序的当事人全部生产经营活动的行政处罚。
		限制从业	行政机关依法限制违反行政管理秩序的相对人在一定时期内从事一定职业、职位的行政处罚。
	人身罚	行政拘留	又称为治安拘留，是公安机关依法在短期内限制违反行政法律规范的人的人身自由的一种处罚。
		驱逐出境、禁止入境或者出境、限期出境	公安、边防、安全机关对违反我国行政法律规范的外国人、无国籍人采取的强令其离开或者禁止进入中国国境的处罚形式。

（三）行政处罚的设定

行政行为的设定	法律	可设定各种类型的行政处罚。
	行政法规	除行政拘留以外的各类行政处罚。
	地方性法规	除行政拘留、吊销企业营业执照的各类行政处罚。
	规章	只能给予警告、通报批评和一定数量罚款的行政处罚。

（四）行政处罚的实施机关

1. 行政处罚的实施机关

我国行政处罚的实施机关包括行政机关，法律、法规授权的组织和受委托的组织。

2. 受委托进行行政处罚的机关必须具备的条件

受委托进行行政处罚的机关必须具备的条件	依法成立的管理公共事务的事业组织。
	具有熟悉有关法律、法规、规章和业务的工作人员。
	对违法行为需要进行技术检查或者技术鉴定的，应当有条件组织进行相应的技术检查或者技术鉴定。

备注：受委托的机关以委托机关的名义实施，不得再转委托，委托机关承担责任。

（五）行政处罚的管辖

行政处罚的管辖	地域管辖	行政处罚由违法行为发生地的具有行政处罚权的行政机关管辖。
	级别管辖	行政处罚由县级以上地方人民政府具有行政处罚权的行政机关管辖。
	指定管辖	对管辖发生争议的，报请共同的上一级行政机关指定管辖。

（六）行政处罚的适用

1. 不予处罚的情形

不予处罚的情形	精神病人在不能辨认或者不能控制自己行为时有违法行为的，应当责令其监护人严加看管和治疗。
	不满 14 周岁的未成年人有违法行为的，责令监护人加以管教。
	违法行为轻微并及时纠正，没有造成危害后果的。

2. 不再处罚的情形

不再处罚的情形	对同一个行为，任何机关不得以同一事由作出两个以上罚款的行政处罚。
	违法行为在 2 年内未被发现的，不再给予行政处罚。2 年的期限，从违法行为发生之日起计算；违法行为有连续或者继续状态的，从行为终了之日起计算。

（七）行政处罚的决定程序

1. 简易程序

（1）简易程序的含义。行政主体对符合法定条件的行政处罚事项，当场作出行政处罚决定的处罚程序。

（2）简易程序的适用条件。

简易程序的适用条件	违法事实确凿。
	对该违法行为处以行政处罚有明确、具体的法定依据。
	处罚较为轻微，即对个人处以 200 元以下罚款或警告，对组织处以 3000 元以下罚款或者警告。

（3）简易程序的步骤。

简易程序的步骤	执法人员表明身份，出示执法身份证件。
	确认违法事实，说明处罚理由和依据。
	制作行政处罚决定书。
	行政处罚决定书当场交付当事人。
	行政处罚决定书必须报所属行政机关备案。

2. 一般程序

（1）一般程序的含义。一般程序，又称普通程序，是指除法律特别规定应当适用简易程序和听证程序的以外，行政处罚通常所应适用的程序。

（2）一般程序的步骤。

一般程序的步骤	符合立案标准的，行政机关应当及时立案。
	对立案案件进行全面调查。
	由承办人员填写《案件处理意见申报表》，向有裁决权的行政机关汇报案件情况和有关处理意见，送行政机关负责人审批。
	制作拟处罚决定书。
	说明理由并告知权利。
	当事人陈述和申辩。
	正式裁决。
	行政处罚决定书的送达。

3. 听证程序

（1）听证程序的含义。听证程序是由行政机关主持的并由有关利害关系人参加的程序。

（2）听证程序的适用。

听证程序的适用条件	较大数额罚款。
	没收较大数额违法所得、没收较大价值非法财物。
	降低资质等级、吊销许可证件。
	责令停产停业、责令关闭、限制从业。
	其他较重的行政处罚。
	法律、法规、规章规定的其他情形。

（3）听证程序的要求。

听证程序的步骤	听证的申请与决定。当事人要求听证的，应当在行政机关告知后 5 日内提出。
	行政机关作出听证决定后，应当在听证的 7 日前通知当事人举证听证的时间、地点和其他事项。
	除涉及国家秘密、商业秘密或者个人隐私外，听证公开举行。
	听证的主持与参与。行政机关工作人员不得参与与自己有利害关系的案件，承担调查取证任务的执法人员不能主持听证，听证由行政机关指定的非本案调查人员主持。
	制作听证笔录。
	制作行政处罚决定书。

（八）行政处罚的执行程序

1. 行政处罚执行程序的原则

听证程序的适用条件	申诉不停止执行原则	当事人对行政处罚决定不服申请行政复议或者提起行政诉讼的，除法律另有规定的以外，行政处罚不停止执行。
	罚缴分离原则	除依法当场收缴的罚款外，作出行政处罚决定的行政机关及其执法人员不得自行收缴罚款。行政机关可以指定银行作为收受罚款的专门机构，由银行上缴国库。

2. 行政处罚执行程序的类别

（1）专门机构收缴罚款。

专门机构收缴罚款的程序	在行政处罚决定书中指明缴费的专门机构，当事人应当自收到行政处罚决定书之日起 15 日内，到指定的专门机构缴纳罚款。
	专门机构根据处罚决定书限定的当事人自动缴纳罚款的时间，在期限届满之前，向当事人发出催交通知书，以提醒和督促当事人按期主动缴纳罚款。
	收受罚款。当事人缴纳罚款的，专门机构向缴纳人开具罚款收据。
	上缴国库。

（2）当场收缴罚款。

当场缴纳罚款的适用情形	依法给予 100 元以下罚款的。
	不当场收缴事后难以执行的可当场收缴。
	边远、水上、交通不便地区，当事人向指定银行缴纳罚款确有困难，经当事人提出的。

备注：执法人员应当自收缴罚款之日起 2 日内，交至行政机关。在水上当场收缴的罚款，应当自抵岸之日起 2 日内，交至行政机关。行政机关应当在 2 日内将罚款缴付至指定银行。

二、行政强制

（一）行政强制的含义

行政强制是指，为了实行行政管理，达到行政管理目的，对公民、法人或其他组织的人身、财产、行为等采取强制性措施的制度。行政强制是行政强制措施和行政强制执行两项制度的合称。

（二）行政强制的种类

1. 行政强制措施

（1）行政强制措施的含义。

行政机关在行政管理过程中，为制止违法行为、防止证据损毁、避免危害发生、控制危险扩大等情形，依法对公民的人身自由实施暂时性限制，或者对公民、法人或者其他组织的财物实施暂时性控制的行为。

（2）行政强制措施的种类。

行政强制措施的种类	限制公民人身自由。
	查封场所、设施或者财物。
	扣押财物。
	冻结存款、汇款。
	其他行政强制措施。

2. 行政强制执行

（1）行政强制执行的含义。行政机关或者行为机关申请人民法院对不履行行政决定的公民、法人或其他组织，依法强制履行义务的行为。

（2）种类。

行政强制执行的种类	加处罚款或者滞纳金。到期不履行行政处罚决定的，行政机关可以每日按罚款数额的3%加处罚款。
	划拨存款、汇款。
	拍卖或者依法处理查封、扣押的场所、设施或者财物。
	排除妨碍、恢复原状。
	代履行。
	其他强制执行方式。

（三）行政强制的主体

行政强制的主体	有强制执行权的机关	自己执行
	无强制执行权的机关	向法院申请强制执行

三、行政许可

（一）行政许可的含义

行政许可，是指行政机关根据公民、法人或者其他组织的申请，经依法审查，准予其从事特定活动的具体行政行为。行政许可实际上是一种禁止的解除。通常应以许可证、执照等证书的形式出现。

（二）行政许可的特点

行政许可的特点	行政许可是一种须申请的行政行为。
	行政许可是授益性行政行为，即它是赋予行政相对人从事某种活动或权利的行为。
	行政许可是要式行政行为，必须依照法律规定的程序格式等形式进行。

（二）行政许可的种类

1. 以许可的范围为标准进行的分类

以许可的范围为标准进行的分类	普通许可	指只要符合法定条件即可向主管行政机关申请取得，法律对申请人无特殊限制的许可，如营业许可、驾驶执照等。
	行政特许	指除具备一般许可条件外，法律还对申请人本身设有特别限制的许可，主要是有限自然资源的开发利用、公共资源的配置或特定行业的市场准入，如持枪许可、烟草专卖许可等。
	行政核准	主要是直接关系公共安全、人身健康、生命财产安全的重要设备、设施、产品、物品，需要按照技术标准，技术规范，通过检验、检测、检疫等方式进行审定的事项。
	行政登记	主要针对企业或者其他组织的设立等需要确定主体资格的事项，如企业、社会团体的等级等。
	行政认可	特定职业行业资格、资质的确定，如律师资格、会计师资格、医师资格等，主要通过考试的方式进行。

2. 以许可享有的程度为标准进行的分类

以许可享有的程度为标准进行的分类	排他性许可	指某行政相对人一旦获得某项许可，其他任何行政相对人都不得再申请获得的许可，如专利许可。
	非排他性许可	指可为所有具备法定条件者申请并获得的许可，如进出口许可。

3. 以许可能否单独使用为标准进行的分类

以许可能否单独使用为标准进行的分类	独立许可	指许可证已规定了所有许可内容，不需其他文件补充说明的许可。
	附文件许可	指由于特殊条件的限制，需要附加文件予以说明的许可。

（三）行政许可的设定

行政许可的设定	法律可以设定行政许可。
	尚未制定法律的，行政法规可以设定行政许可。必要时，国务院可以决定的方式设定行政许可。
	尚未制定法律、行政法规的，地方性法规可以设定行政许可。
	尚未制定法律、行政法规和地方性法规的，省、自治区、直辖市人民政府规章可以设定临时性的行政许可。实施满 1 年需要继续实施的，应当提请本级人民代表大会及其常务委员会制定地方性法规。（排除部门规章）

（四）行政许可的实施程序

行政许可的实施程序	申请	行政许可申请可以通过信函、电报、电传、传真、电子数据交换和电子邮件等方式提出。
	受理	申请材料不齐全或者不符合法定形式的，应当当场或者在 5 日内一次告知申请人需要补正的全部内容。逾期不告知的，自收到申请材料之日起即为受理。
	决定	能当场决定，要当场决定。
		一个机关决定。（20 日内决定，经行政机关负责人批准可延长 10 日并告知申请人，但是，法律、法规另有规定的，依照其规定。）
		平级多机关决定。（统一、联合、集中办理的 45 日内决定，经本级政府负责人批准可延长 15 日并告知申请人）

备注：

行政机关作出准予行政许可的决定，应当自作出决定之日起 10 日内向申请人颁发、送达行政许可证件，或者加贴标签、加盖检验、检测、检疫印章。

行政机关作出的准予行政许可决定，应当予以公开，公众有权查阅。

四、其他具体行政行为

（一）依申请的其他具体行政行为

依申请的其他具体行政行为	行政裁决	行政机关依照法律规范的授权，对当事人之间发生的、与行政管理活动密切相关的、与合同无关的民事纠纷进行审查并作出裁决的行政行为。
	行政给付	也称行政物质帮助，是指行政机关依法为特定的相对人提供物质利益或与物质利益有关的权益的行为。行政给付包括抚恤金、生活补助费、安置费、社会救济、福利金等。
	行政确认	行政主体依法对行政相对人的法律地位、法律关系或有关法律事实进行甄别，给予确定、认定、证明（或否定）并予以宣告的具体行政行为，如工伤认定、交通事故认定、领取结婚证。
	行政调解	指由我国行政机关主持，通过说服教育的方式，促使民事纠纷或轻微刑事案件当事人自愿达成协议，解决纠纷的一种调解制度，通常称为政府调解。
	行政奖励	行政奖励是指行政主体依照法定条件和程序，对国家和社会做出重大贡献的单位和个人，给予物质或精神鼓励的具体行政行为。

（二）依职权的其他具体行政行为

依职权的其他具体行政行为	行政征收	行政主体凭借国家行政权，根据国家和社会公共利益的需要，以强制方式无偿取得相对人财产所有权的一种具体行政行为，主要由税和费组成。
	行政检查	行政机关为了督促公民遵纪守法，而了解有关情况的具体行政行为。在检查过程中，行政机关可以采取进入场所、调阅账本，甚至扣押、查封、登记保存等多种手段。

（三）其余具体行政行为

行政事实行为	行政合同	指行政机关为实现行政管理目标之目的，与相对人之间经过协商一致达成的协议。（行政合同的撤销、变更和解除主要取决于行政机关的单方意志。）
	行政指导	行政机关基于国家的法律、政策的规定而作出的，旨在引导行政相对人自愿采取的一定的作为或者不作为，以实现行政管理目的的一种非职权行为。

第五节　行政复议

一、行政复议的含义

行政复议，是指国家行政机关依照法律、法规的规定进行行政管理，与行政管理相对人发生争议，根据行政管理相对人的申请，由其上一级行政机关或者法律、法规规定的行政机关，对引起争议的具体行政行为是否合法、是否适当（审查具体行政行为的合法性和合理性）进行审查并作出裁决的活动。因此，行政复议是行政系统内部的监督行为。

二、行政复议的主体

	申请人	依照《行政复议法》申请行政复议的公民、法人或者其他组织。
行政复议的主体	被申请人	公民、法人或者其他组织对行政机关的具体行政行为不服，申请行政复议的，作出具体行政行为的行政机关是被申请人。
	行政复议机关	作出行政复议决定的上级机关。
	第三人	同申请行政复议的具体行政行为有利害关系的其他公民、法人或者其他组织，可以作为第三人参加行政复议。
	代理人	申请人、第三人可以委托代理人代为参加行政复议。

三、不可申请行政复议的情形

	国家行为	包括国防行为、外交行为、宣告紧急状态的行为等。
	刑事侦查行为	刑事拘留、逮捕等。
行政复议的主体	行政调解行为	行政机关对民事纠纷作出的调解或者其他处理。
	行政指导行为	因不具有强制性，不复议。
	内部行为	如行政机关作出的行政处分或其他人事处理决定。
	抽象行政行为	对不特定人实施的抽象行政行为，不复议。

四、行政复议机关

	类型	被申请人	复议机关
行政复议机关	条块管辖	政府部门	同级政府或上一级主管部门
	条条管辖	省级以下政府（不含省级）	上一级人民政府
		垂直领导机关	上一级主管部门
	自我管辖	省部级单位	原机关自己，审理结构有变化
	特殊情形	政府派出机关	设立该派出机关的政府
		部门派出机构	该机构所在的主管部门或该主管部门的同级政府
		被授权组织	直接管理该组织的机关
		对两个或两个以上行政机关以共同名义作出的具体行政行为	其共同上一级机关
		被撤销的机关	其职权继承机关的上一级机关

五、行政复议程序

（一）申请

1. 申请期限

行政相对人可以自知道具体行政行为之日起 60 日内提出行政复议申请，但是法律规定的申请期限超过 60 日的除外。

2. 申请形式

申请人申请行政复议，可以书面申请，也可以口头申请。

3. 被申请人

被申请人	作出具体行政行为的行政机关。
	两个或两个以上行政机关以共同名义作出同一具体行政行为的，共同作出具体行政行为的行政主体是共同被申请人。

续表

被申请人	法律、法规授权的组织作出的具体行政行为引起行政复议，该组织是被申请人。
	行政机关委托的组织作出的具体行政行为引起的行政复议，委托的机关是被申请人。
	作出具体行政行为的行政机关被撤销的，继续行使其职权的行政机关是被申请人。
	下列行政机关依照法律、法规、规章规定，经上级行政机关批准作出具体行政行为的，批准机关为被申请人。
	行政机关设立的派出机构、内设机构或者其他组织，未经法律、法规授权，对外以自己的名义作出具体行政行为的，该行政机关为被申请人。

（二）受理

行政复议机关收到行政复议申请后，应当在 5 日内进行审查受理。

（三）决定

行政复议机构审理行政复议案件，应当由 2 名以上行政复议人员参加。行政复议机关应当自受理申请之日起 60 日内作出行政复议决定，但是法律规定的行政复议期限少于 60 日的除外。情况复杂的，可以适当延长，并告知申请人和被申请人，但是延长期限最多不超过 30 日。

1. 行政复议的三种决定

行政复议的决定	维持决定	具体行政行为认定事实清楚，证据确凿，适用依据正确，程序合法，内容适当的，决定维持。
	履行决定	被申请人不履行法定职责的，决定其在一定期限内履行。
	撤销决定	被申请人不依法提出书面答复、提交当初作出具体行政行为的证据、依据和其他有关材料的，决定撤销。

2. 行政复议决定的要求

| 行政复议决定的要求 | 决定撤销或者确认该具体行政行为违法的，可以责令申请人在一定期限内重新作出具体行政行为。 |

决定撤销或者确认该具体行政行为违法的，可以责令申请人在一定期限内重新作出具体行政行为。
被申请人不得以同一事实和理由作出与原具体行政行为相同或基本相同的行政行为。
决定变更该具体行政行为的，行政复议机关在申请人的行政复议请求范围内，不得作出对申请人更为不利的行政复议决定。（复议不加重）

六、行政复议过程中的原则

（一）书面审理原则

行政复议原则上采取书面审查的办法，但是申请人提出要求或者行政复议机关负责法制工作的机构认为有必要时，可以向有关组织和人员调查情况，听取申请人、被申请人和第三人的意见。

（二）不停止执行原则

除有特殊情况外，行政复议期间具体行政行为不停止执行。

行政复议可以停止执行的情形	被申请人认为需要停止执行的。
	行政复议机关认为需要停止执行的。
	申请人申请停止执行，行政复议机关认为其要求合理，决定停止执行的。
	法律规定停止执行的。

（三）被申请人承担举证责任原则

被申请人提交作出具体行政行为的事实根据和作出具体行政行为所依据的规范性文件。

第六节　行政诉讼

一、行政诉讼的含义

行政诉讼，是指公民、法人或其他组织认为行政机关和行政工作人员的

具体行政行为侵犯其合法权益，依法向人民法院提起诉讼的一种诉讼活动。

二、行政诉讼的基本原则

行政诉讼的基本原则	依法受理、依法应诉原则
	人民法院依法独立行使审判权原则
	以事实为依据，以法律为准绳原则
	行政行为合法性审查原则
	当事人法律地位平等原则
	使用民族语言文字原则
	当事人有权辩论原则
	人民检察院实行法律监督原则

三、人民法院不受理行政诉讼的情形

人民法院不受理行政诉讼的情形	国防、外交等国家行为
	抽象行政行为
	内部行政行为
	法律规定由行政机关最终裁决的具体行政行为
	刑事侦查行为
	调解行为以及法律规定的仲裁行为
	不具有强制力的行政指导行为
	驳回当事人对行政行为提起申诉的重复处理行为
	对公民、法人或者其他组织权利义务不产生实际影响的行为

四、行政诉讼的基本制度

行政诉讼的基本制度	合议制	人民法院审理行政案件，由审判员组成合议庭，或者由审判员、陪审员组成合议庭。合议庭的成员，应当是 3 人以上的单数。

续表

回避制		当事人认为审判人员与本案有利害关系或者有其他关系可能影响公正审判，有权申请审判人员回避。审判人员认为自己与本案有利害关系或者有其他关系，应当申请回避。
公开审判原则		人民法院公开审理行政案件，但涉及国家秘密、个人隐私和法律另有规定的除外。涉及商业秘密的案件，当事人申请不公开审理的，可以不公开审理。
两审终审制		行政案件经过两级人民法院的审理即告终结。

五、行政诉讼的管辖

（一）级别管辖

	基层人民法院		原则上基层法院管辖一审行政诉讼。
行政诉讼的级别管辖	中级人民法院	被告高级	被告为国务院各部门、县级以上政府，且基层人民法院不宜管辖。
		被告特殊	中央专利部门、中央商标部门、各级海关。
		人数众多	重大共同诉讼、重大集团诉讼。
		涉外因素	重大涉外案件（含国际贸易案件、部分反倾销案件、部分反补贴案件）
		辖区内重大复杂案件。	
	高级人民法院		辖区内重大复杂案件
	最高人民法院		全国范围内重大复杂案件。

（二）地域管辖

	一般地域管辖	行政案件由最初作出具体行政行为的行政机关所在地法院管辖，即"原告就被告"原则。
指定管辖	特殊地域管辖	又称为专属管辖，特指对涉及标的物为不动产的行政案件的管辖。

续表

	选择管辖	对限制人身自由的行政强制措施不服提起诉讼的选择管辖由被告所在地或原告所在地（原告所在地，包括原告的户籍所在地、经常居住地和被限制人身自由地）人民法院管辖。
	指定管辖	有管辖权的人民法院由于特殊原因不能行使管辖权的，由上级人民法院指定管辖。
		人民法院对管辖权发生争议，由争议双方协商解决。协商不成的，报它们的共同上级人民法院指定管辖。

六、行政诉讼当事人

1. 原告

行政诉讼的原告是指行政行为的相对人认为行政行为侵犯其合法权益，而依法向人民法院提起诉讼的公民、法人或者其他组织。

原告	公民	公民本人。公民如死亡或被限制人身自由，其近亲属（配偶、父母、子女、兄弟姐妹、祖父母、外祖父母、孙子女、外孙子女和其他具有抚养、赡养关系的亲属）可以以自己的名义提起诉讼。
	法人	法人或其他组织本身，如该法人或者其他组织终止的，承受其权利的法人或者其他组织可以提起诉讼。

2. 被告

被告	未经复议的案件		公民、法人或者其他组织直接（未经复议）向人民法院提起诉讼的，作出具体行政行为的行政机关是被告。
	经行政复议的案件	维持决定	法人或其他组织本身。该法人或者其他组织终止的，承受其权利的法人或者其他组织可以提起诉讼。
		改变决定	复议机关是被告。
		未作出决定	起诉原行政行为的，原行政行为是被告；起诉复议机关不作为的，复议机关是被告。

续表

两个以上行政机关作出同一行政行为的，共同作出行政行为的行政机关是共同被告。
由法律、法规授权的组织所作出的具体行政行为，该组织是被告。
行政机关委托的组织所作的行政行为，委托的行政机关是被告。
行政机关被撤销或者职权变更的，继续行驶其职权的行政机关是被告。

七、行政诉讼的程序

（一）起诉的时间要求

起诉的时间要求	复后再诉	公民、法人或者其他组织不服复议决定的，可以在收到复议决定书之日起 15 日内向人民法院提起诉讼。复议机关逾期不作决定的，申请人可在复议期满之日起 15 日内向人民法院提起诉讼。法律另有规定的除外。	
	直接诉讼	公民、法人或者其他组织直接向人民法院提起诉讼的，应当自知道或者应当知道作出行政行为之日起 6 个月内提出。法律另有规定的除外。	

（二）起诉的形式

起诉应当向人民法院递交起诉状，并按照被告人数提出副本。书写起诉状确有困难的，可以口头起诉，由人民法院记入笔录，出具注明日期的书面凭证，并告知对方当事人。

（三）举证责任

行政诉讼的举证责任	一般由被告承担举证责任	被告承担证明被诉行政行为合法的举证责任，被告应当在收到起诉状副本之日起 15 日内向人民法院提交作出行政行为的证据和所依据的规范性文件。在诉讼过程中，被告不得自行向证人和原告收集证据。	
	原被告均负举证责任	在起诉被告不履行法定职责的案件中，原告应当提供其向被告提出申请的证据。但两种情形除外。	被告应当依职权主动履行法定职责的。
			原告因正当理由不能提供证据的。
		在行政赔偿、补偿的案件中，原告应当对行政行为造成的损害提供证据。因被告的原因导致原告无法举证的，由被告承担举证责任。	

（四）一审程序的原则

一审程序的原则	公开审理原则	人民法院公开审理行政案件，但涉及国家秘密、个人隐私和法律另有规定的除外。涉及商业秘密的案件，当事人申请不公开审理的，可以不公开审理。
	不停止执行原则	行政诉讼期间，原行政行为不停止执行。
	不适用调解原则	人民法院审理行政案件，不适用调解。但是，行政赔偿、补偿以及行政机关行使法律、法规规定的自由裁量权的案件可以调解。

（五）判决

1. 一审判决的要求

一审判决的要求	人民法院对公开审理和不公开审理的案件，一律公开宣告判决。
	人民法院审理行政案件，以法律法规为依据，参照规章。
	人民法院应当在立案之日起 6 个月内作出第一审判决。有特殊情况需要延长的，由高级人民法院批准，高级人民法院审理第一审案件需要延长的，由最高人民法院批准。

2. 二审判决的要求

二审判决的要求	当事人不服人民法院第一审判决的，有权在判决书送达之日起 15 日内向上一级人民法院提起诉讼。
	人民法院审理上诉案件，应当对原审人民法院的判决、裁定和被诉行政行为进行全面审理。
	我国实行两审终审制，因此二审判决是生效判决，亦成为终审判决，当事人对其不能提出上诉。

3. 再审

当事人对已经发生法律效力的判决、裁定，认为确有错误的，可以向上一级人民法院申请再审，但判决、裁定不停止执行。

（六）执行

当事人必须履行人民法院发生法律效力的判决、裁定、调解书。

行政机关拒绝履行的，第一审人民法院可以采取下列措施	当事人不服人民法院第一审判决的，有权在判决书送达之日起 15 日内向上一级人民法院提起诉讼。
	人民法院审理上诉案件，应当对原审人民法院的判决、裁定和被诉行政行为进行全面审理。
	我国实行两审终审制，因此二审判决是生效判决，亦成为终审判决，当事人对其不能提出上诉。

八、人民法院在行政诉讼中的变更权

行政处罚明显不当，或者其他行政行为涉及对款额的确定、认定确有错误的，人民法院可以判决变更。

第七节　行政赔偿

一、行政赔偿的含义

行政赔偿是指国家机关及其工作人员因行政职权给公民、法人及其他组织的人身权或财产权造成损害，依法应给予的赔偿。

二、行政赔偿的要求

行政赔偿的要求	受害的公民、法人或者其他组织有权要求赔偿。受害的公民死亡，其继承人和其他有扶养关系的亲属有权要求赔偿。受害的法人或者其他组织终止，承受其权利的法人或者其他组织有权要求赔偿。
	赔偿请求人要求国家赔偿的，赔偿义务机关、复议机关和人民法院不得向赔偿请求人收取任何费用。对赔偿请求人取得的赔偿金不予征税。

三、行政赔偿的义务机关

国家赔偿由侵权的国家机关履行赔偿义务。

	行政主体行为	赔偿义务机关
行政赔偿的义务机关	行政机关作出侵害行为的	该行政机关
	行政机关的工作人员因履行职权作出侵害行为的	其所在行政机关
	法律法规授权的组织作出侵害行为的	被授权组织
	受委托人作出侵害行为的	委托的行政机关
	两个以上行政机关作出侵害行为的	共同作出原具体行政行为的行政机关
	实施侵权行为机关被撤销	有继续行使职权的机关——继续行使职权的机关
		没有继续行使职权的机关——作出撤销决定的机关
	复议机关作出侵害行为的	对加重部分提出行政赔偿——复议机关
		对非加重部分提出行政赔偿——原行政机关

四、国家赔偿的方式

国家赔偿的方式	国家赔偿以支付赔偿金为主要方式。
	能够返还财产或者恢复原状的，予以返还财产或者恢复原状。

第四章 民 法

第一节 民法概述

一、民法的概念

民法，是调整平等主体的自然人、法人和非法人组织之间的人身关系和财产关系的法律规范的总称。

二、民法典的情况

在 2021 年 1 月 1 日《民法典》生效之前，我国的民法部门以《民法总则》为基础，并在各版块制定了多部民法单行法律用以规范民法法律行为。2020 年 5 月 28 日，第十三届全国人民代表大会第三次会议表决通过了《民法典》。《民法典》共 7 编，1260 条。分为总则、物权、合同、人格权、婚姻家庭、继承、侵权责任、附则。《民法典》施行后，《婚姻法》《继承法》《民法通则》《收养法》《担保法》《合同法》《物权法》《侵权责任法》《民法总则》同时废止。《民法典》是新中国成立以来第一部以"法典"命名的法律，是新时代中国特色社会主义法治建设的重大成果，是一部固根本、稳预期、利长远的基础性法律。

三、民法的基本原则

民法的基本原则	平等原则
	自愿原则（意思自治原则）——核心原则
	公平原则

续表

诚信原则——帝王规则	
公序良俗原则	
绿色原则	
禁止权利滥用原则	

四、民事法律关系

（一）民事法律关系的含义

民事法律关系是由民事法律规范调整所形成的以民事权利和民事义务为核心内容的社会关系，是民法所调整的平等主体之间的财产关系和人身关系在法律上的表现。

（二）民事法律关系的构成要素

民事法律关系的构成要素	主体	人：自然人、法人和其他组织。
	内容	权利和义务。
	客体	对象：物、行为、智力成果和人身利益。

（三）民事法律关系的产生、变更和消灭

民事法律关系的产生、变更和消灭	法律事实	法律事件	不以权利主体的主观意志为转移的法律事实。
		法律行为	以权利主体的主观意志为转移的法律事实。

第二节　民事法律关系主体

一、自然人

（一）自然人的含义

依据自然规律出生而享有法律人格的人。

（二）民事权利能力

民事权利能力	自然人	自然人从出生时起到死亡时止，具有民事权利能力。
	胎儿	涉及遗产继承、接受赠与等胎儿利益保护的，胎儿视为具有民事权利能力。但是胎儿娩出时为死体的，其民事权利能力自始不存在。

（三）民事行为能力

民事行为能力	完全民事行为能力	18 周岁以上的自然人。
		16 周岁以上不满 18 周岁的未成年人，以自己的劳动收入为主要生活来源的，视为完全民事行为能力人。
	限制民事行为能力	8 周岁以上的未成年人。
		不能完全辨认自己行为的成年人为限制民事行为能力人，实施民事法律行为由其法定代理人代理或者经其法定代理人同意、追认，但是可以独立实施纯获利益的民事法律行为或者与其智力、精神健康状况相适应的民事法律行为。
		不满 8 周岁的未成年人。
	无民事行为能力	不能辨认自己行为的成年人及已满 8 周岁不能辨认自己行为后果的未成年人。

（四）监护

监护	未成年人的监护人	未成年人一经出生，具有监护能力的父母便成为未成年人的当然监护人。
		未成年子女的父母双亡或者丧失监护能力或者被取消监护人资格的，由祖父母、外祖父母，兄、姐监护。
		未成年子女的父母双亡或者丧失监护能力或者被取消监护人资格的，又没有祖父母、外祖父母，兄、姐的，其他愿意担任监护人的个人或组织可作为未成年人的监护人。这些其他个人或者组织除应当具备监护能力，还应具备两个条件：①他们愿意担任监护人；②应得到未成年人住所地的居委会、村委会或民政部门同意。

	配偶； 父母、子女； 其他近亲属。
无民事行为能力或者限制民事行为能力的成年人的监护人	其他个人或组织担任无民事行为能力或者限制民事行为能力的成年人的监护人，还应具备两个条件：①坚持自愿原则，而非法定义务；②应得到被监护人住所地的居委会、村委会或民政部门同意。
	不能辨认自己行为的成年人及已满8周岁不能辨认自己行为后果的未成年人。

（五）宣告失踪和宣告死亡

1. 宣告失踪

（1）宣告失踪的含义。宣告失踪是指经利害关系人的申请，由法院依照法定条件和程序，宣告下落不明满2年的公民为失踪人的民事法律制度。

（2）宣告失踪的条件与程序。

宣告失踪的条件与程序	自然人失踪的事实	自然人离开自己的住所或者居所没有任何音讯。
		这种无音讯状态持续时间满2年。
	利害关系人的申请	利害关系人的申请既是宣告失踪的条件之一，又是宣告失踪程序的开始。
	人民法院的受理与宣告	宣告失踪只能由人民法院作出判决，任何其他机关和个人无权作出宣告失踪的决定。

（3）宣告失踪的效力。

失踪人的财产由他的配偶、成年子女、父母或者其他愿意担任财产代管人的人代管。

2. 宣告死亡

（1）宣告死亡的含义。宣告死亡是指自然人下落不明达到法定期限，经利害关系人申请，人民法院宣告其死亡的法律制度。

（2）宣告死亡的条件与程序。

宣告死亡的条件与程序	自然人失踪的事实	自然人下落不明满 4 年。
		因意外事故，自然人下落不明满 2 年。
		因意外事故下落不明，经有关机关证明自然人不可能生存，利害关系人申请宣告死亡的，不受 2 年时限的限制。
	利害关系人的申请	利害关系人的申请既是宣告死亡的条件之一，又是宣告死亡程序的开始。
	人民法院的受理与宣告	人民法院受理利害关系人的书面申请后，应即发出寻找失踪人的公告，普通失踪的公告期为 1 年，因意外事故失踪的公告期为 3 个月，公告期满仍不能确定下落不明人尚生存的，即作宣告死亡的判决。宣告失踪不是宣告死亡的必经程序。

（3）宣告死亡的效力。

宣告死亡的效力	婚姻关系自然消灭。
	个人合法财产变为遗产，继承开始。
	自然人被宣告死亡但并未死亡的，不影响该自然人在被宣告死亡期间实施的民事法律行为的效力。

（4）死亡宣告的撤销。

死亡宣告的撤销	含义	被宣告死亡的人重新出现，经本人或者利害关系人申请，人民法院应当撤销对他的死亡宣告。
	效力	被宣告死亡人在被宣告死亡期间，其子女被他人依法收养的，撤销死亡宣告后，仅以未经本人同意而主张收养关系无效的，一般不应准许，但收养人和被收养人同意的除外。
	人民法院的受理与宣告	撤销死亡宣告后，本人有权请求依照继承法取得财产的民事主体返还财产，无法返还的，应当给予适当补偿。

二、法人

（一）法人的含义

法人是具有民事权利能力和民事行为能力，依法独立享有民事权利和承担民事义务的组织。

（二）法人的特征

法人的特征	法人是社会组织。
	法人是具有民事权利能力和民事行为能力的社会组织。
	法人是依法独立享有民事权利和承担民事义务的组织。（法人区别于非法人组织的根本所在。）

（三）法人的民事能力

法人的民事权利能力和民事行为能力均始于成立，终于终止。

（四）法人成立的条件

法人的成立条件	依法成立。
	有自己的章程。
	有必要的财产或经费。
	有自己的名称、组织机构和住所。

（五）法人的变更、终止与清算

法人的变更、终止与清算	变更	合并：两个以上的法人合并为一个法人。法人合并的，其权利和义务由合并后的法人享有和承担。
		分立：一个法人分成两个以上的法人。法人分立的，其权利和义务由分立后的法人享有连带债权，承担连带债务。
		法人存续期间登记事项发生变化的，应当依法向登记机关申请变更登记。
	终止	法人解散的、依法被宣告破产或者出现其他依法应终止的情形，法人丧失民事主体资格，民事权利能力和民事行为能力终止，法人消灭。

清算	法人清算，是指清理将终止的法人财产，了结其作为当事人的法律关系，从而使法人归于消灭的必经程序。清算结束并完成法人注销登记时，法人终止；依法不需要办理法人登记的，清算结束时，法人终止。	

（六）法人的分类

1. 营利法人

（1）营利法人的含义。营利法人是指以取得利润并分配给股东等出资人为目的成立的法人，即以营利为目的的法人。

（2）营利法人的种类。

营利法人的种类	有限责任公司	有限责任公司的股东以其认缴的出资额为限对公司承担责任，公司以其全部的财产对公司的债务承担责任。有限责任公司是我国营利法人的主要组织形式。
	股份有限公司	股份有限公司的股东以其认购的股份为限对公司承担责任，公司以其全部财产对公司债务承担责任，其中股票在证券交易所交易的股份有限公司又称为"上市公司"。
	其他企业法人	除有限责任公司和股份有限公司外，其他企业法人也属于营利法人，如独资企业等。

（3）营利法人的架构。

营利法人的架构	股东会
	董事会
	监事会
备注：分公司不具有法人资格，子公司具有法人资格。	

2. 非营利法人

（1）非营利法人的含义。非营利法人是为公益目的或者其他非营利目的成立，不向其出资人、设立人或者会员分配所取得利润的法人。

（2）非营利法人的种类。

非营利法人的种类	事业单位法人		以社会公益事业为目的，从事文化、教育、卫生、体育、新闻等公益事业的单位。
	社会团体法人		由自然人或者法人自愿组成，为实现会员共同意愿，按照其章程开展活动的非营利性社会组织。
	捐助法人	基金会法人	利用自然人、法人或者其他组织捐赠的财产，以从事公益事业为目的，依法成立的非营利性法人。
		社会服务机构法人	以公益为目的，捐赠财产设立并经依法登记的社会服务机构。并非所有社会服务机构都具有法人资格，只有制定了法人章程，设立了理事会等决策机构，并经依法登记的社会服务机构才能取得社会机构法人资格。社会服务机构是以服务实现公益目的，基金会法人是以财产给予实现公益目的。
		宗教活动场所法人	以公益为目的，捐赠财产设立，经依法登记的捐赠法人。如杭州灵隐寺、嵩山少林寺等。

3. 特别法人

特别法人	机关法人		因行使职权需要而享有相应的民事权利能力和民事行为能力的国家机关。
	农村集体经济组织法人		农村集体经济组织既为行政组织，又为生产经营组织。作为行政组织，农村集体经济组织是国家政权机关的延伸部分，履行国家行政机关委托的相应行政职能；作为生产经营组织，它是该组织财产的所有权主体、生产经营活动的组织者。
	城镇农村合作经济组织法人		劳动者自愿入股联合实行民主管理的经济组织法人。
	基层群众性自治组织法人	居民委员会法人	居民委员会是居民自我管理、自我教育、自我服务的基层群众性自治组织。
		村民委员会法人	村民委员会是村民自我管理、自我教育、自我服务的基层群众性自治组织，实行民主选举、民主决策、民主管理、民主监督。

三、非法人组织

（一）非法人组织的含义

非法人组织是指不具有法人资格但可以自己的名义进行民事活动的组织，亦称非法人团体。

（二）合伙

1.合伙的含义

两个以上的人互约出资，经营共同事业。

2.合伙的法律地位

合伙的法律地位	合伙人格的相对独立性	合伙拥有自己的字号，独立于各合伙人。对外，由合伙的代表人从事民事活动。
	合伙财产的相对独立性	合伙财产为合伙人共有，合伙财产与合伙人个人的财产是分离的。
	合伙民事责任的相对独立性	合伙的债务首先用合伙的财产清偿，合伙财产不足清偿时，才由合伙人承担无限连带责任。

3.合伙的分类

合伙的分类	有限合伙企业		合伙人分为普通合伙人和有限合伙人，一个有限合伙企业中至少有一个普通合伙人。普通合伙人对合伙企业债务承担无限连带责任，有限合伙人以其认缴的出资额为限对合伙企业债务承担责任。有限合伙人不执行合伙事务，不得对外代表有限合伙企业。
	普通合伙企业	一般普通合伙企业	合伙人均为普通合伙人。所有合伙人承担无限连带责任。
		特殊普通合伙企业	合伙人均为普通合伙人。所有合伙人不一定承担无限连带责任，而是要看此合伙人是否对债务形成责任。一个或多个合伙人因故意或者重大过失造成合伙企业债务的，应当承担无限责任或者无限连带责任，而其他合伙人以其在合伙企业中的财产份额为限承担责任。合伙人在执业活动中非因故意或者重大过失造成的合伙企业债务以及合伙企业的其他债务，由全体合伙人承担无限连带责任。

4. 入伙

（1）入伙的含义。入伙是指在合伙存续期间，非合伙人申请加入合伙并取得合伙人身份的行为。

（2）入伙的责任承担。新入伙的合伙人应当对入伙前的债务承担无限连带责任。

5. 退伙

（1）退伙的含义。退伙是指合伙人退出合伙组织从而丧失合伙人的资格。

（2）退伙的责任承担。对其参加合伙期间的全部债务仍承担无限连带责任。

第三节　代　理

一、代理的含义

代理人在代理权限范围内，以被代理人的名义与第三人进行民事活动，由此产生的民事权利义务直接归属被代理人的一种法律制度。

二、代理的特征

代理的特征	代理人在代理权限之内实施代理行为。
	代理人以被代理人的名义实施代理行为。
	代理行为是具有法律意义的行为。
	代理行为直接对被代理人发生效力。

三、代理的分类

代理的分类	委托代理	代理人根据被代理人的委托进行的代理。委托代理人所享有的代理权，是被代理人授予的，所以委托代理又称授权代理。
	法定代理	根据法律直接规定而发生的代理关系。法定代理主要是为无民事行为能力人和限制民事行为能力人设立代理人的方式。这主要是因为他们没有民事行为能力或者没有完全民事行为能力，

	不能为自己委托代理人。法定代理人所享有的代理权是由法律直接规定的，与被代理人的意志无关。

四、无权代理

（一）无权代理的含义

行为人既没有代理权，也没有令相对人相信其有代理权的事实或理由，而以被代理人的名义所为的代理。

（二）无权代理的特征

无权代理的特征	行为人所实施的民事法律行为，符合代理行为的表面特征，即以被代理人的名义独立对相对人作出意思表示，并将其行为的法律后果直接归属于他人。
	行为人实施代理行为不具有代理权。
	无权代理行为并非绝对不能产生代理的法律效果。由于无权代理的行为未必对被代理人不利，同时为了维护交易安全和保护善意相对人的利益，无权代理行为应属效力未定的民事法律行为，在经被代理人追认的情况下，无权代理变成有权代理，能产生代理的法律效果。

（三）无权代理的效力

无权代理，被代理人不予追认的，对被代理人不发生法律效力，而是由行为人承担责任。

无权代理的效力	被代理人的追认权	无权代理经被代理人追认，变为有权代理。
	相对人的催告权与撤销权	为了平衡被代理人和相对人的利益，相对人有催告权和撤销权。相对人行使催告权应当向被代理人表示。行使催告权应当在被代理人追认之前。相对人可以催告被代理人自收到通知之日起30日内予以追认。在追认期内被代理人未作表示的，视为拒绝追认。

五、表见代理

(一) 表见代理的含义

行为人无代理权而以本人的名义作出代理行为，但因本人的原因足以使相对人相信行为人有代理权，本人须对行为人的代理行为承担与其授权代理相同的责任。

(二) 表见代理的构成要件

表见代理的 构成要件	须存在行为人无代理权。
	须客观上有使相对人信赖行为人有代理权之情形。
	须相对人行为时为善意且无过失。
	须行为人与相对人之间的行为具备民事法律行为的有效要件。

(三) 表见代理的效力

表见代理对被代理人产生有权代理的效力，即在相对人与被代理人之间产生民事关系，被代理人应受表见代理人与相对人之间实施的民事法律行为的约束，享有该行为设定的权利和履行该行为约定的义务。

第四节 物 权

一、物权的概述

(一) 物的概述

1. 物的含义

物，作为物权的客体，是指存在于人身之外，能够满足人们的社会需要而又能为人所实际控制或者支配的物质客体。

2. 物的分类

物的分类	以物是否能移动并且移动是否损害其价值为标准	动产		能够移动且移动不会损害其价值或用途的物，如农产品、工业设备等。
		不动产	土地	一定范围的地球表面，以及地上面上空及地下。
			地上定着物	地上定着物是指持续密切依附于土地，不易移动，按交易惯例非为土地的构成部分，而有独立使用价值的物，又称为附着物。最主要的是指房屋及其他建筑物。
	依据物的衍生关系进行的划分	原物		能够产生收益的物。如母牛、果树、本金等。
		孳息		由原物所产生的收益。如牛犊、果实、孳息等。

（二）物权的含义

物权是指权利人依法对特定的物享有直接支配和排他的权利，包括所有权、用益物权和担保物权。

（三）物权的特点

物权的特点	支配权	物权是权利人直接支配物的权利，物权的权利主体是特定的。
	请求权	物权人在其权利的实现上遇有某种妨害时，有权请求造成妨害事由发生的人排除此等妨害，此为物上请求权，又被称为物权的绝对权。
	优先权	同一标的物上有数个相互矛盾、冲突的权利并存时，物权具有排斥其他较弱权利的实现的作用。比如，物权优于债权。

二、物权的种类

物权的种类	自物权		自物权，即所有权，是指权利人对标的物可以依法进行全面支配的物权。具体包括占有、使用、收益、处分。
	他物权	用益物权	对他人所有的物在一定范围内占有、使用的权利。包括土地承包经营权、宅基地使用权、建设用地使用权、地役权、居住权。
		担保物权	为了担保债的履行，在债务人或第三人的特定财产上设定的物权，主要有抵押权、质权和留置权等。

三、物权的变动

物权的 变动	交付	所谓交付，即转移占有。比如出卖人将标的物交付给买受人，就是将对物的占有移转给买受人。交付是一般动产的变动方式。
	登记	登记作为不动产物权的公式方法，是将物权变动的事项登载在国家主管机关的登记簿上。相比于动产而言，不动产具有价值大、稀缺性较高的特点，因而围绕不动产发生的交易关系相对较多，单凭占有不足以表征不动产上的权利归属关系。因而需要通过不动产登记，由专门的登记机关，依照法定的程序，对不动产上的权利及其变动进行登记，以供查阅，便利不动产交易的进行，并保护交易安全。
	准不动产（船舶、航空器和机动车）的变动：船舶、航空器和机动车等的物权的设立、变更、转让和消灭，未经登记，不得对抗善意第三人。	

四、所有权

（一）所有权的含义

所有权是指一切人们所拥有、控制财产的权利，不仅有有体物，如土地、房屋、汽车，甚至还有无体物，如权利，都归自己所有。

（二）所有权的内容

所有权 的内容	占有	所有权人对财产实际上的占领、控制。例如，所有人对自己所有的房屋、生活用品、家用电器的占有，企业对于厂房、机器设备的占有等。
	使用	依照物的性能和用途，并不毁损其物或变更性质而加以利用。使用是为了实现物的使用价值，满足需要。例如，使用餐具用餐、使用设备生产等。
	收益	收取所有物的利益，包括孳息和利润。孳息包括法定孳息和自然孳息。利润是把物投入社会生产过程、流通过程所取得的利益。
	处分	处分是决定物事实上和法律上的命运。处分权是所有权内容的核心，是所有权最基本的权能。比如，将物抛弃、将物消耗、将物赠与他人等。

（三）所有权的取得方法

所有权的取得方法	先占		所有权人对财产实际上的占领、控制。例如，所有人对自己所有的房屋、生活用品、家用电器的占有，企业对厂房、机器设备的占有等。
	善意取得		无权处分他人财产的占有人，在不法将其占有的他人财产让与第三人后，如果受让人在取得该财产时系出于善意，即取得该财产的所有权，原有财产所有人不得要求受让人返还。（善意取得解决所有权问题，不解决合同效力问题；无权处分订立的合同有效。）
	拾得遗失物		遗失物是所有人遗忘于某处，不为任何人占有的物。遗失物只能是动产。拾得遗失物，应当返还失主。拾得人应当及时通知失主领取，或者送交公安等有关部门。有关部门收到遗失物，知道失主的，应当及时通知其领取；不知道的，应当及时发布招领公告。遗失物自发布招领公告之日起1年内无人认领的，归国家所有。
	埋藏物		埋藏物是指包藏于他物之中，不容易从外部发现的物。如果埋藏物或者隐藏该物的人或者其继承人能够证明其合法的所有权或者继承权，应当将发现的埋藏物或者隐藏物交还给埋藏或者隐藏该物的人或者其继承人，以保护合法财产权利。只有确实查证发现的埋藏物或隐藏物的所有人不明时，才归国家所有。
	添附	附合	两个以上不同所有人的物结合在一起而不能分离，若分离会毁损该物或者花费较大。如果是动产与动产的附合，则由动产价值更高的一方取得共有合成物所有权，并给另一方以补偿。如果是不动产与动产的附合，则由不动产所有人取得合成物的所有权，但应当给动产所有人以补偿。
		混合	混合，是两个以上不同所有人的动产互相混杂合并，不能识别。混合的处理方式同附合的处理方式。
		加工	在他人之物上附加自己有价值的劳动，使之成为新物。加工物所有权原则上归原物的所有人，并给加工人以补偿。但当加工增加的价值大于材料的价值时，加工物可以归加工人所有，但应当给原物的所有人以补偿。

（四）业主的建筑物区分所有权

1. 业主的建筑物区分所有权的含义

建筑物区分所有权，指的是权利人（即业主）对一栋建筑物中自己专有部分的单独所有权、对共有部分的共有权以及因共有关系而产生的管理权的

结合。

2. 业主的建筑物区分所有权的内容

（1）专有部分的单独所有权。业主对专有部分享有的单独所有权，即对该部分为占有、使用、收益和处分的排他性的支配权。

（2）共有部分的共有权。

共有部分的共有权	建筑区划内的道路，属于业主共有，但属于城镇公共道路的除外。
	建筑区划内的绿地，属于业主共有，但属于城镇公共绿地或者明示属于个人的除外。
	建筑区划内的其他公共场所、公用设施和物业服务用房，属于业主共有。
	建筑区划内规划用于停放汽车的车位，以及占用业主共有道路或者其他场地增设的车位，应当首先满足业主的需要。建筑区划内，规划用于停放汽车的车位、车库的归属，由当事人通过出售、附赠或者出租等方式约定。占用业主共有的道路或者其他场地用于停放汽车的车位，属于业主共有。

（3）业主的管理权。

业主的管理权	业主共同决定右侧事项，应当由专有部分面积占比 2/3 以上的业主且人数占比 2/3 以上的业主参与表决。应当经参与表决专有部分面积过半数的业主且参与表决人数过半数的业主同意。	制定和修改业主大会议事规则。
		制定和修改管理规约。
		选举业主委员会或者更换业主委员会成员。
		选聘和解聘物业服务企业或者其他管理人。
		使用建筑物及其附属设施的维修资金。
	业主共同决定右侧事项，应当经参与表决专有部分面积 3/4 以上的业主且参与表决人数3/4 以上的业主同意。	筹集建筑物及其附属设施的维修资金。
		改建、重建建筑物及其附属设施。
		改变共有部分的用途或者利用共有部分从事经营活动。

五、共有

（一）共有的含义

共有，也称共同所有权，是两个以上的人对同一物享有所有权。

（二）共有的类型

共有的类型	按份共有	两个以上的人对同一项不动产或者动产按照份额享有所有权。按份共有是最常见的共有关系。
	共同共有	两个以上的人基于共同关系，共同享有一物的所有权。

（三）共有的规则

共有的规则	共有人对共有的不动产或者动产没有约定为按份共有或者共同共有，或者约定不明确的，除共有人具有家庭关系外，视为按份共有。
	按份共有人转让其享有的共有的不动产或者动产份额的，应当将转让条件及时通知其他共有人。其他共有人应当在合理期限内行使优先购买权。
	两个以上其他共有人主张行使优先购买权的，协商确定各自的购买比例；协商不成的，按照转让时各自的共有份额比例行使优先购买权。

六、用益物权

（一）用益物权的含义

用益物权是对他人所有的物，在一定范围内进行占有、使用和收益的权利。

（二）用益物权的分类

用益物权的分类	土地承包经营权	土地承包经营权人依法对其承包经营的农民集体所有或国家所有由农民集体使用的耕地、林地、草地等享有占有、使用和收益的权利，有权从事种植业、林业、畜牧业等农业生产。
	建设用地使用权	因建筑物或者构筑物及其他附属设施而使用国家所有的土地的权利。

续表

宅基地使用权	农村集体经济组织的成员依法享有的在农民集体所有的土地上建造个人住宅及其附属设施的权利。宅基地使用人依法对集体所有的土地享有占有和使用的权利,有权依法利用该土地建造住宅及其附属设施。
地役权	不动产使用人为提高不动产的效益而使用他人不动产的权利。
居住权	居住权有权按照合同、遗嘱方式约定,对他人的住宅享有占有、使用的用益物权,以满足生活居住的需要。居住权无偿设立,但是当事人另有约定的除外。设立居住权的,应当向登记机构申请居住权登记,居住权自登记时设立。居住权不得转让、继承。设立居住权的住宅不得出租,但当事人另有约定的除外。居住权期限届满或者居住权人死亡的,居住权消灭。居住权消灭的,应当及时办理注销登记。

七、担保物权

(一) 担保物权的含义及特征

1. 担保物权的含义

担保物权,是指为确保债权的实现,在债务人或者第三人的物上设定的以直接取得或者支配其交换价值为内容的权利。

2. 担保物权的特征

担保物权的特征	担保物权以确保债务的履行为目的。
	担保物权是在债务人或者第三人的特定物上设定的权利。
	担保物权以支配担保物的价值为内容。
	担保物权具有从属性和不可分性。所谓从属性,是指担保物权以主债权的成立为前提,随主债的消灭而消灭。所谓不可分性,是指担保物权所担保的债权的债权人得就担保物的全部行使其权利。

(二) 抵押权

1. 抵押权的含义

抵押权,是指债权人以债务人或者第三人不转移占有而供担保的物或者财产权利,优先清偿其债务的权利。

2. 抵押权的特点

抵押权的特点	抵押权的标的物是债务人或者第三人提供担保物或者财产的权利。抵押的标的物主要是不动产，也可以是动产，还可以是权利。
	抵押权不移转标的物占有。
	抵押权是就抵押物优先受偿的权利。

3. 不可抵押的财产

不可抵押的财产	土地所有权。
	宅基地、自留地、自留山等集体所有土地的使用权，但法律规定可以抵押的除外。
	学校、幼儿园、医疗机构等以公益为目的成立的非营利法人的教育设施、医疗卫生设施和其他公益设施。
	所有权、使用权不明或有争议的财产。
	依法被查封、扣押、监管的财产。

4. 抵押权的设立

抵押权的设立	抵押合同的订立	设立抵押权，当事人应当采取书面形式订立抵押合同。
	抵押登记	①建筑物和其他土地附着物；②建设用地使用权；③海域使用权；④正在建造的建筑物。这些不动产财产的抵押，应当办理抵押登记，抵押权自登记时设立。
		生产设备、原材料、产品、交通工具等属于自愿办理抵押登记的财产。该类财产的抵押权自抵押合同生效时设立，未经登记，不得对抗善意第三人。

5. 抵押权当事人的权利

抵押权当事人的权利	抵押人的权利	抵押人收取抵押物的孳息的权利。	
		抵押人的处分权	抵押人仍可就抵押物为他人设定抵押权。
			抵押人仍可转让其抵押物。当事人另有约定的，按照其约定。抵押财产转让的，抵押权不受影响。抵押人转让抵押财产的，应当及时通知抵押权人。抵押权人能够证明抵押财产转让可能损害抵押权的，可以请求抵押人将转让所得的价款向抵押权人提前清偿债务或者提存。转让的价款超过债权数额的部分归抵押人所有，不足部分由债务人清偿。
			抵押人仍可出租其抵押物。
	抵押权人的权利	抵押物的保全。	
		抵押权的处分。	
		优先受偿权。	

（三）质权

1. 质权的含义

质权是指债权人为了担保债权的实现就债权人或第三人移交占有动产或权利于债务人不履行债务时所享有的优先受偿的权利。

2. 质权的种类

（1）动产质权。

动产质权	含义	以动产为其标的物的质权。
	设立	质权的设立，通常都是以合同进行的。当事人签订的质押合同应采用书面的形式。
		质权自出质人交付质押财产时设立。出质人代质权人占有质物的，质权不成立。

（2）权利质权。

权利质权	含义	为了担保债务的履行，就债务人或者第三人所享有的财产权利设定的质权。

可作为权利质权的标的的财产权利	汇票、本票、支票、债券、存款单、仓单、提单。
	依法可以转让的基金份额、股权。
	依法可以转让的注册商标专用权、专利权、著作权等知识产权中的财产权。
	现有的以及将有的应收账款。

（四）留置权

1. 留置权的含义

留置权是债务人不履行到期债务，债权人可以留置已经合法占有的债务人的动产，并有权就该动产优先受偿。

2. 留置权的取得

留置权的取得	留置权取得的积极要件	须债权人占有债务人的动产。
		须债权已届清偿期。
		债权人留置的动产，应当与债权属于同一法律关系，但企业之间留置的除外。
	留置权取得的消极要件	对动产的占有不是因侵权行为取得。
		法律规定不得留置的动产，不得留置。如留置他人待用的殡葬物。
		对动产的留置不得与债权人的义务相抵触。比如，承运人有将货物运送到指定地点的义务，在运送途中，不得以未付运费为由而留置货物。

3. 留置权人的权利与义务

留置权人的权利与义务	留置权人的权利	留置标的物。
		收取留置物的孳息。
		请求偿还费用。
		就留置物优先受偿。
	留置权人的义务	保管留置物。
		返还留置物。

第五节　债　权

一、债的概述

（一）债的含义

债是按照合同的约定或者依照法律的规定，在当事人之间产生的特定的权利和义务关系。

（二）债的要素

债的要素	债的主体		参与债的关系的当事人。享有权利的人是债权人，负有义务的人是债务人。
	债的内容	债权	债权是指债权人得请求债务人为给付的权利。债权的权利主体是特定的，债权是一种请求权。债权的义务主体特定，债权是一种相对权。
		债务	债务人依约定或者法定应为给付的义务。
	债的客体		又称债的标的，是指债权债务所指向的事物。债权债务指向的标的是给付行为。

（三）债的发生原因

债的发生原因	合同	当事人之间设立、变更、终止债权债务关系的协议。基于合同产生的债的关系，是合同之债。合同是产生债的最常见、最重要的原因。
	缔约上的过错	当事人在缔约过程中具有过错，从而导致合同不成立、无效、被撤销或者不追认等，使他方当事人受到损害的情况。
	单独行为	表意人向相对人作出的为自己设定某种义务，使相对人取得某种权利的意思表示。
	侵权行为	不动产使用人为提高不动产的效益而使用他人不动产的权利。
	无因管理	居住权有权按照合同、遗嘱方式约定，对他人的住宅享有占有、使用的用益物权，以满足生活居住的需要。居住权无偿设立，但是当事人另有约定的除外。设立居住权的，应当向登记机构申请居住权登记，居住权自登记时设立。居住权不得转让、继承。设立居住权的住宅不得出租，但当事人另有约定的除外。居住权期限届满或者居住权人死亡的，居住权消灭。居住权消灭的，应当及时办理注销登记。
	不当得利	
	其他	

（四）债的保全与担保

二、不当得利之债

（一）不当得利的含义

不当得利，是指没有法律根据取得利益而使他人受损失的法律事实。

（二）不当得利的构成要件

不当得利的构成要件	一方取得利益。
	他方受损失。
	一方取得利益与他方受损失之间有因果关系。
	没有法律根据。

（三）不适用不当得利的情形

不适用不当得利的情形	为履行道德义务而为给付	养子女对其生父母的法定赡养义务因收养关系而解除，养子女不用再负担其生父母的赡养费。若该养子女仍赡养其生父母，则属于尽道德义务。对此支出的费用，不是生父母的不当得利，养子女不得以不当得利请求返还。
	为清偿未到期债务而给付	债务未到清偿期债务人本无清偿的义务，但若债务人主动提前清偿而债权人受领，即使债务人因此而失去利益，债权人因此而取得利益，债权人得到的利益也不为不当得利。
	明知无给付义务而进行的债务清偿	一方明知自己没有给付义务而向他人交付财产的，对方接受该财产不成立不当得利，此种情形应视为赠与。
	因不法原因的给付	因偿还赌"债"而给付财产时，该财产应收缴。因为赌博是一种不法行为，基于不法原因进行的给付，对方不能取得该财产，对方收到的赌"债"不是一种不当得利，该财产应当被收缴。

（四）不当得利之债的效力

不当得利的后果是在得利人与受损人之间发生债权债务关系：得利人负有返还不当得利的义务，受损人享有请求返还不当得利的权利。所以，不当得利的效力体现为受损人的不当得利返还请求权。

不当得利返还请求权的标的及范围	受益人为善意时的利益返还	若受损人的损失大于得利人取得的利益，则得利人返还的利益仅以现存利益为限。获得的利益已经不存在的，得利人不承担返还该利益的义务。
	得利人为恶意时的利益返还	恶意的得利人应当返还其所取得的全部利益，即使其利益已不存在，也应负责返还。若得利人所得到的利益少于受损人的损失，得利人除返还其所得到的全部实际利益外，还须就其损失与得利的差额另加以赔偿。
	受益人受益时为善意而其后为恶意的利益返还	受益人于取得利益时是善意的，而嗣后为恶意时，受益人所返还的利益范围应以恶意开始时的利益范围为准。

三、无因管理之债

（一）无因管理的含义

无因管理是指没有法定或约定的义务，为避免他人利益受到损失而对他人进行事务的管理或服务的事实行为。

（二）无因管理的构成要件

无因管理的构成要件	管理他人事务，是无因管理成立的前提条件。
	为避免他人利益受损失而为管理。管理人主观上有为避免他人利益受损失进行的管理，即是为他人谋利益的意思。
	无法律上的管理义务。

（三）无因管理之债的效力

无因管理之债的效力	管理人	管理人享有请求偿还无因管理事务所支出的必要费用的权利；管理人因管理事务受到损失的，可以请求受益人给予适当补偿的权利。
	被管理人	被管理人负有偿付该项费用的义务；被管理人有补偿的义务。

四、合同之债

（一）合同的含义

合同是民事主体之间设立、变更、终止民事法律关系的协议。

（二）合同的特征

合同的特征	合同是一种民事法律行为。
	合同是两方以上当事人的意思表示一致的民事法律行为。
	合同是以设立、变更、终止民事权利义务关系为目的的民事法律行为。
	合同是当事人各方在平等、自愿的基础上实施的民事法律行为。

（三）合同的分类

合同的分类	以给付义务是否由双方当事人互负为标准	双务合同	双方当事人互负对待给付义务的合同。比如买卖、租赁合同等。
		单务合同	仅有一方当事人负有给付义务的合同。比如赠与、借用合同等。
	以当事人取得权益是否须付相应代价为标准	有偿合同	当事人一方享有合同规定的权益，须向对方当事人偿付相应代价的合同。比如买卖、租赁合同等。
		无偿合同	当事人一方享有合同规定的权益，不必向对方当事人偿付相应代价的合同。比如赠与、借用合同等。
	以合同的成立是否须交付标的物或者完成其他给付为标准	诺成性合同	当事人各方的意思表示一致即成立的合同。比如银行借贷、赠与、租赁合同等。
		实践性合同	除双方当事人的意思表示一致以外，尚需交付标的物或者完成其他给付才能成立的合同。比如民间借贷、保管、仓储合同等。
	以合同的成立是否必须依照某种特定的形式为标准	要式合同	合同的成立须具备特定形式的合同。比如银行借贷、抵押等。
		不要式合同	当事人订立的合同依法并不需要采取特定的形式。比如买卖、赠与、承揽、仓储合同等。

（四）合同订立的程序

1. 要约

（1）要约的含义。要约，是指想要和对方订立合同的意思表示。

（2）要约的要件。

要约的要件	要约人应是具有缔约能力的特定人。
	要约的内容须具体、确定。
	要约具有缔结合同的目的，并表示要约人受其约束。
	要约必须发给要约人希望与其订立合同的受要约人。
	要约应以明示方式发出。
	要约必须送达于受要约人。

（3）要约和要约邀请的区别和联系。

		要约	要约邀请
要约和要约邀请的区别和联系	区别	要约是一方向他方发出订立合同的意思表示。	要约邀请是指一方邀请对方向自己发出要约。
		要约是希望他人和自己订立合同的意思表示，是法律行为。	要约邀请是一种事实行为，而非法律行为。要约邀请只是引诱他人向自己发出要约，在发出邀请要约邀请人撤回其中邀请，只要未给善意相对人造成信赖利益的损失，邀请人并不承担法律责任，以下四个法律文件为要约邀请：寄送的价目表、拍卖公告、招标公告、招股说明书。
		要约大多数是针对特定的相对人的，故要约往往采用对话方式和信函的方式。	要约邀请一般是针对不特定的相对人的，故往往通过电视、报刊等媒介手段。
	联系	两者都有订立合同的意思。在订立商品买卖合同或服务合同过程中，要约与要约邀请都是常用的协商方式。	

（4）要约的撤回和撤销。

要约的撤回和撤销	撤回	要约生效之前，要约人使要约不发生法律效力的行为。为了尊重保护要约人的利益，只要要约撤回的通知先于或者同时与要约达到受要约人，就可产生撤回的效力。

续表

	撤销	要约人在要约生效以后，将该项要约取消，使要约的法律效力归于消灭的意思表示。因要约的撤销往往不利于受要约人，所以只有在符合一定条件时才被允许。

2. 承诺

（1）承诺的含义。承诺，是受要约人作出的同意要约以成立合同的意思表示。

（2）承诺的要件。

承诺的要件	承诺必须由受要约人作出。
	承诺必须向要约人作出。
	承诺的内容应当与要约内容一致。
	承诺必须在要约确定的期限内到达要约人。

（3）承诺的效力。承诺一旦到达要约人，合同成立。

（4）承诺的撤回与迟到。

承诺的撤回与迟到	撤回	承诺的撤回，是承诺人组织承诺发生法律效力的行为。撤回的通知必须先于或者与承诺同时到达要约人，才发生阻止承诺生效的效力。
	迟到	撤回的通知如果迟于承诺到达要约人，因承诺已经生效，则不发生承诺撤回的效果。

（五）合同的效力

1. 合同有效要件

合同有效的要件	主体合格：具有相应的民事行为能力。
	意思表示真实。
	内容合法：不违反法律、行政法规等强制性规定，不违背公序良俗。

2. 可变更可撤销合同

可变更可撤销合同	事由	意思表示不真实。
	种类	行为人对行为内容有重大误解的。
		显失公平的。
		受欺诈的。
		受胁迫的。
		乘人之危的。
	效力	可请求法院或仲裁机构撤销、变更。
		撤销后,自始无效。

3. 效力待定的合同

效力待定的合同	事由	主体不合格。
	种类	限制民事行为能力人依法不能独立订立的合同。
		无权代理人以他人名义订立的合同。
	效力	法定代理人、被代理人追认则有效。

4. 无效合同

无效合同	事由	主要是内容不合法,还包括主体资格、意思表示不真实。
	种类	无民事行为能力。
		恶意串通,损害国家、集体或第三者利益。
		合法形式掩盖非法目的。
		损害社会公共利益。
		违反法律、法规等强制性命令。
		违背公序良俗。

（六）违约责任

1. 违约责任的含义

违约责任，是合同当事人不履行合同义务时，依法产生的法律责任。违约责任具有相对性，即违约责任仅在合同当事人之间产生。违约责任以违约行为为成立要件，没有违约行为便不会产生违约责任。

2. 违约责任的免责条件

	含义	法律明文规定的当事人对其不履行合同不承担违约责任的条件。
违约责任的免责条件	种类	不可抗力	无民事行为能力。
		货物本身的自然性质、货物的合理损耗	承运合同中承运人能证明运输过程中货物的毁损、灭失是因不可抗力、货物本身的自然性质或者合理损耗造成的，不承担赔偿责任。
		债权人的过错	因债权人的过错致使债务人不履行合同的，债务人不承担违约责任。

五、债的担保

（一）债的担保的含义

债的担保，是促使债务人履行其债务、保障债权人的债权得以实现的法律措施。

（二）债的担保的方式

1. 保证

（1）保证的含义。

保证，是指第三人和债权人约定，当债务人不履行其债务时，该第三人按照约定履行债务或者承担责任的担保方式。这里的第三人是保证人，这里的债权人既是主债的债权人，又是保证合同的债权人。

（2）保证合同的要件。

保证合同的要件	须主合同合法有效。
	应当以书面形式订立保证合同，口头保证无效。
	保证人是合同以外的第三人，保证人必须符合法定条件。

2. 定金

（1）定金的含义。定金，是指合同当事人为了确保合同的履行，依据法律规定或者当事人双方的约定，由当事人一方在合同订立时，或者订立后、履行前，按合同标的额的一定比例，预先给付对方当事人的金钱或者其他代替物。

（2）定金的成立。定金合同不仅需要当事人双方的意思表示一致，而且需要现实交付定金。定金合同从实际交付定金之日起成立。定金的数额由当事人约定，但不得超过主合同标的额的 20%。

（3）定金的效力。

定金的效力	债务人履行债务后，定金应当抵作价款。
	给付定金的一方不履行约定的债务的，无权要求返还定金。
	收受定金的一方不履行约定的债务的，应当双倍返还定金。
	既有定金又有违约金的，一方违约时，对方可以选择适用违约金或者定金条款。

六、债的保全

（一）债的保全的含义

债的保全，是指法律为防止因债务人的财产不当给债权人的债权带来危害，允许债权人代债务人之位向第三人行使债务人的权利，或者请求法院撤销债务人与第三人的民事法律行为的法律制度。

（二）债的保全方式

债的保全方式	代位权	债务人怠于行使对第三人享有的权利而危及债权人债权，债权人以自己的名义行使债务人权利的权利。
	撤销权	债权人对债务人危害债权的行为，请求法院撤销的权利。

七、债的消灭

（一）债的消灭的含义

债的消灭，是指债的关系在客观上不复存在，债权债务归于消灭。

(二) 债的消灭方式

债的消灭方式	清偿	按债的约定实现其目的的行为。清偿与履行的意义相同。
	抵消	二人互负债务时，各以其债权充当债务之清偿，而使其债务与对方的债务在对等额内相互消灭。
	提存	由于债权人的原因而无法向其交付合同标的物时，债务人将该标的物交给提存部门而消灭合同的制度。
	免除	债权人抛弃债权，从而全部或者部分终止债的关系的单方行为。
	混同	指债权和债务同归一人，原则上致使债的关系消灭的事实。

第六节 人身权

一、人身权的含义

人身权是民事主体基于人格或者身份而依法享有的，以在人身关系中所体现的人格利益或者身份利益为内容的民事权利。

二、人格权

(一) 人格权的含义

人格权是指民事主体平等享有的、经法律认可、以人格利益为客体、作为民事权利义务主体应当具备的基本权利。

(二) 人格权的内容

人格权的内容	生命权	自然人享有的以生命安全和尊严为内容的权利。生命是自然人作为民事主体的前提和基础，是自然人最高的人格利益。
	身体权	自然人维护其身体组织完整安全并自由支配其身体或者身体组成部分的人格权。身体权的主体只是自然人，法人及其他组织不是身体权的主体。
	健康权	自然人以维护身体和心理机能健康为内容的人格权。
	姓名权与名称权	姓名权是指自然人对其姓名享有的决定、使用、变更或者许可他人使用自己姓名的权利。
		名称权是指自然人以外的其他民事主体依法享有的决定、使用、改变及转让自己的名称并排除他人非法干涉的人格权。

肖像权	自然人享有的依法制作、使用、公开或者许可他人使用自己肖像的权利。肖像权的侵权方式是未经本人同意且以营利为目的的使用。
名誉权	名誉是对民事主体的品德、声望、才能、信用等的社会评价。民事主体享有名誉权。任何组织或者个人均不得以侮辱、诽谤等方式侵害他人的名誉权。名誉权的侵犯方式是捏造并散播。
荣誉权	民事主体对其获得的荣誉及其利益所享有的保持、支配、维护的具体人格权。对于荣誉利益的精神利益，权利人的权利内容主要是保持维护的权利；对于荣誉利益的财产利益，权利人对该财产利益与其他的权利一样，享有支配权。
隐私权	自然人维护其私人生活安宁以及对属于自己私人生活范畴的事项依法自由支配并排斥他人非法干涉的权利。隐私权的侵犯方式为公开他人不愿公开的真实内容。
个人信息权	个人信息是以电子或者其他方式记录的能够单独或者与其他信息结合识别特定自然人的各种信息，包括自然人的身份证号、住址、电话号码、行踪信息等。自然人的个人信息受法律保护。任何组织和个人不得非法收集、使用、加工、传输个人信息，不得非法买卖、提供或者公开个人信息。

三、身份权

（一）身份权的含义

身份权，是指民事主体基于在特定社会关系中的地位和资格而依法享有的民事权利。

（二）身份权的内容

身份权的内容	监护权	监护人对于未成年人和精神病人等无民事行为能力人和限制行为能力人的人身权益、财产权益所享有的监督、保护的身份权。
	亲权	父母对未成年子女在人身和财产方面的管教和保护的身份权。
	配偶权	配偶之间要求对方陪伴、钟爱和帮助的权利。
	知识产权法上的各种身份权	知识产权人基于权利人身份而享有的人身权。

第七节 继 承

一、继承的相关概述

（一）继承权的含义

继承权是指继承人依照法律的直接规定或者被继承人所立的合法遗嘱享有的继承被继承人遗产的权利。

（二）遗产的含义

遗产是自然人死亡时遗留的个人合法财产。它是继承法律关系的客体，即继承权的标的。

二、继承法的基本原则

继承法的原则	保护继承权原则。	
	继承权平等原则	继承权男女平等。
		非婚生子女与婚生了女继承权平等。
		养子女与亲生子女继承权平等。
		儿媳与女婿继承权平等。丧偶儿媳对公婆、丧偶女婿对岳父母，尽了主要赡养义务的，都享有继承权。
		同一顺序的继承人继承遗产的权利平等。
	养老育幼原则	继承人基本为有特定抚养义务的近亲属。
		遗产的分配有利于养老育幼。
		在遗产继承和遗赠中保护老、幼、残疾人的利益。
		遗产分割不能侵害未出生人的利益。
		承认遗赠扶养协议的优先效力。
	互谅互让、和睦团结的原则。	

三、继承权的接受、放弃与丧失

(一)继承权的接受

继承开始后，遗产处理前，继承人没有表示放弃继承的，视为接受继承。因此，继承权的接受无须继承人有明示的意思表示。只要继承人未作出放弃继承的意思表示，就是作出接受继承的意思表示，即可参与继承。

(二)继承权的放弃

继承开始后，继承人放弃继承的，应当在遗产处理前，以书面形式作出放弃继承的意思表示。

(三)继承权的丧失

继承权的丧失	绝对丧失	故意杀害被继承人。
		为争夺遗产而杀害其他继承人。
	相对丧失	遗弃被继承人的，或者虐待被继承人，情节严重的。
		伪造、篡改、隐匿或者销毁遗嘱，情节严重的。
		以欺诈、胁迫手段迫使或者妨碍被继承人设立、变更或者撤回遗嘱，情节严重。
	相对丧失继承权是指，继承人在实施相对丧失继承权的行为后，确有悔改表现，被继承人表示宽恕或者事后在遗嘱中将其列为继承人的，该继承人不丧失继承权。	

四、法定继承

(一)法定继承的含义

法定继承，是指根据法律直接规定的继承人的范围、继承人继承的顺序、继承人继承遗产的份额及遗产的分配原则继承被继承人遗产的继承制度。

(二)法定继承的适用范围

法定继承的适用范围	遗嘱继承人放弃继承或者受遗赠人放弃受遗赠。
	遗嘱继承人丧失继承权或者受遗赠人丧失受遗赠权。
	遗产继承人、受遗赠人先于遗嘱人死亡或者终止。

续表

| | 遗嘱无效部分所涉及的遗产。 |
| | 遗嘱未处分的遗产。 |

（三）法定继承人的顺序

| 法定继承人的顺序 | 第一顺序人 | 配偶、子女、父母。丧偶儿媳对公、婆，丧偶女婿对岳父母，尽了主要赡养义务的。 |
| | 第二顺序人 | 兄弟姐妹、祖父母、外祖父母。 |

（四）代位继承和转继承

1. 代位继承

（1）代位继承的含义。代位继承，是指继承人先于被继承人死亡时，由死亡的继承人的晚辈直系血亲继承其应继承的遗产份额的制度。其中，先于被继承人死亡的继承人被称为被代位人或被代位继承人，先于被继承人死亡的继承人的晚辈直系血亲称为代位人或者代位继承人。

（2）代位继承的特征。

代位继承的特征	被代位人须先于被继承人死亡。
	代位人须是被代位人的晚辈直系血亲。
	被代位人未丧失继承权。
	代位人按照被代位人的应继顺序参加继承，一般只能继承被代位人应继承的遗产份额。
	代位继承只适用于法定继承。

2. 转继承

（1）转继承的含义。继承开始后，继承人于遗产分割前死亡，并没有放弃继承的，该继承人应当继承的遗产转给其继承人，但是遗嘱另有安排的除外。

（2）转继承的条件。

转继承的条件	继承人于继承开始后，遗产分割前死亡。
	须死亡的继承人在被继承人死亡后未放弃继承。

3. 代位继承和转继承的区别

	类别	代位继承	转继承
代位继承和转继承的区别	性质和效力不同	代位继承是代位人基于代位继承权直接参加遗产继承，代位人享有的是对被继承人遗产的代位继承权。	转继承是在继承开始继承人直接继承后又转由转继承人继承被继承人的遗产，实际上是就被继承人的遗产连续发生的两次继承。
	发生的时间和成立条件不同	代位继承只能因被继承人子女或者兄弟姐妹先于被继承人死亡而发生，只有被继承人的子女或者兄弟姐妹才能成为被代位人。	转继承发生在继承开始后遗产分割前，并且可因任何一个继承的死亡而发生，即任何一个继承人都可成为被转继承人。
	主体不同	代位继承中的代位人仅限于被代位人的晚辈直系血亲，被代位人的其他法定继承人不能代位继承。	转继承人是被转继承人死亡时生存的所有法定继承人，被转继承人可以是被继承人的任一继承人。被转继承人有第一顺序人的，由第一顺序人转继承，没有第一顺序人的，由第二顺序人转继承。
	适用范围不同	代位继承只适用于法定继承，在遗嘱继承中不适用。	转继承可以发生在法定继承中，也可以发生在遗嘱继承中，还会发生在遗赠中。

（五）法定继承中的遗产分配原则

		继承人继承遗产的份额一般应当均等。
法定继承中的遗产分配原则	特殊情形下继承人继承的份额可以不均等	对生活有特殊困难又缺乏劳动能力的继承人，分配遗产时，应当予以照顾。
		对被继承人尽了主要抚养义务或者与被继承人共同生活的继承人，分配遗产时，可以多分。
		有扶养能力和有扶养条件的继承人，不尽扶养义务的，分配遗产时，应当不分或者少分。
		继承人协商同意不均分。

五、遗嘱继承

（一）遗嘱继承的含义

遗嘱继承，是指继承开始后，按照被继承人所立的合法有效遗嘱继承被继承人遗产的继承制度。

（二）遗嘱继承的特征

遗嘱继承的特征	遗嘱继承直接体现着被继承人的遗愿。
	发生遗嘱继承的法律事实须有合法有效的遗嘱。
	遗嘱继承是对法定继承的一种排斥。

（三）遗嘱继承的适用条件

遗嘱继承的适用条件	没有遗赠扶养协议。
	被继承人立遗嘱，并且遗嘱合法有效。
	遗嘱中指定的继承人未丧失继承权，也未放弃继承权。

（四）遗嘱的形式

遗嘱的形式	自书遗嘱	自书遗嘱由遗嘱人亲笔书写，签名，注明年、月、日。
	代书遗嘱	代书遗嘱由遗嘱人口授遗嘱内容，由他人代书。代书遗嘱须有两个以上的见证人在场见证。代书人、其他见证人和遗嘱人在遗嘱上签名，并注明年、月、日。
	打印遗嘱	为保证遗嘱内容的真实性，打印遗嘱应当有两个以上见证人在场见证。遗嘱人和见证人应当在遗嘱每一页签名，注明年、月、日。
	录音录像遗嘱	磁带中所录制的须是遗嘱人口授的遗嘱内容。须由两个以上的见证人见证，见证人的见证证明录制在录制遗嘱的磁带上。遗嘱人和见证人应当在录音录像中记录自己的姓名或肖像，以及年、月、日。录音录像遗嘱设立后，应将录制遗嘱的磁带封存，并由见证人共同签名，注明年、月、日。经封存的录音录像遗嘱也就为密封遗嘱。
	口头遗嘱	须是在不能以其他方式设立遗嘱的危急情形下作出的。危急情形解除后，遗嘱人能够设立其他形式遗嘱的，口头遗嘱无效。须有两个以上的见证人在场见证。

续表

公证遗嘱	遗嘱人经公证机构办理，公证机构对遗嘱予以公证，出具《遗嘱公证证明书》，公证书由公证机构和遗嘱人分别保存。

（五）遗嘱见证人

1. 遗嘱见证人的含义

遗嘱见证人是依法证明遗嘱真实性的人。

2. 不能成为遗嘱见证人的人员

不能成为遗嘱见证人的人员	无民事行为能力人、限制民事行为能力人以及其他不具有见证能力的人。
	继承人、受遗赠人。
	与继承人、受遗赠人有利害关系的人。

（六）遗嘱的有效要件

遗嘱的有效要件	遗嘱人须有遗嘱能力	在遗嘱设立时，遗嘱人具有完全民事行为能力。
	遗嘱须是遗嘱人的真实意思表示	受欺诈、胁迫订立的遗嘱无效；伪造的遗嘱无效；遗嘱篡改的，篡改的内容无效。
	遗嘱不得取消缺乏劳动能力又没有生活的继承人的继承权	遗嘱应当为缺乏劳动能力又没有生活来源的继承人保留必要的遗产份额。这一规定属于强行性规定，遗嘱取消缺乏劳动能力又没有生活来源的继承人的继承权的，不能有效。
	遗嘱中所处分的财产须为遗嘱人的个人财产	遗嘱人以遗嘱处分了属于国家、集体或者他人所有的财产的，遗嘱的该部分内容应认定无效。
	遗嘱须不违反社会公共利益和社会公德	违反社会公共利益和社会公德民事法律行为无效。

（七）遗嘱的变更与撤回

遗嘱的变更与撤回	立有数份遗嘱，内容相抵触的，以最后的遗嘱为准。
	立遗嘱后，遗嘱人实施与遗嘱内容相反的民事法律行为的，视为对遗嘱相关内容的撤回。
	遗嘱人故意销毁遗嘱的，推定遗嘱人撤回原遗嘱。

六、其他取得遗产的方式

（一）遗赠

1. 遗赠的含义

遗赠，是指自然人以遗嘱的方式将其个人财产赠与国家、集体或者法定继承人以外的人，而于死亡后发生效力的民事法律行为。

2. 遗赠的特征

遗赠的特征	遗赠是一种单方的民事法律行为。
	遗赠是于遗赠人死亡后发生效力的死后行为。
	受遗赠人是法定继承人以外的人。
	遗赠是无偿给予受遗赠人财产利益的行为。
	遗赠是只能由受遗赠人接受的行为，不得转让。

（二）遗赠扶养协议

1. 遗赠扶养协议的含义

遗赠扶养协议，是指自然人与扶养人之间关于扶养人扶养受扶养人，受扶养人将财产已赠给扶养人的协议。

2. 遗赠扶养协议的特征

遗赠抚养议的特征	遗赠扶养协议是双方的民事法律行为。
	遗赠扶养协议是诺成性、要式民事法律行为。
	遗赠扶养协议是双务、有偿行为。
	遗赠扶养协议的内容的实现有阶段性。扶养人的义务自遗赠扶养协议生效时即生效，亦即从协议生效时起扶养人应履行其扶养受扶养人的义务，而关于遗赠的内容只能于受扶养人死后实现。
	遗赠扶养协议不因受扶养人的死亡而终止，却因受扶养人死亡使遗赠部分的内容生效。
	遗赠扶养协议中的扶养人须无法定扶养义务。

（三）国家

无人继承又无人受遗赠的遗产，归国家所有，用于公益事业；死者生前是生前集体所有制组织成员的，归所在集体所有制组织所有。

第八节　侵权责任

一、侵权责任的概述

（一）侵权责任的含义

侵权责任是指行为人因其侵权行为而依法承担的民事责任。

（二）侵权责任的特征

侵权责任的特征	侵权责任是因违反法律规定的义务而应承担的法律后果。
	侵权责任以侵权行为的存在为前提。
	侵权责任的方式具有法定性。
	侵权责任的方式具有多样性。
	侵权责任具有优先性。因同一行为应当承担侵权责任和行政责任、刑事责任，民事主体的财产不足以支付的，优先用于承担民事责任。

二、侵权行为的归责原则

侵权行为的归责原则	过错责任原则	以行为人的过错作为责任的构成要件，行为人具有故意或者过失才可能承担侵权责任。它以行为人的过错程度作为确定责任形式、责任范围的依据。受害人需要证明行为人存在过错。
	过错推定原则	在某些侵权行为的构成中，除非行为人有证据证明其没有过错，否则法律推定行为人实施该行为时具有过错的规则。受害人不需要对行为人的过错举证证明，法律推定行为人存在过错，除非行为人能够证明自己没有过错。
	无过错责任原则	不问行为人主观上是否存在过错，只要有行为、损害后果以及二者之间存在因果关系，就应承担民事责任的归责原则。无过错责任原则不以行为人的过错为构成要件，行为人不能通过证明自己没有过错来免责。无过错责任原则的适用必须有法律的明确规定。
	公平责任原则	加害人和受害人对造成的损害事实均没有过错，而根据公平的观念，在考虑当事人的财产状况、支付能力等实际情况的基础上，由双方分担损失。

三、侵权行为的构成要件

侵权行为的构成要件	行为（核心）		侵犯他人权利或者合法利益的加害行为本身。
	损害事实		他人人身或者财产权益所遭受的不利影响，包括财产损害、非财产损害，非财产损害又包括人身损害、精神损害。
	因果关系		各种现象之间引起与被引起的关系。
	过错	过错	行为人明知自己的行为会发生侵害他人权益的结果，并且希望或者放任这种结果发生的主观状态。
		过失	重大过失，行为人极为疏忽大意的情况。
			一般过失，尚未达到重大过失的过失。

四、侵权责任的方式

侵权责任的方式	停止侵害	侵害他人民事权益的，被侵权人有权请求侵权人停止侵害。
	排除妨碍	妨碍他人行使民事权利或者享有民事权益的，被侵权人有权请求侵权人排除妨碍。
	消除危险	危险需要及时消除，以免人身或者财产遭受损害，但又要慎重，因为消除危险往往花费较多，判断和处理错误会给另一方造成不应有的损失。
	返还财产	返还财产，即返还原物。
	恢复原状	损坏他人的动产或者不动产的，被侵权人有权请求侵权人恢复原状。
	赔偿损失	造成他人损失的，被侵权人有权请求侵权人赔偿损失。
	赔礼道歉	侵权人向被侵权人承认错误、表示歉意。
	消除影响、恢复名誉	给他人造成不良影响的，被侵权人有权请求侵权人消除影响。贬损他人名誉的，被侵权人有权请求侵权人为其恢复名誉。

五、侵权责任的承担

侵权责任的承担	财产损害赔偿	侵权行为侵害他人财产权益造成他人财产损失的，行为人应承担财产损害赔偿责任。财产损害赔偿是全面赔偿，赔偿范围既包括受害人遭受的直接损失，也包括间接损失。
		侵害他人人身权益造成财产损失的，行为人应当承担财产损害赔偿责任。比如，侵害他人肖像权，就可能造成他人财产损害。

续表

人身损害赔偿	侵害他人造成人身损害的，应当赔偿医疗费、护理费、交通费、营养费、住院伙食补助费等为治疗和康复支出的合理费用，以及因误工减少的收入。造成残疾的，还应当赔偿辅助器具费和残疾赔偿金；造成死亡的，还应当赔偿丧葬费和死亡赔偿金。	
精神损害赔偿	侵害自然人人身权益造成严重精神损害的，被侵权人有权请求精神损害赔偿。因故意或者重大过失侵害自然人具有人身意义的特定物造成严重精神损害的，被侵权人有权请求精神损害赔偿。	

六、数人侵权行为与责任

数人侵权行为与责任	共同侵权行为	二人以上共同实施侵权行为，造成他人损害的，应当承担连带责任。
	共同危险行为	二人以上实施危及他人人身、财产安全的行为，其中一人或者数人的行为造成他人损害，不能确定具体侵权人的，行为人承担连带责任。
	承担连带责任的无意思联络数人侵权	二人以上分别实施侵权行为造成同一损害，每个人的侵权行为都足以造成全部损害的，行为人承担连带责任。
	承担按份责任的无意思联络数人侵权	二人以上分别实施侵权行为造成同一损害，能够确定责任大小的，各自承担相应的责任；难以确定责任大小的，平均承担赔偿责任。
	教唆、帮助行为及其责任	教唆、帮助他人实施侵权行为的，应当与行为人承担连带责任。教唆、帮助无民事行为能力人、限制民事行为能力人实施侵犯行为的，应当承担侵权责任；该无民事行为能力人、限制民事行为能力人的监护人未尽到监护责任的，应当承担相应责任。

七、各类具体侵权责任

（一）监护人责任

监护人责任	一般责任	无民事行为能力人、限制民事行为能力人造成他人损害的，由监护人承担侵权责任。监护人尽到监护职责的，可以减轻其侵权责任。有财产的无民事行为能力人、限制民事行为能力人造成他人损害的，从本人财产中支付赔偿费用；不足部分，由监护人赔偿。

归责原则	无过错责任原则。
特点	在被监护人侵权行为中，行为主体和责任主体相分离，行为主体是被监护人，责任主体是监护人。
新规链接	无民事行为能力人、限制民事行为能力人造成他人损害，监护人将监护职责委托给他人的，监护人应当承担侵权责任；受托人有过错的，承担相应的责任。

（二）职务侵权责任

职务侵权责任	造成他人损害的	单位派遣	用人单位的工作人员因执行工作任务造成他人损害的，由用人单位承担侵权责任。用人单位承担侵权责任后，可以向有故意或者重大过失的工作人员追偿。
		个人派遣	个人之间形成劳务关系，提供劳务一方因劳务造成他人损害的，由接受劳务一方承担侵权责任。接受劳务一方承担侵权责任后，可以向有故意或者重大过失的提供劳务一方追偿。
		共同派遣	劳务派遣期间，被派遣的工作人员因执行工作任务造成他人损害的，由接受劳务派遣的用工单位承担侵权责任；劳务派遣单位有过错的，承担相应的责任。
	造成自己损害的		提供劳务一方因劳务受到损害的，根据双方各自的过错承担相应的责任。
	被第三方损害的		提供劳务期间，因第三人的行为造成提供劳务一方损害的，提供劳务一方有权请求第三人承担侵权责任，也有权请求接受劳务一方给予补偿。接受劳务一方补偿后，可以向第三人追偿。

（三）教育机构伤害责任

教育机构伤害责任	无民事行为能力人在教育机构中受到损害的责任承担	无民事行为能力人在幼儿园、学校或者其他教育机构学习、生活期间受到人身损害的，幼儿园、学校或者其他教育机构应当承担侵权责任。但是，能够证明尽到教育、管理职责的，不承担侵权责任。
	限制民事行为能力人在教育机构中受到损害的责任承担	限制民事行为能力人在学校或者其他教育机构学习、生活期间受到人身损害，学校或者其他教育机构未尽到教育、管理职责的，应当承担侵权责任。

续表

无民事行为能力人、限制民事行为能力人在教育机构中受到第三人侵害时的责任承担	无民事行为能力人或者限制民事行为能力人在幼儿园、学校或者其他教育机构学习、生活期间，受到幼儿园、学校或者其他教育机构以外的第三人人身损害的，由第三人承担侵权责任；幼儿园、学校或者其他教育机构未尽到管理职责的，承担相应的补充责任。幼儿园、学校或者其他教育机构承担补充责任后，可以向第三人追偿。

备注：教育机构对无民事行为能力人、限制民事行为能力人承担的是教育、管理的责任，监护人承担的是监护责任。如果被监护人在学校给他人造成损害的，监护人仍然要承担相应的监护责任。

（四）产品责任

产品责任	一般责任		因产品存在缺陷造成他人损害的，生产者应当承担侵权责任
	责任的承担方式	赔偿损失	因产品存在缺陷造成他人损害的，被侵权人可以向产品的生产者请求赔偿，也可以向产品的销售者请求赔偿。
		停止侵害、排除妨碍、消除危险	因产品缺陷危及他人人身、财产安全的，被侵权人有权请求生产者、销售者承担停止侵害、排除妨碍、消除危险等侵权责任。
		停止销售、警示、召回	产品投入流通后发现存在缺陷的，生产者、销售者应当及时采取停止销售、警示、召回等补救措施；未及时采取补救措施或者补救措施不力造成损害扩大的，对扩大的损害也应当承担侵权责任。
		惩罚性赔偿	明知产品存在缺陷仍然生产、销售，或者没有依据前条规定采取有效补救措施，造成他人死亡或者健康严重损害的，被侵权人有权请求相应的惩罚性赔偿。

（五）道路交通事故责任

道路交通事故责任	一般责任	机动车之间发生交通事故的，由有过错的一方承担赔偿责任；双方都有过错的，按照各自过错的比例分担责任。
		机动车与非机动车驾驶人、行人之间发生交通事故，非机动车驾驶人、行人没有过错的，由机动车一方承担赔偿责任；有证据证明非机动车驾驶人、行人有过错的，根据过错程度适当减轻机动车一方的赔偿责任；机动车一方没有过错的，承担不超过10%的赔偿责任。

特殊情况	租赁、借用机动车发生交通事故	因租赁、借用等情形机动车所有人、管理人与使用人不是同一人时，发生交通事故造成损害，属于该机动车一方责任的，由机动车使用人承担赔偿责任；机动车所有人、管理人对损害的发生有过错的，承担相应的赔偿责任。
	转让并交付机动车但未办理所有权转移登记期间发生交通事故	当事人之间已经以买卖或者其他方式转让并交付机动车，但是未办理登记，发生交通事故造成损害，属于该机动车一方责任的，由受让人承担赔偿责任。
	转让拼装或者报废机动车	以买卖或者其他方式转让拼装或者已经达到报废标准的机动车，发生交通事故造成损害的，由转让人和受让人承担连带责任。
	盗窃、抢劫或者抢夺的机动车	盗窃、抢劫或者抢夺的机动车发生交通事故造成损害的，由盗窃人、抢劫人或者抢夺人承担赔偿责任。
	好意同乘	非营运机动车发生交通事故造成无偿搭乘人损害，属于该机动车一方责任的，应当减轻其赔偿责任，但是机动车使用人有故意或者重大过失的除外。

（六）医疗损害责任

医疗损害责任	《民法典》规定	患者在诊疗活动中受到损害，医疗机构或者其医务人员有过错的，由医疗机构承担赔偿责任。
	归责原则	过错推定责任。
	推定医疗机构有过错情形	违反法律、行政法规、规章以及其他有关诊疗规范的规定。
		隐匿或者拒绝提供与纠纷有关的病历资料。
		遗失、伪造、篡改或者违法销毁病历资料。

（七）环境污染和生态破坏责任

环境污染和生态破坏责任	一般责任	因污染环境、破坏生态造成他人损害的，侵权人应当承担侵权责任。
	惩罚性赔偿	侵权人违反法律规定故意污染环境、破坏生态造成严重后果的，被侵权人有权请求相应的惩罚性赔偿。

续表

		违反国家规定造成生态环境损害,生态环境能够修复的,国家规定的机关或者法律规定的组织有权请求侵权人在合理期限内承担修复责任。侵权人在期限内未修复的,国家规定的机关或者法律规定的组织可以自行或者委托他人进行修复,所需费用由侵权人负担。
	责任的承担方式	

(八) 饲养动物损害责任

饲养动物损害责任	一般责任	饲养的动物造成他人损害的,动物饲养人或者管理人应当承担侵权责任。但是,能够证明损害是由被侵权人故意或者重大过失造成的,可以不承担或者减轻责任。
	违反管理规定时的动物损害责任	违反管理规定,未对动物采取安全措施造成他人损害的,动物饲养人或者管理人应当承担侵权责任。但是,能够证明损害是因被侵权人故意造成的,可以减轻责任。
	禁止饲养的危险动物损害责任	禁止饲养的烈性犬等危险动物造成他人损害的,动物饲养人或者管理人应当承担侵权责任。
	动物园动物损害责任	动物园的动物造成他人损害的,动物园应当承担侵权责任。但是,能够证明尽到管理职责的,不承担侵权责任。
	遗弃、逃逸的动物损害责任	遗弃、逃逸的动物在遗弃、逃逸期间造成他人损害的,由动物原饲养人或者管理人承担侵权责任。

(九) 建筑物损害责任

建筑物损害责任	建筑物等倒塌致害责任	建筑物、构筑物或者其他设施倒塌、塌陷造成他人损害的,由建设单位与施工单位承担连带责任,但是建设单位与施工单位能够证明不存在质量缺陷的除外。建设单位、施工单位赔偿后,有其他责任人的,有权向其他责任人追偿。
	建筑物等脱落、坠落致害责任	建筑物、构筑物或者其他设施及其搁置物、悬挂物发生脱落、坠落造成他人损害,所有人、管理人或者使用人不能证明自己没有过错的,应当承担侵权责任。所有人、管理人或者使用人赔偿后,有其他责任人的,有权向其他责任人追偿。
	高空抛物责任	禁止从建筑物中抛掷物品。
		从建筑物中抛掷物品或者从建筑物上坠落的物品造成他人损害的,由侵权人依法承担侵权责任。

续表

		经调查难以确定具体侵权人的，除能够证明自己不是侵权人的外，由可能加害的建筑物使用人给予补偿。可能加害的建筑物使用人补偿后，有权向侵权人追偿。
		物业服务企业等建筑物管理人应当采取必要的安全保障措施防止前款规定情形的发生；未采取必要的安全保障措施的，应当依法承担未履行安全保障义务的侵权责任。
		发生高空抛物致害情形，公安等机关应当依法及时调查，查清责任人。

（十）物品损害责任

物品损害责任	堆放物倒塌致害责任	堆放物倒塌、滚落或者滑落造成他人损害，堆放人不能证明自己没有过错的，应当承担侵权责任。
	公共道路上堆放、倾倒、遗撒物品致害责任	在公共道路上堆放、倾倒、遗撒妨碍通行的物品造成他人损害的，由行为人承担侵权责任。公共道路管理人不能证明已经尽到清理、防护、警示等义务的，应当承担相应的责任。
	林木折断等致害责任	因林木折断、倾倒或者果实坠落等造成他人损害，林木的所有人或者管理人不能证明自己没有过错的，应当承担侵权责任。
	施工致人损害责任	在公共场所或者道路上挖掘、修缮安装地下设施等造成他人损害，施工人不能证明已经设置明显标志和采取安全措施的，应当承担侵权责任。
	地下设施致害责任	窨井等地下设施造成他人损害，管理人不能证明尽到管理职责的，应当承担侵权责任。

第九节　诉讼时效

一、诉讼时效的含义

权利人在法定期间内不行使权利即丧失请求法院强制义务人履行义务的权利的制度。

二、除斥期间的概述

1. 除斥期间的含义

除斥期间，是指法律规定或者当事人依法确定的对于某种权利所预定的存续期间，又称预定期间。

2. 诉讼时效与除斥期间区别

	类别	诉讼时效	除斥期间
诉讼时效与除斥期间区别	立法精神不同	诉讼时效维护的是新秩序。甲乙二人订立合同，乙已经将标的物交付给甲；诉讼时效届满，乙才请求甲交付货款，甲有权拒绝。这就是维护甲取得标的物所有权而又未交付货物的新秩序。	除斥期间维护的是原秩序。在除斥期间内，权利人如果不行使权利，原秩序就继续存在。比如，只要受遗赠人应当在知道受遗赠后60日内，作出接受或者放弃受遗赠的表示；到期没有表示的，视为放弃受遗赠。在这60日内维护受遗赠人意愿的原秩序。
	适用范围不同	诉讼时效适用于请求权。	除斥期间适用于形成权。
	起算时间不同	诉讼时效从知道或者应当知道权利被侵害时起算。	除斥期间根据法律规定的时间或者权利发生的时间起算。
	期间的可变性不同	法律对诉讼时效有中止、中断、延长的规定。	对除斥期间没有中止、中断、延长的规定。
	法律效力不同	诉讼时效届满，债权请求权丧失胜诉权，不丧失起诉权和实体权。	除斥期间结束，实体权丧失。

三、诉讼时效的分类

诉讼时效的分类	一般诉讼时效		向人民法院请求保护民事权利的诉讼时效期间为3年。
	特别诉讼时效	短期诉讼时效	不足3年的。因产品存在缺陷造成损害要求赔偿的时效期间为2年。
		长期诉讼时效	3年~20年。比如，国际货物买卖合同和技术进口合同争议提起诉讼或者申请仲裁的时效期限为4年。
		最长诉讼时效	自权利受到侵害之日超过20年的，人民法院不予保护。

四、诉讼时效期间的起算、中止与中断

（一）诉讼时效的起算

诉讼时效的起算	一般情况		诉讼时效期间从权利人知道或者应当知道权利受到损害以及义务人之日起计算。
	特殊情况	最长诉讼时效	自权利受到侵害之日起算。
		债务分期履行	当事人约定同意债务分期履行的，诉讼时效期间自最后一期履行期限届满之日起计算。
		无民事行为能力人或限制民事行为能力人法定代理人的请求权	无民事行为能力人或者限制民事行为能力人对其法定代理人的请求权的诉讼时效期间，自该法定代理终止之日起计算。
		遭受性侵的未成年人	未成年人遭受性侵害的损害赔偿请求权的诉讼时效期间，自受害人年满18周岁之日起计算。

（二）诉讼时效的中止

诉讼时效的中止	含义	诉讼时效进行中，因一定的法定事由的发生而使权利人无法行使请求权，暂时停止计算诉讼时效期间的一种制度。
	法定事由	不可抗力。
		无民事行为能力人或者限制民事行为能力人没有法定代理人，或者法定代理人死亡、丧失代理权或者丧失民事行为能力。
		继承开始后未确定继承人或者遗产管理人。
		权利人被义务人或者其他人控制
		其他导致权利人不能行使请求权的障碍。
	结果	诉讼时效期间的最后6个月内，因法定事由而使权利人不能行使请求权的，诉讼时效期间的计算暂时停止。

（三）诉讼时效的中断

诉讼时效的中断	含义	诉讼时效进行中，因法定事由的发生致使已经进行的诉讼时效期间全部归于无效，诉讼时效期间重新计算。
	法定事由	权利人向义务人提出履行请求的。
		义务人同意履行义务的。
		权利人提起诉讼或者申请仲裁的。
		与提起诉讼或者申请仲裁具有同等效力的其他情形。
	结果	已经经过的时效期间丧失效力，从中断时起，诉讼时效重新计算的制度。

第五章 刑　法

第一节　刑法概述

一、刑法的概念

刑法是规定犯罪、刑事责任和刑罚的法律。具体来说，就是掌握政权的阶级，即统治阶级，为了维护本阶级政治上的统治和经济上的利益，根据自己的意志，规定哪些行为是犯罪和应负刑事责任，并给犯罪人以何种刑罚处罚的法律。刑法所保护的是所有受到犯罪侵害的社会主义关系。

二、刑法的原则

	罪刑法定原则
刑法的原则	适用刑法人人平等原则
	罪责刑相适应原则

三、刑法的效力范围

（一）空间效力

1. 刑法空间效力的含义

刑法的空间效力，是指刑法对地和对人的效力，也就是要解决刑事管辖权的范围问题。

2. 刑法空间效力的原则

	刑法的属地管辖原则	《刑法》第 6 条第 1 款规定：凡在中华人民共和国领域内犯罪的，除法律有特别规定的以外，都适用本法。
刑法空间效力的原则	刑法的属人管辖原则	《刑法》第 7 条规定：中华人民共和国公民在中华人民共和国领域外犯本法规定之罪的，适用本法，但是按本法规定的最高刑为三年以下有期徒刑的，可以不予追究。中华人民共和国国家工作人员和军人在中华人民共和国领域外犯本法规定之罪的，适用本法。
	刑法的保护管辖原则	《刑法》第 8 条规定：外国人在中华人民共和国领域外对中华人民共和国国家或者公民犯罪，而按本法规定的最低刑为三年以上有期徒刑的，可以适用本法，但是按照犯罪地的法律不受处罚的除外。
	刑法的普遍管辖原则	《刑法》第 9 条规定：对中华人民共和国缔结或者参加的国际条约所规定的罪行，中华人民共和国在所承担义务的范围内行使刑事管辖权的，适用本法。

★知识延伸：属地管辖中的"领域内"

	领陆	国境线以内的陆地，包括地下层。
我国"领域内"的范围	领水	内水和领海。内水包括内河、内湖、内海以及同外国之间界水的一部分，这一部分通常以河流中心线为界，如果是可通航的河道，则以主航道中心线为界。领海：我国政府于 1958 年 9 月 4 日发表声明，宣布我国的领海宽度为 12 海里及其地下层。
	领空	领陆、领水的上空。
	船舶或航空器	既可以是军用的，也可以是民用的；既指航行途中，也指停泊状态；既指在公海或公海的上空，也指在别国的领域内（在别国领域内犯罪，当然别国也有权管辖）。总之，凡是在我国船舶或者航空器内犯罪的，不论该船舶或者航空器在任何地点，我国均有刑事管辖权。
	驻外使领馆	根据我国承认的 1961 年 4 月 18 日《维也纳外交关系公约》的规定：各国驻外大使馆、领事馆及其外交人员不受驻在国的司法管理而受本国的司法管辖。因此，凡是在我国驻外大使馆、领事馆内犯罪的，也应适用我国刑法。

★知识延伸：属地管辖中的"法律有特别规定"

法律有特别规定应从其规定而不适用刑法的情形	享有外交特权和豁免权的外国人的刑事责任，通过外交途径解决。
	民族自治地方不能全部适用本法规定的，可以由自治区或者省人民代表大会根据当地民族的政治、经济、文化特点和本法规定的基本原则，制定变通或者补充的规定，报请全国人民代表大会常务委员会批准施行的规定。
	修订的《刑法》施行后国家立法机关所制定的特别刑法的特别规定。
	我国香港特别行政区和澳门特别行政区基本法作出的例外规定。

（二）时间效力

我国《刑法》的时间效力	生效时间	我国《刑法》于1979年7月1日通过，7月6日公布，自1980年1月1日起生效，1997年3月14日修订的《刑法》通过并公布后，从1997年10月1日起施行。截至2020年12月26日，已经颁布《刑法修正案（十一）》，自2021年3月1日起施行。
	失效时间	失效方式有两种：①明令失效。如我国《刑法》第452条第2款规定，列于附件一的15个单行刑法自1997年10月1日起予以废止。②自然失效。新法施行后代替了同类内容的旧法，旧法自行废止。刑法修正案中新修订的条例应当从其规定，不再适用旧法。
	溯及力	我国的《刑法》关于溯及力的问题采用的是从旧兼从轻原则，即法不溯及既往，但有利溯及除外。

第二节 犯罪论

一、犯罪的概念及特征

（一）概念

犯罪是具有严重社会危害性并且具有应当受刑罚处罚的刑事违法性的行为。

（二）特征

犯罪的特征	严重的社会危害性（本质）。
	刑事违法性（法律特征）。
	应受刑罚惩罚性。

二、犯罪的构成要件

根据我国刑法，任何一种犯罪的成立都必须具备四个方面的构成要件，即犯罪客体、犯罪客观方面、犯罪主体、犯罪主观方面。

三、犯罪客体

（一）概念

我国刑法所保护而为犯罪行为所侵害的社会关系。

（二）分类

	三类客体	三类客体的含义	三类客体存在的作用
犯罪客体的分类	一般客体	指一切犯罪共同侵犯的客体，即我国刑法所保护的社会主义社会关系的整体。	犯罪的一般客体反映了一切犯罪客体的共性，它是刑法所保护客体的最高层次。因此，一般客体是研究犯罪基本特征、一般属性的依据，也是研究其他层次犯罪客体的起点和基础。
	同类客体	指某一类犯罪行为所共同侵害的，我国刑法所保护的社会关系的某一部分或某一方面。	划分犯罪的同类客体，是根据犯罪行为侵害的刑法所保护的社会关系的不同进行的科学分类。作为同一类客体的社会关系，往往具有相同或相近的性质。例如，生命权、健康权、性自由权、人身自由权、人格权、名誉权等都属于人身权利的范畴，只要这些权利受到犯罪危害，人身权利就成了这些犯罪的同类客体。因此，同类客体是犯罪分类的依据，我国《刑法》根据同类客体将犯罪分为十大类。
	直接客体	指某一种犯罪行为所直接侵害而为我国刑法所保护的社会关系	犯罪的直接客体是决定犯罪性质的最重要因素。一种行为之所以被认定为这种犯罪或那种犯罪，归根到底是由犯罪的直接客体决定的。犯罪的直

续表

		接客体揭示了具体犯罪所侵害社会关系的性质以及该犯罪的社会危害性的程度。犯罪的直接客体是研究犯罪客体的重点，也是司法实践中凭借客体借以区分罪与非罪，此罪与彼罪界限的关键。

（三）犯罪对象

1. 概念

犯罪对象是指刑法分则条文规定的犯罪行为所作用的客观存在的具体人或者具体物。

2. 犯罪对象与犯罪客体的联系和区别

犯罪对象与犯罪客体的联系与区别	联系	作为犯罪对象的具体物是具体社会关系的物质表现，作为犯罪对象的具体人是具体社会关系的主体或参加者。犯罪分子的行为作用于犯罪对象，就是通过犯罪对象，即具体物或者具体人来侵害一定的犯罪客体。
	区别	犯罪客体决定犯罪性质，犯罪对象则未必。
		犯罪客体是任何犯罪的必要构成要件，而犯罪对象则仅仅是某些犯罪的必要构成要件。
		任何犯罪都会使犯罪客体受到侵害，而犯罪对象则不一定受到损害。
		犯罪客体是犯罪分类的基础，犯罪对象则不是。

四、犯罪客观方面

（一）概念

犯罪客观方面，是指刑法所规定的、说明行为对刑法所保护的社会关系造成损害的客观外在事实特征。

（二）犯罪客观方面的要件

犯罪客观方面的要件	危害行为	一切犯罪在客观方面都必须具备的要件，也是犯罪客观方面唯一的为一切犯罪所必须具备的要件。	必要要件
	危害结果	大多数犯罪成立在客观方面必须具备的要件。	
	时间、地点、方法以及对象	某些犯罪成立在客观方面必须具备的要件。	选择要件

（三）危害行为

1. 危害行为的含义

危害行为是指在人的意志或意识支配下实施的危害社会的身体动静。

2. 危害行为的特征

危害行为的 三个特征	危害行为在客观上是人的身体动静。
	危害行为在主观上是基于行为人的意志或意识支配下的身体动静。
	危害行为在法律上是对社会有危害的身体动静。

3. 危害行为的表现形式

危害行为的 两种表现形式	作为	行为人以身体活动实施的违反禁止性规范的危害行为。
	不作为	行为人负有实施某种行为的特定法律义务，能够履行而不履行的危害行为。

★知识延伸：不作为的义务来源

	类型	相关概念	例子
不作为的义务来源	法律明文规定的义务	法律法规明确规定且刑法认可的义务。	我国《宪法》和《婚姻法》规定，家庭成员之间有相互扶养的义务，并由我国《刑法》第261条予以认可，若行为人不履行该义务而遗弃家庭成员，就成立犯罪的不作为。
	职务或业务上要求的义务	职务或业务上要求的义务亦属法律明文规定的义务，但因这种义务以担任相应的职务或从事相应的业务为前提，因而与其他法律规定的义务又有着明显的不同。	如值班医生有抢救危重病人的义务，值勤消防员有消除火患的义务等。
	法律行为引起的义务	法律行为是指在法律上能够产生一定权利义务的行为。若一定的法律行为产生某种特定的积极义务，行为人不履行该义务，以致使刑法所保护的社会关系受到侵害或威胁，就可以成立不作为形式的危害行为。	如受雇为他人照顾小孩的保姆，负有看护小孩使其免受意外伤害的义务。如果保姆不负责任，见危不救，致使小孩身受重伤，应当承担相应的责任等。

| 先行行为引起的义务 | 由于行为人的行为使刑法所保护的社会关系处于危险状态时，行为人负有采取有效措施排除危险或防止结果发生的特定义务。若行为人不履行该义务，就是以不作为的形式实施的危害行为。 | 如成年人带小孩去游泳，负有保护小孩安全的义务。交通肇事撞伤人而使被害人有生命危险时，行为人有立即将受伤人送医院救治的义务等。 |

（四）危害结果

危害结果的含义	广义	行为人的危害行为所引起的一切对社会的损害事实，它包括危害行为的直接结果和间接结果，属于犯罪构成要件的结果和不属于犯罪构成要件的结果。
	狭义	犯罪构成要件的结果，通常也是对直接客体所造成的损害事实。

（五）危害行为与危害结果之间的因果关系

罪责自负是我国刑法的要求之一，它的基本含义是：一个人只能对自己的危害行为及其造成的危害结果承担刑事责任。因此，当危害结果发生时，要使某人对该结果负责任，就必须查明他所实施的危害行为与该结果之间具有因果关系。这种因果关系是在危害结果发生时使行为人负刑事责任的必要条件。

五、犯罪主体

（一）概念

犯罪主体是指实施危害社会的行为并依法应负刑事责任的自然人和单位。

（二）自然人犯罪

1. 刑事责任能力

（1）含义。刑事责任能力是指行为人构成犯罪和承担刑事责任所必需的，行为人具备的刑法意义上辨认和控制自己行为的能力。

（2）分类。

刑事责任能力的分类	完全刑事责任能力	凡年满16周岁、精神和生理功能健全、智力与知识发展正常的人，都是完全刑事责任能力人。间歇性精神病人精神正常期间、醉酒的人都是完全刑事责任能力人。
	完全无刑事责任能力	（1）未达责任年龄的幼年人，即不满12周岁的人。 （2）因精神疾病而不具备或丧失刑法所要求的辨认或控制自己行为能力的人。《刑法》第18条第1款规定：精神病人在不能辨认或者不能控制自己行为的时候造成危害结果，经法定程序鉴定确认的，不负刑事责任，但是应当责令他的家属或者监护人严加看管和医疗；在必要的时候，由政府强制医疗。
	相对刑事责任能力	《刑法》第17条第2款规定：已满14周岁不满16周岁的人，犯故意杀人、故意伤害致人重伤或者死亡、强奸、抢劫、贩卖毒品、放火、爆炸、投放危险物质罪的，应当负刑事责任。 已满12周岁不满14周岁的人，犯故意杀人、故意伤害罪，致人死亡或者以特别残忍手段致人重伤造成严重残疾，情节恶劣，经最高人民检察院核准追诉的，应当负刑事责任。
	减轻刑事责任能力	（1）已满12周岁不满18周岁的未成年人，应当从轻或减轻处罚。 （2）又聋又哑的人或者盲人犯罪，可以从轻、减轻或者免除处罚。 （3）尚未完全丧失辨认或者控制自己行为能力的精神病人犯罪的，应当负刑事责任，但是可以从轻或者减轻处罚。

2. 与刑事责任能力有关的因素

（1）刑事责任年龄。

刑事责任年龄的分类	完全不负刑事责任年龄阶段	不满12周岁。对不满12周岁，不予刑事处罚，但又实施了危害社会行为的人，责令其父母或者其他监护人加以管教；在必要的时候，依法进行专门矫治教育。
	相对负刑事责任年龄阶段	已满12周岁不满16周岁。已满12周岁到不满14周岁的情况和已满14周岁不满16周岁的情况，在上文已做介绍。对不满16周岁，不予刑事处罚，但又实施了危害社会行为的人，责令其父母或者其他监护人加以管教；在必要的时候，依法进行专门矫治教育。
	完全负刑事责任年龄阶段	已满16周岁。

（2）精神障碍。

精神障碍与其刑事责任能力的关系	完全无刑事责任的精神病人	精神病人在不能辨认或者不能控制自己行为的时候造成危害结果，经法定程序鉴定确认的，不负刑事责任，但是应当责令他的家属或者监护人严加看管和医疗；在必要的时候，由政府强制医疗。
	完全负刑事责任的精神障碍人	精神正常时期的"间歇性精神病人"。
	限制刑事责任的精神障碍人	已满 16 周岁。

（3）生理功能丧失。又聋又哑的人或者盲人犯罪，可以从轻、减轻或者免除处罚。

（4）生理性醉酒。醉酒分为生理性醉酒和病理性醉酒。病理性醉酒属于精神病的范畴，所以，我们通常所说的醉酒是生理性醉酒。刑法规定：醉酒的人犯罪，应当负刑事责任。

3. 犯罪主体的特殊身份的刑事处遇

（1）未成年犯罪人的刑事处遇。

未成年犯罪人的刑事处遇	从宽处理的原则	对追究刑事责任的不满 18 周岁的人，应当从轻或者减轻处罚。
	不适用死刑的原则	犯罪的时候不满 18 周岁的人，不适用死刑。
	不成立累犯的原则	不满 18 周岁的，不构成累犯。
	从宽适用缓刑的原则	对于被判处拘役、三年以下有期徒刑的犯罪分子，同时符合犯罪情节较轻、有悔罪表现、没有再犯罪的危险、宣告缓刑对所居住社区没有重大不良影响的情形，不满 18 周岁的人，应当宣告缓刑。
	免除前科报告义务	犯罪的时候不满 18 周岁被判处五年有期徒刑以下刑罚的人，免除前款规定的报告义务。

（2）老年人的刑事处遇。

老年人的刑事处遇	从宽处理的原则	已满75周岁的人故意犯罪的，可以从轻或者减轻处罚；过失犯罪的，应当从轻或者减轻处罚。
	原则不适用死刑	审判的时候已满75周岁的人，不适用死刑，但以特别残忍手段致人死亡的除外。
	从宽适用缓刑原则	对于被判处拘役、三年以下有期徒刑的犯罪分子，同时符合犯罪情节较轻、有悔罪表现、没有再犯罪的危险、宣告缓刑对所居住社区没有重大不良影响的情形，已满75周岁的人，应当宣告缓刑。

（3）犯罪孕妇的刑事处遇。

犯罪孕妇的刑事处遇	不适用死刑原则	审判的时候怀孕的妇女，不适用死刑。
	从宽适用缓刑原则	对于被判处拘役、三年以下有期徒刑的犯罪分子，同时符合犯罪情节较轻、有悔罪表现、没有再犯罪的危险、宣告缓刑对所居住社区没有重大不良影响的情形，怀孕的妇女，应当宣告缓刑。

（三）单位犯罪

1. 概念

单位犯罪是指公司、企业、事业单位、机关、团体实施的依法应当承担刑事责任的危害社会的行为。

2. 特征

单位犯罪的特征	单位犯罪的主体包括公司、企业、事业单位、机关、团体。
	单位犯罪必须是在单位意志支配下由单位内部成员实施的犯罪，必须经单位集体研究决定或由其负责人员决定实施。
	单位犯罪必须是为了单位的利益。
	单位犯罪必须以单位的名义。
	行为是否在单位成员的职务活动范围内。
	单位犯罪必须由刑法分则条文明确规定。（只有刑法规定单位能够成为犯罪主体的犯罪，才构成单位犯罪。）

3. 处罚原则

单位犯罪的处罚原则	双罚制（主要制度）	单位犯罪的，对单位判处罚金，并对其直接负责的主管人员和其他直接责任人员判处刑罚。
	单罚制	《刑法》分则中，有少数集中单位犯罪采用单罚制，如违规披露、不披露重要信息罪和妨害清算罪，都不处罚作为犯罪主体的单位，只处罚直接责任人员。

六、犯罪主观方面

犯罪主观方面是指犯罪主体对自己的行为及其危害社会的结果所抱的心理态度。包括犯罪故意和犯罪过失两个方面。

（一）犯罪故意

1. 含义

犯罪故意是故意犯罪的主观心理态度。我国《刑法》规定：明知自己的行为会发生危害社会的结果，并且希望或者放任这种结果发生，因而构成犯罪的，是故意犯罪。

2. 类型

犯罪故意的类型	直接故意	行为人明知自己的行为必然或者可能发生危害社会的结果，并且希望这种结果发生的心理态度。	行为人明知自己的行为必然发生危害社会的结果，并且希望这种结果发生的心理态度。	必然发生+希望发生。
			行为人明知自己的行为可能发生危害社会的结果，并且希望这种结果发生的心理态度。	可能发生+希望发生。
	间接故意	行为人明知自己的行为可能发生危害社会的结果，并且放任这种结果发生的心理态度。		可能发生+放任发生。

（二）犯罪过失

1. 概念

犯罪过失是指行为人应当预见自己的行为可能发生危害社会的结果，因为疏忽大意而没有遇见，或者已经预见而轻信能够避免的一种心理态度。

2. 类型

犯罪过失的类型	过于自信的过失	过于自信的过失是指行为人预见到自己的行为可能发生危害社会的结果，但轻信能够避免，以致发生这种结果的心理态度。
	疏忽大意的过失	行为人应当预见到自己的行为可能发生危害社会的结果，因为疏忽大意而没有预见，以致发生这种结果的心理态度。

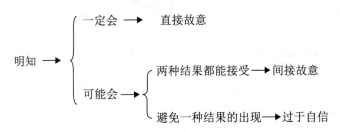

犯罪主观方面的分类

第三节 正当行为

一、正当防卫

（一）正当防卫的含义

正当防卫是为了使国家、公共利益、本人或者他人的人身、财产和其他权利免于遭受正在进行的不法侵害，而对不法侵害者本人实施的制止其不法侵害且未明显超过必要限度的行为。

（二）正当防卫的条件

正当防卫的条件	起因条件	现实的不法侵害。（排除假想防卫、决斗中的重伤死亡。）
	时间条件	不法侵害已经开始尚未结束。（排除防卫不适时，财产犯罪不法侵害延续到追捕过程中。）
	对象条件	针对不法侵害者本人实施。
	主观条件	有明显的防卫意图。
	限度条件	没有明显超过必要限度造成重大损害。

（三）防卫过当

防卫过当	含义	防卫过当是指防卫明显超过必要限度造成重大损害应当负刑事责任的行为。
	刑事责任	防卫过当应当负刑事责任，但应当减轻或者免除处罚。

（四）特殊防卫（无限防卫权）

我国《刑法》第20条第3款规定："对正在进行行凶、杀人、抢劫、强奸、绑架以及其他严重危及人身安全的暴力犯罪，采取防卫行为，造成不法侵害人伤亡的，不属于防卫过当，不负刑事责任。"这种无限防卫权是对正当防卫的基本条件尤其是限度条件的特别规定。这种特殊防卫的成立，依然应当依据正当防卫的基本条件，并结合特殊防卫的附加条件予以综合评判。这意味着特殊防卫权的行使，依然有严格的法律限制。

二、紧急避险

（一）紧急避险的含义

紧急避险是为了使国家、公共利益、本人或者他人的人身、财产和其他权利免于遭受正在发生的危险，不得已采取的损害另一较小合法权益的行为。

（二）紧急避险的条件

紧急避险的条件	起因条件	现实危险。（人的危害行为；动物的侵袭；人的生理疾患；自然灾害等。）
	时间条件	危险已经发生尚未结束（且迫不得已）。
	对象条件	第三人的合法权益。
	主观条件	必须有避险意图。
	限度条件	没有超过必要限度造成不应有的损害。紧急避险不适用职务上、业务上负有特定责任的人。

（三）避险过当的含义

避险过当	含义	避险过当是指紧急避险超过必要限度造成不应有的损害。
	刑事责任	避险过当应当负刑事责任，但应当减轻或者免除处罚。

第四节　故意犯罪的停止形态

一、犯罪既遂

（一）犯罪既遂的含义

犯罪既遂是指行为人所故意实施的行为已经具备了某种犯罪构成要件的全部要素。

（二）犯罪既遂的类型

犯罪既遂的类型	结果犯	不仅要实施具体犯罪构成客观要件的行为，而且必须发生法定的犯罪结果才构成既遂的犯罪。
	行为犯	以法定犯罪行为的完成作为既遂标志的犯罪。
	危险犯	行为人实施的危害行为造成法律规定的发生某种危害结果的危险状态作为既遂标志的犯罪。
	举动犯	按照法律规定，行为人一着手犯罪实行行为即告犯罪完成和完全符合构成要件，从而构成既遂的犯罪。

（三）犯罪既遂的处罚原则

对既遂犯按照刑法分则具体犯罪条文规定的法定刑幅度处罚。

二、犯罪预备

（一）犯罪预备的含义

犯罪预备是故意犯罪过程中未完成犯罪的一种停止状态，是指行为人为实施犯罪创造条件的行为，由于行为人意志以外的原因而未能着手的犯罪停止形态。

（二）犯罪预备的特征

犯罪预备的特征	客观特征	行为人已经开始实施犯罪的预备行为。
		行为人尚未着手犯罪的实行行为。
	主观特征	行为人进行犯罪预备活动的意图和目的是顺利地着手实施和完成犯罪。
		犯罪在实行行为尚未着手时停止下来，从主观上看是违背行为人的意志的，即是由行为人意志以外的原因所致。

（三）犯罪预备的处罚

对预备犯，可以比照既遂犯从轻、减轻处罚或者免除处罚。

三、犯罪未遂

（一）犯罪未遂的含义

犯罪未遂是指犯罪行为没有具备刑法规定的某一犯罪构成的全部要件，或者说犯罪行为没有齐备具体犯罪构成的全部要件。即指犯罪没有既遂，犯罪未得逞。

（二）犯罪未遂的特征

犯罪未遂的特征	客观特征	行为人已经着手实行犯罪，但未完成而停止下来。
	主观特征	未完成形态是由犯罪分子意志以外的原因所致。

（三）犯罪未遂的类型

犯罪未遂的类型	以犯罪实行行为是否实行终了为标准	实行终了的未遂	行为人实施了全部的行为，但未得逞。
		未实行终了的未遂	行为人尚未实施完全部的行为，导致目的未得逞。
犯罪未遂的类型	以行为的实行能否构成犯罪既遂为标准	能犯未遂	犯罪行为有实际可能达到既遂，但由于行为人意志以外的原因未能达到既遂而停止下来的情况。
		不能犯未遂	犯罪人对有关犯罪事实认识错误而使犯罪行为不可能达到既遂的情况。

（四）犯罪未遂的处罚

对于未遂犯，可以比照既遂犯从轻或者减轻处罚。

四、犯罪中止

（一）犯罪中止的含义

犯罪中止，是指在犯罪过程中，行为人自动放弃犯罪或者自动有效地防止犯罪结果发生，因而未完成犯罪的一种犯罪停止形态。

（二）犯罪中止的种类

犯罪中止的种类	自动停止犯罪的犯罪中止。
	自动有效地防止犯罪结果发生的犯罪中止。

（三）犯罪中止的特征

犯罪中止的特征	中止的时间性	犯罪中止既可以存在于预备阶段，也可以存在于实行阶段。犯罪一旦既遂，便没有中止可言。故犯罪中止的及时性对于认定中止有着重要的意义。
	中止的自动性	行为人出于自己的意志而放弃了自认为当时本可继续实施和完成的犯罪。即行为人在主观上自动放弃了犯罪意图，在客观上自动停止了犯罪的继续实施和完成。
	中止的有效性	行为人实施了中止犯罪的行为，并且有效地停止了犯罪行为或者有效地避免了危害结果的发生。
	中止的客观性	中止不只是一种内心状态的转变，还要求客观上有中止行为。在这种情况下，行为人必须是真实地放弃犯罪行为，而不是等待时机继续实施犯罪行为。

（四）犯罪中止的处罚

对于中止犯，没有造成损害的，应当免除处罚；造成损害的，应当减轻处罚。

第五节　共同犯罪

一、共同犯罪的含义

共同犯罪是指二人以上共同故意犯罪。

二、共同犯罪的成立要件

共同犯罪的成立要件	行为人为二人以上	共同犯罪的主体，必须是两个以上达到刑事责任年龄、具有刑事责任能力的人或单位。
	共同的犯罪行为	从犯罪的客观方面来看，构成共同犯罪必须二人以上具有共同的犯罪行为。

续表

共同的犯罪故意	从犯罪的主观方面来看，构成共同犯罪必须二人以上具有共同的犯罪故意。所谓共同的犯罪故意，是指各共同犯罪人认识他们的共同犯罪行为和行为会发生的危害结果，并希望或者放任这种结果发生的心理态度。	

三、不成立共同犯罪的情形

不成立共同犯罪的情形	同时犯	所谓同时犯，是指二人以上没有共同的犯罪故意而同时在同一场所实行同一性质的犯罪。同时犯不成立共同犯罪。
	先后犯	所谓先后犯，是指先后故意实施相关犯罪行为，但彼此没有主观联系的犯罪。先后犯不成立共同犯罪。
	实行犯过限	所谓实行犯过限，是指共同犯罪人超出共同犯罪故意又犯其他罪的犯罪，对其他罪只能由实行该种犯罪行为的人负责，对其余的人不能按共同犯罪论处的情形。
	间接正犯	是指行为人以自己的犯罪意图，利用无责任能力的人或无犯罪意思的人实施犯罪行为，以达到自己的犯罪目的的人。间接正犯与无责任能力人或无犯罪意思人不构成共同犯罪。

四、共同犯罪的既遂标准

一人既遂，全案既遂。

五、共同犯罪的分类

共同犯罪的分类	任意的共同犯罪	含义		任意的共同犯罪，是指刑法分则规定的一个人单独可能实施的犯罪，由二人以上共同实施而形成的共同犯罪。
	必要的共同犯罪	含义		必要的共同犯罪，是指刑法分则规定的犯罪构成以二人以上的行为为要件的犯罪。
		类型	对向性共同犯罪	基于二人以上的互相对向行为构成的犯罪。
			聚合性共同犯罪	以向着同一目标的多数人的共同行为为犯罪构成要件的犯罪。
			集团性共同犯罪	以组织、领导或参加某种犯罪集团为犯罪构成要件的犯罪。（集团犯罪：三人以上为共同实施犯罪而组成的较为固定的组织。）

六、共同犯罪的刑事责任

（一）主犯、从犯、胁从犯的特征及其刑事责任

1. 主犯

（1）主犯的含义。主犯是指组织、领导犯罪集团从事犯罪活动的或者在共同犯罪中起主要作用的主体。

（2）主犯的分类及刑事责任。

	分类	含义	刑事责任
主犯的分类及刑事责任	首要分子	组织、领导犯罪集团进行犯罪活动的犯罪分子。	按照集团所犯的全部罪行处罚。
	其他主犯或首要分子以外的主犯	在共同犯罪中起主要作用的犯罪分子。	按照其所参与的或者组织、指挥的全部犯罪处罚。

2. 从犯

（1）从犯的含义。在共同犯罪中起次要或者辅助作用的，是从犯。

（2）从犯的分类及刑事责任。

	分类	含义	刑事责任
从犯的分类及刑事责任	次要的实行犯	次要的实行犯是指在共同犯罪中起次要作用的犯罪分子。所谓在共同犯罪中起次要作用，指虽然参与实行了某一犯罪构成客观要件的行为，但在共同犯罪活动中所起的作用比主犯小。	对于从犯，应当从轻、减轻或免除处罚。
	帮助犯	帮助犯是指在共同犯罪中起辅助作用的犯罪分子。所谓辅助作用，是指为共同犯罪人实行犯罪创造方便条件，帮助实行犯，而不直接参加实行犯罪构成客观要件的行为。	

3. 胁从犯

（1）胁从犯的含义。胁从犯是指被胁迫参加犯罪的主体。所谓被胁迫参加犯罪活动，是指受到暴力威胁或精神威胁、被迫参加犯罪活动。

（2）胁从犯的刑事责任。对于胁从犯，应当按照他的犯罪情节减轻处罚或者免除处罚。

（二）教唆犯的特征及其刑事责任

1. 教唆犯的含义

教唆犯是指教唆他人犯罪的主体。

2. 构成教唆犯的条件

构成教唆犯的条件	客观条件	必须有教唆他人犯罪的行为。
	主观条件	必须有教唆他人犯罪的故意。

3. 教唆犯的刑事责任

教唆犯的刑事责任	教唆他人犯罪的，应当按照其在共同犯罪中所起的作用处罚。教唆犯在共同犯罪中如果起主要作用，就作为主犯处罚；反之，如果起次要作用，就作为从犯处罚。通常，教唆犯在共同犯罪中都起到主要作用。
	教唆不满18周岁的人犯罪的，应当从重处罚。
	如果被教唆的人没有犯被教唆的罪，对教唆犯可以从轻或者减轻处罚。

第六节　刑　罚

一、主刑

主刑是对犯罪适用的主要刑罚方法。主刑的特点是：只能独立适用，不能附加适用。对一个罪只能适用一种主刑，不能适用两种以上的主刑。

（一）管制

管制	含义	管制，是指对犯罪人依法实行社区矫正的一种刑罚方法，是五种主刑中唯一不剥夺犯罪分子自由的开放性刑种。
	特点	对犯罪分子不予关押，不剥夺其人身自由，而是实行社区矫正。
		虽然管制不剥夺犯罪分子的自由，但要限制犯罪分子一定的自由。其限制的自由包括但不限于离开所居住的市、县或者迁居，离开应当报经执行机关批准；未经执行机关批准，不得行使言论、出版、集会、结社、游行、示威自由的权利等。

续表

		对犯罪分子自由的限制有一定的期限，为 3 个月以上 2 年以下。数罪并罚时，管制的期限不得超过 3 年。判决执行前先行羁押的，羁押 1 日抵 2 日。
		对被判处管制的犯罪分子依法实行社区矫正。

（二）拘役

	含义	管制，是指短期剥夺犯罪分子的自由，就近执行并实行劳动改造的刑罚种类。
拘役	特点	剥夺犯罪分子的自由，使其关押于特定的改造场所进行改造。
		剥夺自由的期限较短，为 1 个月以上 6 个月以下。数罪并罚时，拘役刑期最长不能超过 1 年。判决执行前先行羁押的，羁押 1 日抵 1 日。由公安机关就近执行，即在犯罪分子所在地的看守所执行。
		享有一定的待遇，即在执行期间，每月可回家 1 天~2 天，参加劳动的，可酌情发给报酬。

（三）有期徒刑

	含义	有期徒刑是剥夺犯罪分子一定期限的人身自由，强迫其劳动并接受教育和改造的刑罚方法。
有期徒刑	特点	剥夺犯罪分子的自由，使其在一定的改造场所，使其丧失人身自由。
		有期徒刑的期限为 6 月以上 15 年以下。数罪并罚时候，总刑期不满 35 年的，最高不超过 20 年；总刑期在 35 年以上的，最高不能超过 25 年。判决以前先行羁押的，羁押 1 日抵 1 日。
		在监狱或者其他场所执行。①监狱执行剩余刑期在 3 个月以上的有期徒刑。②未成年犯管教所关押 14 周岁以上不满 18 周岁的犯罪分子。③公安机关执行剩余刑期在 3 个月以下的有期徒刑。
		强迫参加劳动，接受教育和改造。

（四）无期徒刑

无期徒刑	含义	无期徒刑是指剥夺犯罪分子的终身自由，强制其参加劳动并接受教育和改造的刑罚方法。
	特点	将犯罪分子关押于监狱，使其没有人身自由。
		剥夺自由是没有期限的，即剥夺犯罪分子的终身自由。不过，在服刑期间的表现符合法定条件的，可以适用减刑或假释。此外，在国家发布特赦令的情况下，符合特赦条件的无期徒刑罪犯，可以被特赦释放。
		被判处无期徒刑的犯罪分子，除无劳动能力的之外，都必须参加无偿劳动，接受教育和改造。
		羁押时间不能折抵刑期。
		必须附加剥夺政治权利终身。

（五）死刑

死刑	含义		死刑是指剥夺犯罪分子生命的刑罚方法，包括死刑立即执行和死刑缓期二年执行两种情况，是我国法律中最严厉的刑罚，故又称极刑。
	死刑的限制	适用条件的限制	死刑只适用于罪行极其严重者。
		适用对象的限制	犯罪的时候不满 18 周岁的人和审判的时候怀孕的妇女，不适用死刑。
			审判时候已满 75 周岁的，不适用死刑，但以特别残忍手段致人死亡的除外。
		适用程序的限制	最高人民法院核准。
		适用犯罪的性质限制	《刑法修正案（八）》取消了 13 个经济性非暴力犯罪的死刑，《刑法修正案（九）》取消了 9 个非暴力犯罪的死刑。截至目前，我国刑法可判死刑的罪名有 46 个，较之前有大幅减少，说明我国刑法逐渐限制、废止死刑已经基本成为一种不可逆转的趋势。
		执行制度上的限制——死缓制度 / 含义	对于应当判处死刑的犯罪分子，如果不是必须立即执行的，可以判处死刑同时宣告缓期二年执行。
		结果	在死缓执行期间，如果没有故意犯罪，2 年期满后，减为无期徒刑。如果确有重大立功表现，2 年期满以后，减为 25 年有期徒刑。

续表

| | | 对被判处死缓的累犯以及因故意杀人、强奸、抢劫、绑架、放火、爆炸、投放危险物质或者有组织的暴力性犯罪被判处死刑缓期二年执行的犯罪分子，人民法院根据犯罪情节等情况可以同时决定对其限制减刑。 |
| | | 在死缓执行期间，如果故意犯罪，且情节恶劣，应报请最高人民法院核准后执行死刑。对于故意犯罪但没有达到情节恶劣程度而未执行死刑的，应当重新计算死缓执行的期间，并报最高人民法院备案。 |

二、附加刑

附加刑，是补充主刑使用的刑罚方法。附加刑的特点是既可以附加主刑适用，也可以独立适用。在附加适用时，可以同时适用两个以上的附加刑。

（一）剥夺财产

	类别	罚金	没收财产
剥夺财产	定义不同	人民法院判处犯罪分子向国家缴纳一定数额金钱的刑罚方法。	将犯罪分子个人所有财产的一部或者全部强制无偿地收归国有的刑罚方法。
	适用对象不同	适用情节较轻的贪利性犯罪。	适用于危害国家安全罪和破坏社会主义市场经济秩序罪、侵犯财产罪、妨害社会管理秩序罪、贪污贿赂罪中情节较重的犯罪。
	内容不同	剥夺犯罪分子一定数额的金钱，这些金钱不一定是现实所有的。	没收财产是剥夺犯罪分子个人现实所有财产的一部或全部，既可以是没收金钱，也可以是没收其他财物。
	执行方式不同	可以分期缴纳，如果遇到缴纳确有困难，还可以减免。	没收财产只能是一次性没收，不存在分期执行或减免的问题。

（二）剥夺政治权利

剥夺政治权利是剥夺犯罪分子参加国家管理和政治活动权利的刑罚方法。

1. 剥夺政治权利的具体内容

剥夺政治权利的内容	选举权和被选举权。
	言论、出版、集会、结社、游行、示威自由的权利。
	担任国家机关职务的权利。
	担任国有公司、企业、事业单位和人民团体领导职务的权利。

2. 剥夺政治权利的对象

剥夺政治权利的对象	应当附加适用	对危害国家安全的犯罪分子应当附加剥夺政治权利。
		对被判处死刑、无期徒刑的犯罪分子应当附加剥夺政治权利终身。
	可以附加适用	故意杀人、强奸、放火、爆炸、投毒、抢劫等严重破坏社会秩序的犯罪分子可以附加剥夺政治权利。

3. 剥夺政治权利的期限

剥夺政治权利的期限	被判处死刑、无期徒刑的犯罪分子，应当剥夺政治权利终身。
	死刑缓期二年执行减为有期徒刑或者无期徒刑减为有期徒刑时，应当将附加剥夺政治权利的期限改为3年以上10年以下。
	独立适用或者判处有期徒刑、拘役附加剥夺政治权利的期限为1年以上5年以下。
	判处管制附加剥夺政治权利的期限与管制的期限相同。

4. 剥夺政治权利期限的起算与执行

剥夺政治权利期限的起算与执行	判处管制附加剥夺政治权利的，剥夺政治权利的期限与管制的期限同时起算，同时执行。
	被判处有期徒刑、拘役附加剥夺政治权利的，剥夺政治权利的期限，从主刑执行完毕之日或者假释之日起计算。剥夺政治权利的效力当然及于主刑执行期间。
	死刑缓期二年执行减为有期徒刑或者无期徒刑减为有期徒刑，附加剥夺政治权利的期限改为3年以上10年以下，其刑期应当从减刑后的有期徒刑执行完毕之日或者假释之日起计算。犯罪分子在执行有期徒刑期间，当然不享有政治权利。
	独立适用剥夺政治权利的期限的起算，应从判决执行之日起计算。

（三）剥夺居住权

驱逐出境是强迫犯罪的外国人离开中国国（边）境的刑罚方法，是对外国人在中国国（边）境居住权的剥夺，仅适用于外国人而不适用于中国人。

第七节　刑罚裁量

一、累犯

（一）累犯的含义

累犯是指因犯罪而受过一定的刑罚处罚，在刑罚执行完毕或者赦免以后，在法定期限内又犯一定之罪的犯罪人。

（二）累犯的分类

1. 一般累犯

一般累犯	含义	是指因犯罪受过一定的刑罚处罚，刑罚执行完毕或者赦免以后，在法定期限内又犯一定之罪的。
	构成要件	前罪与后罪必须是故意犯罪。如果行为人实施的前后罪均为过失犯罪，或者前后罪其中之一是过失犯罪，则不能构成累犯。
		犯前罪时必须年满 18 周岁。如果犯前罪时不满 18 周岁，即使是故意犯罪，或者犯后罪是故意犯罪且年满 18 周岁，也不构成累犯。
		前罪被判处有期徒刑以上刑罚，后罪应当被判处有期徒刑以上刑罚。如果前罪所判处的刑罚和后罪应当判处的刑罚均低于有期徒刑，或者其中之一低于有期徒刑，则不构成累犯。
		后罪发生时前罪的刑罚执行完毕或者赦免以后 5 年之内。如果后罪发生在前罪的刑罚执行期间，则不构成累犯，应适用数罪并罚。如果后罪发生在前罪的刑罚执行完毕或者赦免 5 年以后，则也不构成累犯。

不构成一般累犯的情形：

不构成一般累犯的情形	假释	被假释的犯罪分子，如果在假释考验期内又犯新罪，则不构成累犯，而应撤销假释，适用数罪并罚。（被假释的犯罪分子，如果在假释考验期满 5 年以内又犯新罪的，则构成累犯。）
	缓刑	如果在缓刑考验期满后又犯罪，则不构成累犯，因为缓刑是附条件的不执行所宣告的刑罚，考验期满原判的刑罚就不再执行了，而不是刑罚已经执行完毕，不符合累犯的构成条件。
		如果在缓刑考验期又犯新罪，也不构成累犯，而应当撤销缓刑，适用数罪并罚。

2. 特别累犯

特别累犯	含义	是指犯危害国家安全罪、恐怖活动犯罪、黑社会性质的组织犯罪的犯罪分子受过刑罚处罚，刑罚执行完毕或者赦免后，在任何时候再犯上述任一类罪之人。即除两次以上犯某种特定罪者外，犯其他罪不构成特别累犯。
	构成要件	前罪和后罪必须都是危害国家安全罪、恐怖活动罪、黑社会性质的组织犯罪其中之一的犯罪。如果前后罪都不是上述任一类罪，或者其中之一不是上述任一类罪，则不能构成特别累犯。但这并不影响成立一般累犯。
		前罪被判处的刑罚和后罪应判处的刑罚的种类及其轻重不受限制。即使前后罪或者其中之一罪被判处或者应判处管制、拘役或者单处某种附加刑，也不影响其成立。
		前罪的刑罚执行完毕或者赦免以后，任何时候再犯上述任一类罪，即构成特别累犯，不受前后两罪相距时间长短的限制。

（三）累犯的刑事责任

对于累犯，应当从重处罚。

二、自首

（一）自首的含义

自首是指犯罪分子犯罪以后投案自首，如实供述自己的罪行的行为。被采取强制措施的犯罪嫌疑人、被告人和正在服刑的罪犯，如实供述司法机关还未掌握的本人其他罪行的，以自首论。

(二) 自首的类型

1. 一般自首

一般自首	含义	是指犯罪分子犯罪以后自动投案，如实供述自己罪行的行为。	
	构成要件	自动投案。	投案行为必须发生在犯罪人尚未归案之前。
			自动投案一般应是基于犯罪分子本人的意志。
			最终必须自愿被置于司法控制之下，等待进一步交代犯罪事实。
		如实供述自己的罪行。	

2. 特别自首

特别自首	含义	是指被采取强制措施的犯罪嫌疑人、被告人和正在服刑的罪犯，如实供述司法机关还未掌握的本人其他罪行的行为。
	构成要件	主体必须是被采取强制措施的犯罪嫌疑人、被告人和正在服刑的罪犯。
		必须如实供述司法机关还未掌握的本人其他罪行。

(三) 自首的刑事责任

对于自首的犯罪分子，可以从轻或者减轻处罚；其中，犯罪较轻的，可以免除处罚。

三、坦白

(一) 坦白的含义

坦白，是指犯罪分子被动归案之后，自己如实交代犯罪事实的行为。

(二) 坦白的刑事责任

具有坦白情节的，可以从轻处罚；避免特别严重后果发生的，可以减轻处罚。

（三）自首和坦白的联系与区别

类别		自首	坦白
自首和坦白的联系与区别	不同之处	犯罪人自动投案。	犯罪人被动归案。
		既可以是已被发觉的罪行，也可以是尚未被发觉的罪行。如果是犯罪嫌疑人、被告人和正在服刑的罪犯的自首，则交代的必须是被指控的罪行以外的罪行。	坦白所交代的只限于已被发觉、被指控的罪行。
		供述自己罪行时的态度是主动的。一般来说，自首的犯罪人认罪时间早，悔罪、悔改的程度高。	供述自己罪行时的态度是被动的。一般来说，坦白的犯罪人认罪时间晚，悔罪、悔改的程度较自首的犯罪人要低。
		自首的人身危险性相对较轻。	坦白的人身危险性相对较重。
	相同之处	两者均以自己实施了犯罪行为为前提。	
		两者都是犯罪人犯罪之后对自己所犯罪行的主观心理态度的外在表现形式。	
		两者都是在归案之后如实交代自己的犯罪事实。	
		两者都是从宽处罚的情节。	

四、立功

（一）立功的含义

立功，是指犯罪分子揭发他人犯罪行为，查证属实，或者提供重要线索，从而得以侦破其他案件等情况的行为。

（二）立功的种类

立功	一般立功	揭发他人犯罪行为，包括共同犯罪案件中的犯罪分子揭发同案犯所参与的共同犯罪以外的其他犯罪行为，查证属实的。
		提供重要线索，从而得以侦破其他案件的。
		协助司法机关抓捕其他罪犯（包括同案犯）的。
		在押期间制止他人犯罪活动的。

续表

	揭发他人重大犯罪行为，查证属实的。
	提供重要线索，从而得以侦破其他重大案件的。
	协助司法机关抓捕其他重要罪犯（包括同案犯）的。
	在押期间制止他人重大犯罪活动的。
	对国家和社会有其他重大贡献的。

（三）立功的刑事责任

犯罪人有立功表现可以从轻或者减轻处罚；有重大立功表现的，可以减轻或者免除处罚。

五、数罪并罚

（一）数罪并罚的含义

数罪并罚，是指人民法院对判决宣告前一人所犯数罪，或者判决宣告后，刑罚执行完毕前发现漏罪或又犯新罪的，在分别定罪量刑后，按照法定的并罚原则及刑期计算方法，决定对其应执行的刑罚的制度。

（二）数罪并罚的原则

1. 数罪并罚原则的概述

	并科原则	也被称为相加原则，是指将一人所犯数罪分别宣告的刑罚绝对相加、合并执行的处罚原则。
数罪并罚的原则	吸收原则	对一人所犯数罪采用重罪之刑吸收轻罪之刑的合并处罚原则。
	限制加重原则	也被称为限制并科原则，是指以一人所犯数罪中法定应当判处或已判处的最重刑罚为基础，再在一定限度之内对其予以加重作为执行刑罚的合并处罚原则。
	折中原则	也被称为混合原则，即根据不同情况以某一并罚原则为主，兼采其他原则。

2. 数罪并罚原则的适用

数罪并罚原则的适用	判决宣告数个死刑或者最重刑为死刑的，采取吸收原则，应决定执行一个死刑，低于死刑的其他主刑不再执行。	
	判决宣告数个无期徒刑或者最重刑为无期徒刑的，采取吸收原则，应决定执行一个无期徒刑，低于无期徒刑的其他主刑不再执行。	
	判决宣告的数个主刑为有期自由刑即有期徒刑、拘役、管制的，区分如下情况分别采取限制加重原则、吸收原则和并科原则。	判决宣告的数个主刑为同一种有期自由刑的，采取限制加重原则。
		判决宣告的数个主刑中有判处有期徒刑和拘役的，采取吸收原则，即执行有期徒刑、拘役不再执行。
		判决宣告中的数个主刑中有判处有期徒刑和管制，或者拘役和管制的，采取并科原则，即有期徒刑、拘役执行完毕后，再执行管制。

（三）不同情况下数罪并罚原则的具体适用

不同情况下数罪并罚原则的具体适用	判决宣告以前一人犯数罪的合并处罚。	判决宣告以前一人犯数罪的，除判处死刑和无期徒刑的以外，应当在总和刑期以下、数刑中最高刑期以上，酌情决定执行的刑期，但是管制最高不能超过 3 年，拘役最高不能超过 1 年，有期徒刑总和刑期不满 35 年的，最高不能超过 20 年，总和刑期在 35 年以上的，最高不能超过 25 年。数罪中有判处附加刑的，附加刑仍须执行，其中附加刑种类相同的，合并执行，种类不同的，分别执行。
	判决宣告以后，刑罚执行完毕以前，发现漏罪的并罚。	判决宣告以后，刑罚执行完毕以前，发现被判刑的犯罪分子在判决宣告以前还有其他罪没有判决的，应当对新发现的罪作出判决，把前后两个判决所判处的刑罚，依照数罪并罚原则，决定执行的刑罚。已经执行的刑期，应当计算在新判决决定的刑期以内。换言之，前一判决已经执行的刑期，应当从前后两个判决所判处的刑罚合并而决定的刑期中扣除。此种刑期计算方法可被概括为"先并后减"。
	判决宣告以后，刑法执行完毕以后，被判刑的犯罪分子又犯罪的并罚。	判决宣告以后，刑罚执行完毕以前，发现被判刑的犯罪分子又犯罪的，应当对新犯的罪作出判决，把前罪没有执行的刑罚和后罪所判处的刑罚，依照数罪并罚原则，决定执行的刑罚。换言之，从前罪已经生效判决决定执行的刑罚中，减去已经执行的刑期，然后将前罪未执行的刑罚与后罪所判处的刑罚合并后再决定应执行的刑罚。此种刑期计算方法可被概括为"先减后并"。

六、缓刑

（一）缓刑的含义

缓刑，是指被告人所犯之罪确认后，在一定期限内不予宣告。在考验期内，如果没有发生应当撤销缓刑的法定事由，即不再宣告对其所科刑罚的制度。

（二）缓刑的条件

缓刑的条件	犯罪分子必须是被判处拘役或者三年以下有期徒刑的刑罚。
	一是犯罪情节较轻；二是有悔罪表现；三是没有再犯罪的危险；四是宣告缓刑对所居住社区没有重大不良影响。
	犯罪分子必须不是累犯和犯罪集团的首要分子。

（三）必须宣告缓刑的对象

满足缓刑条件的不满 18 周岁的，怀孕的妇女、75 周岁的人，应当宣告缓刑。

（四）缓刑的考验期

缓刑的考验期	拘役	拘役的缓刑考验期限为原判刑期以上 1 年以下，但是不能少于 2 个月。
	有期徒刑	有期徒刑的缓刑考验期限为原判刑期以上 5 年以下，但是不能少于 1 年。

（五）缓刑的执行机构

对宣告缓刑的犯罪分子，在缓刑考验期限内，依法实行社区矫正。县级司法行政机关社区矫正机构是缓刑的执行机构，负责对被缓刑的社区矫正人员进行监督管理和教育帮助。司法所承担社区矫正日常工作。

第八节 刑罚执行制度

一、减刑

（一）减刑的定义

对被判处管制、拘役、有期徒刑或者无期徒刑的犯罪分子，因其在刑罚执行期间认真遵守监规，接受教育改造，确有悔改或者立功表现，而适当减轻其原判刑罚的制度。

（二）减刑的条件

减刑的条件	对象条件		减刑的对象只能是被判处管制、拘役、有期徒刑、无期徒刑的犯罪分子。
	实质条件	可以减刑的实质条件	犯罪分子在刑罚执行期间认真遵守监规、接受教育改造、确有悔改表现，或者有立功表现。
		应当减刑的实质条件	犯罪分子在刑法执行期间有重大立功表现。
	限度条件		减刑以后实行执行的刑期，判处管制、拘役、有期徒刑的，不能少于原判刑期的1/2；判处无期徒刑的，无论多少次减刑，实际执行的刑期均不能少于13年；限制减刑的死刑缓期二年执行的犯罪分子，缓期执行期满后依法减为无期徒刑的，不能少于25年，缓期执行期满后依法减为25年有期徒刑的，不能少于20年。

（三）减刑的程序

对于犯罪分子的减刑，由执行机关向中级以上人民法院提出减刑建议书。人民法院应当组成合议庭进行审理，对确有悔改或者立功事实的，裁定予以减刑。

二、假释

（一）假释的含义

假释是指被判处有期徒刑或者无期徒刑的犯罪分子，在执行了一定时间的刑罚之后，如果认真遵守监规，接受教育改造，确有悔改表现，不再致害

社会，司法机关附条件地予以提前释放的一种刑罚执行制度。

（二）假释的条件

假释的条件	对象条件	假释的对象只能是被判处有期徒刑、无期徒刑的犯罪分子。
		不属于累犯。
		不属于因故意杀人、强奸、抢劫、绑架、放火、爆炸、投放危险物质或者有组织的暴力性犯罪被判处十年以上有期徒刑、无期徒刑的犯罪分子。
		不属于因犯贪污罪、受贿罪被判处死刑缓期二年执行且被同时决定在死刑缓期二年执行期满减为无期徒刑后应终身监禁的犯罪分子。
	实质条件	犯罪分子认真遵守监规，接受教育改造，确有悔改表现，没有再犯危险，假释后对其所居住的社区没有重大不良影响。
	限度条件	有期徒刑执行原判刑期 1/2 以上、无期徒刑实质执行 13 年以上，才可以假释。

（三）假释的考验延期

有期徒刑的假释考验期限为没有执行完的刑期；无期徒刑的假释考验期限为 10 年。

（四）假释的程序

对于犯罪分子的减刑，由执行机关向中级以上人民法院提出减刑建议书。人民法院应当组成合议庭进行审理，对确有悔改或者立功事实的，裁定予以减刑。

第九节　刑罚的消灭

一、刑罚消灭的含义

刑罚消灭，是指由于法定的或事实的原因，致使代表国家的司法机关不能对犯罪人行使具体的刑罚权。

二、刑罚的追诉时效

（一）追诉时效的期限

追诉时效的期限	法定最高刑为不满 5 年有期徒刑的，经过 5 年。
	法定最高刑为 5 年以上不满 10 年有期徒刑的，经过 10 年。
	法定最高刑为 10 年以上有期徒刑的，经过 15 年。
	法定最高刑为无期徒刑、死刑的，经过 20 年。如果 20 年后认为必须追诉，须报请最高人民检察院核准。

（二）追诉期限的适用

追诉期限的适用	起算	一般犯罪，从犯罪之日起算。犯罪行为有连续或继续状态的，从犯罪行为终了之日起算。
	中断	在追诉期限内又犯罪，前罪追诉期限从犯后罪之日起算。
	延长	立案侦查后，逃避侦查或审判的，不受追诉期限的限制。
		被害人在追诉期内提出控告，应立案但未立案，不受追诉期限的限制。

三、赦免

（一）赦免的含义

赦免是指国家宣告犯罪人免除其罪、免除其刑的法律制度。

（二）赦免的种类

赦免的种类	类别	大赦	特赦
	定义不同	国家对某一时期内犯有一定之罪的犯罪人免予追诉和免除刑罚执行的制度。	国家对特定的犯罪人免除执行全部或者部分刑罚的制度。
	对象范围不同	涉及的犯罪人的人数比特赦更多。	涉及的犯罪人的人数比大赦更少。
	效果不同	既赦犯罪人之罪，也赦犯罪人之刑。	特赦则只赦犯罪人之刑，不赦犯罪人之罪。

续表

权力行使主体不同	1954 年《宪法》将大赦决定权赋予全国人民代表大会。此后的宪法均未再规定大赦决定权。因此，我国的宪法中的"赦免"是指"特赦"。	最新宪法将特赦决定权赋予全国人民代表大会常务委员会。

（三）我国赦免制度的实践

自 1959 年以来，我国先后进行过 9 次特赦。最近一次的特赦是 2019 年 6 月 29 日，国家主席习近平签署主席特赦令，根据第十三届全国人民代表大会常务委员会第十一次会议表决通过的特赦决定，对部分服刑罪犯予以的特赦。

第二篇　道　德

第一章　道德概述

一、道德的概念

道德是通过社会舆论、内心信念和传统习惯来评价人们的善恶、好坏等行为，调整个人与个人、个人与社会关系的原则和规范的总和。

二、道德的特点

道德的特点	社会性	道德是社会推崇的主流价值和行为规范。作为个体，每个人的行为总会这样或那样地受到社会的影响，也影响到社会。不同时期的社会宣扬的道德规范会有所不同，每一时期宣扬的道德规范均与其存在于其中的社会形态密切相关。
	阶级性	在阶级社会，道德具有阶级性。经济基础决定上层建筑，道德作为上层建筑，必然受到经济基础的决定性影响。统治阶级总会利用自己的强势话语权宣扬符合自己阶级意志的道德，以便维护自身的统治。
	共同性	同一社会的不同阶级，甚至不同社会的不同阶级的道德之间，由于类似或相同的经济条件、文化背景和民族心理而存在着某些类似或相同的特性。
	历史继承性	当代社会的道德都是在对以往社会道德的继承和发展，势必与以往的社会道德保持部分的一致性。
	相对稳定性	随着经济的发展，作为上层建筑的道德也在变化，但是这种变化不是一种质变、不是一种流变，而是一种渐变，在这种渐变中保持着相对的稳定性。
	实践性	实践是道德的基础，也是道德的目的和归宿。道德是同人们的行为联系在一起的，道德规范转化为外在的效果，必然通过社会实践。

三、道德的起源

马克思主义认为,道德是社会关系的产物,是人类在物质生活条件和长期的社会实践中产生和形成的。归根到底,劳动才是道德产生的唯一根源,因为劳动创造了人,也创造了社会关系和人的意识。所以,社会关系是道德产生的客观条件,人的意识是道德产生的主观条件。

四、道德的本质

道德既是一种社会意识形态,又是一种社会上层建筑。作为社会意识形态是被社会存在决定的,作为上层建筑是被经济基础决定的。

五、道德的功能

道德的功能	评价功能	道德以善恶和好坏为标准对人们进行道德评价,引导人们形成正确的道德认知,从而自觉调节自身道德行为,为认知功能和调节功能的实现提供价值引领。
	认识功能	道德反映社会关系特别是反映社会经济关系的功效与能力。道德往往借助于道德观念、道德理想、道德准则等形式,帮助人们正确认识社会道德生活的规律和原则,认识自己对社会、他人和家庭的道德义务和责任,使人们的道德选择、道德行为建立在明辨善恶的道德认识基础上,从而正确选择自己的道德行为,积极塑造自身的善良道德品质。
	调节功能	道德通过评价等方式,指导和纠正人们的行为和实践活动,协调社会关系和人际关系的功效与能力。道德评价是道德调节的主要形式,社会舆论、传统习惯和人们的内心信念是道德调节所赖以发挥作用的力量。道德的调节功能主要是不断调节社会整体和个人的关系,调节个人与个人的关系,使个人、社会与他人的关系逐步完善和谐。道德调节并不是孤立进行的,而是和其他社会调节手段,主要是和法律、纪律密切配合,共同发挥调节作用。

道德除了上述主要功能外,道德还有教育功能、激励功能、规范功能、导向功能、辩护功能、平衡功能、服务功能、沟通功能等。

六、道德与法律的联系与区别

	道德	法律
联系	(1) 法律与道德都属于调整社会关系和人的行为的社会规范，二者的受众都较为广泛，都得到一定程度的认可，并且都对相对受众具有一定的规范效力。 (2) 法律与道德相互影响、相互作用：法律规范必须要有道德作为价值基础，道德的状况制约着立法的发展；道德对法的实施起着不可忽视的促进作用，道德是法的传播标准和推动力量；同时，法律也为道德提供了保障。	
区别	道德则建立在人们的信仰或确信的基础上，通过人们的内心起作用，不具有强制性，只是一种内在的约束力。	法律是一种以公共权力为后盾的、具有特殊强制性的社会规范。
	在大多数情况下，道德是社会对人们的要求，不以制度的形式给到公众。	不管是成文法还是不成文法，法律都是以制度的形式传递给公众，并对人们的生活进行约束。
	道德规定义务，轻视权利，不承认利益，仅仅提倡对社会、对他人的责任和义务。	法律既重视权利，又重视义务，强调权利与义务的统一。
	道德是在日常社会生活中逐渐形成的价值规范，是一种自下而上的意志。	法律是国家制定的，是国家意志的体现，是一种自上而下的要求。
	道德的形式多样多种，并且没有程序上的要求和规定。	法律是有着严格程序规定的规范，是一个程序制度化的体系或者制度化解决问题的程序。

第二章　公民道德建设

第一节　公民道德建设概述

中共中央于 2001 年 9 月 20 日印发了《公民道德建设实施纲要》，对新形势下的道德建设产生积极而深远的影响。2003 年 9 月 11 日中央精神文明建设指导委员会决定，将中央印发《公民道德建设实施纲要》的 9 月 20 日定为"公民道德宣传日"。2023 年 9 月 20 日是第 20 个公民道德宣传日。

一、公民道德建设的重要性、紧迫性与长期性

1. 重要性

思想道德建设是精神文明建设的灵魂，是精神文明建设的根本问题，决定着精神文明建设的性质和方向，对社会的政治经济发展有巨大的能动作用。社会主义道德建设是发展先进文化的重要内容。在新世纪全面建成小康社会，加快改革开放和现代化建设步伐，顺利实现第三步战略目标，必须在加强社会主义法制建设、依法治国的同时，切实加强社会主义道德建设、以德治国，把法制建设与道德建设、依法治国与以德治国紧密结合起来，通过公民道德建设的不断深化和拓展，逐步形成与发展社会主义市场经济相适应的社会主义道德体系。这是提高全民族素质的一项基础性工程，对弘扬民族精神和时代精神，形成良好的社会道德风尚，促进物质文明与精神文明协调发展，全面推进建设中国特色社会主义伟大事业，具有十分重要的意义。

2. 紧迫性

党的十一届三中全会特别是十四大以来，随着改革开放和现代化建设事业的深入发展，社会主义精神文明建设呈现出积极健康向上的良好态势，公

民道德建设迈出了新的步伐。爱国主义、集体主义、社会主义思想日益深入人心，为人民服务精神不断发扬光大，崇尚先进、学习先进蔚然成风，追求科学、文明、健康生活方式已成为人民群众的自觉行动，社会道德风尚发生了可喜变化，中华民族的传统美德与体现时代要求的新的道德观念相融合，成了我国公民道德建设发展的主流。

但是，我国公民道德建设方面仍然存在着不少问题。社会的一些领域和一些地方道德失范，是非、善恶、美丑界限混淆，拜金主义、享乐主义、极端个人主义有所滋长，见利忘义、损公肥私行为时有发生，不讲信用、欺骗欺诈成为社会公害，以权谋私、腐化堕落现象严重存在。这些问题如果得不到及时有效的解决，必然会损害正常的经济和社会秩序，损害改革发展稳定的大局，应当引起全党全社会的高度重视。

3. 长期性

加强公民道德建设是一项长期而紧迫的任务。面对社会经济成分、组织形式、就业方式、利益关系和分配方式多样化的趋势，面对全面建成小康社会，人民群众的精神文化需求不断增长（社会转型的艰巨性），面对世界范围各种思想文化的相互激荡（世界多元价值的冲击），道德建设有许多新情况、新问题和新矛盾需要研究解决。必须适应形势发展的要求，抓住有利时机，巩固已有成果，加强薄弱环节，积极探索新形势下道德建设的特点和规律（道德养成的长期性），在内容、形式、方法、手段、机制等方面努力改进和创新，把公民道德建设提高到一个新的水平。

二、公民道德建设的指导思想

以马克思列宁主义、毛泽东思想、邓小平理论为指导，全面贯彻江泽民同志"三个代表"重要思想，坚持党的基本路线、基本纲领，重在建设、以人为本，在全民族牢固树立建设有中国特色社会主义的共同理想和正确的世界观、人生观、价值观，在全社会大力倡导"爱国守法、明礼诚信、团结友善、勤俭自强、敬业奉献"的基本道德规范，努力提高公民道德素质，促进人的全面发展，培养一代又一代有理想、有道德、有文化、有纪律的社会主义公民（四有公民）。

三、公民道德建设的方针原则

公民道德建设的方针原则	坚持社会主义道德建设与社会主义市场经济相适应。
	坚持继承优良传统与弘扬时代精神相结合。
	坚持尊重个人合法权益与承担社会责任相统一。
	坚持注重效率与维护社会公平相协调。
	坚持把先进性要求与广泛性要求结合起来。
	坚持道德教育与社会管理相配合。

四、公民道德建设的内容

公民道德建设的内容	核心	为人民服务。
	原则	集体主义。
	基本要求	爱祖国、爱人民、爱劳动、爱科学、爱社会主义。
	着力点	社会公德、职业道德、家庭美德+（个人品德：新纲要）。
	重点	诚实守信。

★知识延伸：为人民服务的提出过程和意义

为人民服务	提出过程	1944年，毛泽东同志在纪念张思德追悼会上作《为人民服务》的演讲，后形成《为人民服务》一文，在该文中首次鲜明提出了"为人民服务"的观点。
		1945年，党的七大明确地把"全心全意为人民服务"作为党的宗旨，写进了党章。
	意义	为人民服务是社会主义社会中调节个人与个人、个人与社会关系的最高规范和准则。
		为人民服务是社会主义道德建设的出发点和落脚点。
		为人民服务是社会主义道德和共产主义道德的集中体现。
		为人民服务是道德区别和优越于其他社会形态道德的显著标志。
		为人民服务是社会主义道德建设的最高表现和核心所在。

★知识延伸：为人民服务的提出过程和意义

在社会主义社会，人民当家作主，国家利益、集体利益和个人利益根本上的一致，使集体主义成了调节三者利益关系的重要原则。要把集体主义精神渗入社会生产和生活的各个层面，引导人们正确认识和处理国家、集体、个人的利益关系，提倡个人利益服从集体利益、局部利益服从整体利益、当前利益服从长远利益，反对小团体主义、本位主义和损公肥私、损人利己，把个人的理想与奋斗融入广大人民的共同理想和奋斗。

集体主义	主要内容	集体利益的首要性。
		个人利益的正当性。
		集体利益和个人利益的结合性。
	三个层次	无私奉献的最高层次。它要求人们时时处处严于律己，自觉地为他人、为社会多作贡献，不计报酬，具有共产主义的劳动态度。（对党员干部和先进分子所提的要求。）
		先公后私的普遍层次。它要求人们在坚持社会整体利益高于个人利益的前提下，谋取个人的正当利益，自觉做到先公后私、先人后己。（对广大工人、农民、知识分子所提的普通要求。）
		义利兼顾的基础层次。它要求人们通过正当途径和合法手段来追求自己的物质利益，"君子爱财，取之有道"。要合法经营，诚实劳动，"以礼待人，以义应事""见利思义""义然后取"。要顾全大局，正确处理国家、集体、个人三者之间利益关系。（对每一个公民所提的应有的基本道德要求，是起码的道德行为限度。）

五、公民道德建设的主体及任务

公民道德建设的主体及任务	提高公民道德素质，教育是基础。
	家庭是人们接受道德教育最早的地方。
	学校是进行系统道德教育的重要阵地。
	机关、企事业单位是对公民进行道德教育的重要场所。
	社会是进行公民道德教育的大课堂。
	家庭、学校、机关、企事业单位和社会在公民道德教育方面各有侧重、各有特点，是相互衔接、密不可分的统一整体。

公共基础知识

第二节　社会主义公民道德规范

一、公民道德基本规范

基本规范		含义	调整的关系
公民道德基本规范	爱国守法	爱国主义和守法遵纪。	规范公民与国家的关系。
	明礼诚信	文明礼貌和诚实守信。	规范公民与国家的关系。
	团结友善	人与人之间团结合作、互相帮助、友好相处、与人为善等。	规范公民与公民之间的道德关系。
	勤俭自强	勤劳节俭和自主自强、自尊自励、生命不止、奋斗不息。	对公民个人提出来的道德要求。
	敬业奉献	专心致志于工作，一心为他人、为人民、为社会、为国家、为民族做贡献。	敬业是规范公民与职业的道德关系；奉献是规范公民与社会的道德关系和对待他人的道德责任。

二、社会公德

社会公德的相关知识	含义	社会公德是全体公民在社会交往和公共生活中应该遵循的行为准则，涵盖了人与人、人与社会、人与自然之间的关系。
	特点	（1）基础性。社会公德是社会道德体系的基础层次，是为维护社会公共生活的正常进行而提出的最基本的道德。
		（2）全民性。社会公德是社会全体成员都必须遵守的道德规范，具有最广泛的群众性和适用范围。
		（3）相对稳定性。社会公德是随着时代精炼下来的调整公共生活的经验结晶。
		（4）简明性。社会公德简单、明了、具体，全体社会成员都能理解。
	内容	文明礼貌、助人为乐、爱护公物、保护环境、遵纪守法

★**知识延伸：助人为乐**

助人为乐	含义	助人为乐就是把帮助别人当作快乐，就是关爱人、关心人，就是成人之美、济人之难、解人之困。这是社会主义人道主义的反映，是一个有道德的、高尚的人的标志。
	特点	(1) 要有善良的动机和出发点。帮助别人是出于对他人的爱心和关心，是尽己所能，解除他人困难，使他人获得快乐和幸福。出于个人私心杂念，或仅仅为了获得报偿而去帮助人，都不能算是助人为乐。
		(2) 助人要有实实在在的结果。确实是帮助别人脱离了困境，或确实方便了他人，使别人感到快乐、幸福。只有助人的良好愿望，却没有在实际中使人得到有效帮助，也不能算助人为乐。
		(3) 助人要长期积累。助人不断去做，要靠长期修养，形成内心自觉的习惯。所以也不能把助人为乐理解成一时一刻的群众运动
		(4) 助人为乐的形式有很多。可以是在工作中充分理解人、主动关心人、热心帮人，想群众所想，急群众所急，办群众所需；可以是在日常生活中经常帮助别人，如同事、同学、朋友、亲戚等；可以是经常参与公益事业，发扬"一方有难、八方支援"的精神，体现自己的爱心、同情心和牺牲精神；可以是为发生自然灾害地区的人民捐助衣物；可以是为需要医疗、救护、看守的贫弱者提供帮助；可以是积极参加慈善活动，参加志愿者行动等。
		(5) 特别要关注、关爱弱势群体。保护儿童，尊重妇女，尊敬老人，关心和帮助鳏寡孤独和残疾人。

三、职业道德

职业道德的相关知识	含义	职业道德，就是从事一定职业的人们在特殊的职业关系中，在长期职业活动的基础上形成的具有自身职业特征的，在履行职责的过程中，理应遵循的道德规范和行为准则的总和。
	特点	(1) 鲜明的行业性。
		(2) 适用范围的有限性。
		(3) 发展的历史继承性。
		(4) 表达形式多种多样。
		(5) 强烈的纪律性。
	内容	爱岗敬业、诚实守信、办事公道、服务群众（热情服务）、奉献社会。

★知识延伸：职业道德内容的具体要求

职业道德内容的具体要求	爱岗敬业	爱岗就是热爱自己的工作岗位，热爱自己的本职工作。敬业就是用一种恭敬严肃的态度对待自己的工作，勤勤恳恳、兢兢业业、忠于职守、尽职尽责。爱岗敬业是职业道德的核心和基础，是职业道德最基本、最起码、最普通的要求，社会主义主人翁精神的表现。
	诚实守信	诚实，就是忠诚老实。守信，就是信守诺言。诚实守信是职业生活的基本规范，是职业在社会中生存和发展的基石。诚实守信是做人之本、立事之基、为政之根。对于个人来说，诚实守信代表一个人的人格；对于企业来说，诚实守信代表一个企业的生命；对于政府来说，诚实守信代表政府的威望。
	办事公道	办事公道，是指从业人员在从事职业活动时公平、公正、合理，秉公办事，主持正义。办事公道，是处理职业内外关系的重要行为准则，是一切行业、岗位必须遵守的职业道德。
	服务群众/热情服务	服务的基本含义就是提供解决问题、满足需要的措施。服务群众的就是为人民服务、为人民办事情，是为人民服务精神更具体的表现。服务群众是职业道德要求目标指向的最终归宿。
	奉献社会	奉献社会就是积极自觉地为社会做贡献。奉献就是不论从事任何职业，从业人员的目的不是为个人、家庭，也不是为了名和利，而是为了有益于他人，为了有益于国家和社会。奉献社会体现在爱岗敬业、诚实守信、办事公道和服务群众的各项要求之中，它是社会主义职业道德的最高要求、最终目标和最高境界。奉献社会要求做到以下四点：要立足本职，尽职尽责；要树立正确的义利观；正确处理奉献与获得（索取）的关系；关心社会公益事业，为社会公益事业贡献一份力量。

四、家庭美德

家庭美德的相关知识	含义	每个公民在家庭生活中都应该遵循的行为准则，涵盖了夫妻、长幼、邻里之间的关系。家庭美德规范是家庭关系的调节手段和社会评价标准。
	内容	尊老爱幼、男女平等、夫妻和睦、勤俭持家、邻里团结（邻里互助）。

★知识延伸：加强邻里团结的"四互"要求

加强邻里团结、建设良好邻里关系，要做到"四互"，即互尊、互助、互谅、互让。

第三章　新时代公民道德建设

　　2019 年 10 月，中共中央、国务院印发《新时代公民道德建设实施纲要》，对于坚持以习近平新时代中国特色社会主义思想为指导，全面总结近些年道德建设的成绩和经验，准确把握道德建设领域存在的不足和问题，科学分析新时代对公民道德建设提出的新要求具有十分重要的意义。

　　中国特色社会主义进入新时代，加强公民道德建设、提高全社会道德水平，是全面建成小康社会、全面建设社会主义现代化强国的战略任务，是适应社会主要矛盾变化、满足人民对美好生活向往的迫切需要，是促进社会全面进步、人的全面发展的必然要求。

一、指导思想

　　以习近平新时代中国特色社会主义思想为指导，紧紧围绕进行伟大斗争、建设伟大工程、推进伟大事业、实现伟大梦想，着眼构筑中国精神、中国价值、中国力量。促进全体人民在理想信念、价值理念、道德观念上紧密团结在一起，在全民族牢固树立中国特色社会主义共同理想，在全社会大力弘扬社会主义核心价值观。积极倡导富强民主文明和谐、自由平等公正法治、爱国敬业诚信友善，全面推进社会公德、职业道德、家庭美德、个人品德建设，持续强化教育引导、实践养成、制度保障，不断提升公民道德素质，促进人的全面发展，培养和造就担当民族复兴大任的时代新人。

二、总体要求

新时代公民道德建设的总体要求	坚持马克思主义道德观、社会主义道德观，倡导共产主义道德，以为人民服务为核心，以集体主义为原则，以爱祖国、爱人民、爱劳动、爱科学、爱社会主义为基本要求，始终保持公民道德建设的社会主义方向。

续表

新时代公民道德建设的总体要求	坚持以社会主义核心价值观为引领，将国家、社会、个人层面的价值要求贯穿到道德建设各方面，以主流价值建构道德规范、强化道德认同、指引道德实践，引导人们明大德、守公德、严私德。	
	坚持在继承传统中创新发展，自觉传承中华传统美德，继承我们党领导人民在长期实践中形成的优良传统和革命道德，适应新时代改革开放和社会主义市场经济发展要求，积极推动创造性转化、创新性发展，不断增强道德建设的时代性实效性。	
	坚持提升道德认知与推动道德实践相结合，尊重人民群众的主体地位，激发人们形成善良的道德意愿、道德情感，培育正确的道德判断和道德责任，提高道德实践能力尤其是自觉实践能力，引导人们向往和追求讲道德、尊道德、守道德的生活。	
	坚持发挥社会主义法治的促进和保障作用，以法治承载道德理念、鲜明道德导向、弘扬美德义行，把社会主义道德要求体现到立法、执法、司法、守法之中，以法治的力量引导人们向上向善。	
	坚持积极倡导与有效治理并举，遵循道德建设规律，把先进性要求与广泛性要求结合起来，坚持重在建设、立破并举，发挥榜样示范引领作用，加大突出问题整治力度，树立新风正气，祛除歪风邪气。	

三、主要内容

	四德	要求	目标
新时代公民道德建设的主要内容	社会公德	文明礼貌、助人为乐、爱护公物、保护环境、遵纪守法。	好公民
	职业道德	爱岗敬业、诚实守信、办事公道、热情服务、奉献社会。	好建设者
	家庭美德	尊老爱幼、男女平等、夫妻和睦、勤俭持家、邻里互助。	好成员
	个人品德	爱国奉献、明礼遵规、勤劳善良、宽厚正直、自强自律。	好品行

四德建设是新时代公民道德建设的着力点。

四、重点任务

重点任务	重点任务的作用	重点任务的具体要求
新时代公民道德建设的重点任务		
筑牢理想信念之基	信仰信念指引人生方向，引领道德追求。	要坚持不懈用习近平新时代中国特色社会主义思想武装全党、教育人民。在全社会广泛开展理想信念教育，深化社会主义和共产主义宣传教育，深化中国特色社会主义和中国梦宣传教育。
培育和践行社会主义核心价值观	社会主义核心价值观是当代中国精神的集中体现，是凝聚中国力量的思想道德基础。	要持续深化社会主义核心价值观宣传教育；把社会主义核心价值观要求融入日常生活；坚持德法兼治，以道德滋养法治精神，以法治体现道德理念。
传承中华传统美德	中华传统美德是中华文化精髓，是道德建设的不竭源泉。	要以礼敬自豪的态度对待中华优秀传统文化，充分发掘文化经典、历史遗存、文物古迹承载的丰厚道德资源，弘扬古圣先贤、民族英雄、志士仁人的嘉言懿行。深入阐发中华优秀传统文化蕴含的讲仁爱、重民本、守诚信、崇正义、尚和合、求大同等思想理念，深入挖掘自强不息、敬业乐群、扶正扬善、扶危济困、见义勇为、孝老爱亲等传统美德，并结合新的时代条件和实践要求继承创新。
弘扬民族精神和时代精神	以爱国主义为核心的民族精神和以改革创新为核心的时代精神，是中华民族生生不息、发展壮大的坚实精神支撑和强大道德力量。	要深化改革开放史、新中国历史、中国共产党历史、中华民族近代史、中华文明史教育，弘扬中国人民伟大创造精神、伟大奋斗精神、伟大团结精神、伟大梦想精神，倡导一切有利于团结统一、爱好和平、勤劳勇敢、自强不息的思想和观念，构筑中华民族共有精神家园。要继承和发扬党领导人民创造的优良传统，传承红色基因，赓续精神谱系。要紧紧围绕全面深化改革开放、深入推进社会主义现代化建设，大力倡导解放思想、实事求是、与时俱进、求真务实的理念，倡导"幸福源自奋斗""成功在于奉献""平凡孕育伟大"的理念，弘扬改革开放精神、劳动精神、劳模精神、工匠精神、优秀企业家精神、科学家精神，使全体人民保持昂扬向上、奋发有为的精神状态。

五、深化道德教育引导

新时代公民道德建设的教育引导	教育主体	主体责任	主体作用
	学校	把立德树人贯穿学校教育全过程。	学校是公民道德建设的重要阵地。要全面贯彻党的教育方针，坚持社会主义办学方向，坚持育人为本、德育为先。
	家庭	用良好家教家风涵育道德品行。	家庭是社会的基本细胞，是道德养成的起点。要弘扬中华民族传统家庭美德，倡导现代家庭文明观念，推动形成爱国爱家、相亲相爱、向上向善、共建共享的社会主义家庭文明新风尚。
	模范	以先进模范引领道德风尚。	伟大时代呼唤伟大精神，崇高事业需要榜样引领。
	舆论	以正确舆论营造良好道德环境。	舆论具有成风化人、敦风化俗的重要作用。
	文艺作品	以优秀文艺作品陶冶道德情操。	文以载道，文以传情，文以植德。要把培育和弘扬社会主义核心价值观作为根本任务，坚持以人民为中心的创作导向。
	各类阵地	发挥各类阵地道德教育作用。	各类阵地是面向广大群众开展道德教育的基本依托。如融媒体，特别是县级融媒体；爱国主义教育基地和革命纪念设施、宣传栏、显示屏、广告牌等。
	重点群体	抓好重点群体的教育引导。	党员干部的道德操守直接影响着全社会道德风尚，青少年是国家的希望、民族的未来，社会公众人物知名度高、影响力大。三者都是重点群体。

六、抓好网络空间道德建设

新时代公民道德建设网络空间道德建设	主要措施	具体要求
	加强网络内容建设	深入实施网络内容建设工程，发展积极向上的网络文化，加强网上热点话题和突发事件的正确引导、有效引导，让正确道德取向成为网络空间的主流。
	培养文明自律网络行为	网上行为主体的文明自律是网络空间道德建设的基础。要建立和完善网络行为规范；推动互联网企业自觉履行主体责任、主动承担社会责任，加强网络从业人员教育培训；倡导文明上网，广泛开展争做中国好网民活动。

续表

丰富网上道德实践	互联网为道德实践提供了新的空间、新的载体。要积极培育和引导互联网公益力量，壮大网络公益队伍；加强网络公益宣传；拓展"互联网+公益""互联网+慈善"模式，广泛开展形式多样的网络公益、网络慈善活动；加强网络公益规范化运行和管理，完善相关法规制度，促进网络公益健康有序发展。
营造良好网络道德环境	加强互联网管理，正能量是总要求，管得住是硬道理，用得好是真本事。要严格依法管网治网，加强互联网领域立法执法，开展网络治理专项行动，加大对网上突出问题的整治力度，依法惩治网络违法犯罪，促进网络空间日益清朗。

第三篇　科学与技术

第一章　科学常识

一、热力学

热力学理论	热力学 三大定律	热力学三大定律的内容	
热力学理论：热力学主要是从能量转化的观点来研究物质的热性质，它揭示了能量从一种形式转换为另一种形式时遵从的宏观规律。属于物理学的分支，它与统计物理学分别构成了热学理论的宏观和微观两个方面。	热力学 第一定律	即能量守恒定律，物体内能的增加等于物体吸收的热量和对物体所作的功的总和。即热量可以从一个物体传递到另一个物体，也可以与机械能或其他能量互相转换，但是在转换过程中，能量的总值保持不变。这一定律指出，物质和能量既不能被消灭也不能被创造，曾一度被无神论当作宇宙永恒的根据。	
	热力学 第二定律	克劳修斯的表述：热量可以自发地从温度高的物体传递到温度低的物体，但不可能自发地从温度低的物体传递到温度高的物体。	根据热力学第二定律的定性表述，可以证明系统存在一个态函数——熵。它告诉我们，宇宙不是在进化，乃是在退化之中。曾长期在美国西北大学执教的物理学家贝壳博士指出，"我们的宇宙中熵值有增高的倾向""我们有充分的理由相信，宇宙像一个发条逐渐慢下来的大时钟"。诚然，我们也可以观察到一些暂时逆热力学的自然现象，如生命现象，动植物由受精卵开始，从简到繁、从不分化到分化，最后成为完整的动物或支柱。之所以说"暂时"，是因为这些动植物最后也要衰老、死亡和解体。
		普朗克的表述：热量可以自发地从温度高的物体传递到温度低的物体，但不可能自发地从温度低的物体传递到温度高的物体。	
	热力学 第三定律	绝对零度时，所有纯物质的完美晶体的熵值为零，或者绝对零度（T=0K）不可达到。	

二、分子运动论

<table>
<tr><td rowspan="5">分子运动论</td><td>概念</td><td>分子运动论是关于物质运动的微观理论，能很好地把物质的宏观现象和微观本质联系起来。它从物质的微观结构出发来阐述热现象的规律，并以分子运动的集体行为来说明物质的有关物理性质，特别是热力学特性。</td></tr>
<tr><td rowspan="3">主要内容</td><td>一切物体都是由大量分子构成的，分子之间有空隙。</td></tr>
<tr><td>分子处于不停息的，无规则的运动状态，这种运动称为"热运动"。</td></tr>
<tr><td>分子间存在着相互作用着的引力和斥力。</td></tr>
<tr><td>意义</td><td>分子运动论是对热现象给予解释的理论，它以气体分子为理想模型来说明气体的温度、压强、扩散等宏观热现象。它以大量其他分子的随机运动来说明在宏观上具有稳定性的热现象，在宏观与微观、确定性与随机性之间架起一座桥梁。</td></tr>
</table>

三、电磁理论

<table>
<tr><td rowspan="6">电磁理论</td><td>概念</td><td>电磁学是研究电、磁和电磁相互作用现象及其规律和应用的物理学分支学科。它从原来互相独立的两个学科发展成为物理学中一个完整的分支学科，主要是基于两个重要的实验发现，即电流的磁效应和变化的磁场的电效应。这两个实验现象，加上麦克斯韦关于变化电场产生磁场的假设，奠定了电磁学的整个理论体系。</td></tr>
<tr><td rowspan="3">物理学家的贡献</td><td>英国物理学家迈克尔·法拉第在1831年发现了电磁感应。</td></tr>
<tr><td>英国物理学家、数学家麦克斯韦在潜心研究法拉第关于电磁学方面的新理论和思想之后，坚信法拉第的新理论包括真理。他在前人成就的基础上，对整个电磁现象作了系统、全面的研究，将电磁场理论用简洁、对称、完美的数学形式表示出来，经后人整理和改写，成为经典电动力学主要基础的麦克斯韦方程组。麦克斯韦方程组的一个重要结果，就是预言了电磁波的存在。</td></tr>
<tr><td>1888年，德国物理学家赫兹用实验验证了电磁波的存在，有力地证明了麦克斯韦的理论假设。</td></tr>
<tr><td>传播速度</td><td>电磁波在真空中的传播速度（波速）为一定值，即（真空中）光速，记为 c，$c = 299\ 792\ 458\text{m/s}$，电磁波既可以在真空中传播，也可以在介质中传播，不过在介质中波速会降低。在一般情况下，电磁波在气体、液体、固体中波速依次降低。</td></tr>
<tr><td>应用</td><td>电磁波在日常生活中，主要应用于手机通信、卫星信号、导航、遥控、定位、电视机、收音机、家电（微波炉、电磁炉）红外波、工业、医疗器械等方面。</td></tr>
</table>

四、相对论

相对论的定义	相对论是关于时空和引力的理论，是物质运动与空间、时间关系的理论，揭示了时间、空间与物质运动的不可分。它极大地改变了人类对宇宙和自然的"常识性"观念，提出了"同时的相对性""四维时空""弯曲时空"等全新的概念。20 世纪初，相对论由爱因斯坦创立并和其他物理学家一起发展和完善。相对论和量子力学的提出给物理学带来了革命性的变化，它们共同奠定了现代物理学的基础。	
分类	狭义相对论	广义相对论
提出时间	1905 年创立。	1915 年完成，1916 年正式发表。
基本假设	两条基本假设：①狭义相对性原理（狭义协变性原理），即在一切惯性参照系中，物理基本规律表现的形式都一样，都用同样一组数学方程来表达。②光速不变原理，即对于任何一个光源放出来的光，在一切惯性参照系中测量其传播速率，得到的数值都是一样的。	三条基本假设：①光谱线在引力场中发生"红移"（即潜线的频率将会减小）。②内行星轨道近日点的运动（行星绕太阳运动的椭圆轨道平面慢慢地进动）。③光纤在太阳引力场内发生偏折。
内容	在狭义相对论中，空间和时间是密切联系的统一体，空间的距离是相对的，时间的长短也是相对的。相对论力学的另一个重要结论是，一个具有质量 m 的物质一定具有能量 E，它们之间存在这样的关系：$E = mc^2$，其中 c 为光速，即使物体静止不动也是如此。在相对论力学中，光速是机械运动的极限，不可逾越。当物体的速度无限接近光速时，它的能量、动量、惯性质量都将趋于无穷大，这在高能物理实验中得到了证实。	爱因斯坦曾经一度试图把万有引力定律纳入相对论的框架，几经失败后，他终于认识到，狭义相对论容纳不了万有引力定律。于是，他将狭义相对性原理推广到广义相对性，又利用在局部惯性系中万有引力与惯性力等效的原理，建立了用弯曲时空的黎曼几何描述引力的广义相对论理论。因此，广义相对论是一种关于万有引力本质的理论。
应用	当物体运动速度远远小于光速时，相对论力学定律就趋近于牛顿力学定律，因此，在低速运动中，牛顿力学仍然是很好的相对真理。	广义相对论在天体物理学中有着非常重要的应用，即它直接推导出某些大质量恒星会终结为一个黑洞——时空中的某些区域发生极度的扭曲以至于连光都无法逸出；能够形成黑洞的恒星最小质量称为奥本海默极限。

续表

区别	狭义相对论只适用于惯性系，它的时空背景是平直的四维时空，即四维平凡流型配以闵氏度规，其曲率张量为零，又称闵氏时空。	广义相对论则适用于包括非惯性系在内的一切参考系，其曲率张量不为零，它的时空背景是弯曲的黎曼时空。

五、量子力学

	研究内容	是研究物质世界微观粒子运动规律的物理学分支，主要研究原子、分子、凝聚态物质，以及原子核和基本粒子的结构、性质的基础理论。它与相对论一起构成现代物理学的理论基础。
量子力学	理论背景	量子力学是在旧量子论的基础上发展起来的。旧量子论包括普朗克的量子假说、爱因斯坦的光量子理论和玻尔的原子理论。
	基本原理	(1) 不确定性原理。不可能同时知道一个粒子的位置和它的速度，粒子位置的不确定性，必然大于或等于普朗克常数除以 4π，这表明微观世界的粒子行为与宏观物质很不一样。
		(2) 互补原理。原子现象不能用经典力学所要求的完备性来描述。在构成完备的经典描述的某些互相补充的元素，在这里实际上是互相排除的，这些互补的元素对描述原子现象的不同面貌都是需要的。
		(3) 不相容原理。在费米子组成的系统中，不能有两个或两个以上的粒子处于完全相同的状态，也不能有两个或两个以上的电子具有完全相同的量子数。
	具体应用	量子力学不仅是近代物理学的基础理论之一，而且在化学等有关学科和许多近代技术中也得到了广泛的应用。目前，它已广泛地应用到基本粒子、原子核、原子、分子、凝聚态物理直到中子星、黑洞各个层次的研究。此外，现代技术——从集成电路、电子计算机到量子计算机，从原子弹、氢弹到核电站，从激光技术、超导技术到固体材料、纳米技术，无不以量子力学为其理论基础。可以毫不夸张地说，没有量子力学就没有现代的科学技术。

六、太阳系

太阳系概况	太阳系是一个以太阳为中心，受太阳引力约束在一起的天体系统，包括太阳、行星及其卫星、矮行星、小行星、彗星和行星际物质。太阳是太阳系中心的恒星天体，是太阳系最重要的成员。太阳占有太阳系总体质量的 99.86%，八大行星以及数以万计的小行星所占比例微乎其微。它们沿着自己的轨道万古不息地绕太阳运转着，而太阳则围绕着银河系的中心公转。

续表

太阳系包括：太阳和其余天体	太阳	太阳的质量约是 1.989×1030 千克。按质量计，氢约占 71%，氦约占 27%，其他元素占 2%。作为太阳系里唯一自身会发光的天体，太阳时刻发生着氢聚变为氦的核聚变反应，我们赖以生存的光和热，就是由这种核反应提供的。通过望远镜，我们可以直接观测到太阳的大气层，它从里向外分为光球、色球和日冕三层。太阳巨大的能力来自直径不到 50 万千米的核心部分。核心部分温度极高，压力极大，发生了核能反映，即热核聚变。在这个过程中释放出巨大的能量，据估算，太阳可以燃烧 100 亿年。
	其余天体	轨道环绕太阳的天体被分为三类：行星、矮行星和太阳系小天体。行星是环绕太阳且质量够大的天体。这类天体有足够的质量使本身的形状成为球体；有能力清空邻近轨道的小天体。能称为大行星的天体有 8 个，依照至太阳的距离依序是水星、金星、地球、火星、木星、土星、天王星和海王星。8 颗行星中有 6 颗有天然的卫星环绕，其中水星、金星没有天然卫星。
太阳系存在于：银河系		这样一个庞大的太阳系家族，在银河系中却仅仅只是十分普通的沧海一粟。银河系拥有至少 1000 亿颗的恒星，直径约 10 万光年。（光年是衡量天体之间距离的长度单位，光年是在一恒星年里光所传播的距离，1 光年相当于 9.461×1012 公里）

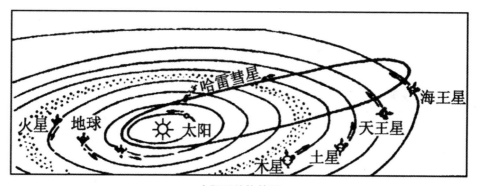

太阳系结构简图

★知识延伸：八大行星的类型与情况

	三类行星	八大行星
八大行星的类型与情况	类地行星	水星：水星在九大行星中，它的体积排列倒数第二，但是它是离太阳最近的行星。
		金星：金星按照距离太阳的远近次序是第二颗行星，在日落的任何时间里，在西方的上空看见一个发光的天体就是金星。金星自己不会发光，它是反射了太阳的光才发亮的。
		地球：地球按照距太阳由近到远的次序为第三颗行星，是九大行星中唯一适宜生命生存和繁衍的地方。
		火星：火星按照距太阳由近到远的次序为第四颗行星，又叫"红色星行"，它一出现在天上，就可以看到它那淡淡的红色。
	巨行星	木星：木星按照距太阳由近到远的次序为第五颗行星，是太阳系中最大的一颗行星，它是地球半径的11倍，体积是地球的1316倍，质量是地球质量的318倍。
		土星：土星按照距太阳由近到远的距离排列是第六颗，是太阳系里的第二大行星，它有七个美丽的光环，它的光环鲜艳夺目，因此有人把土星称为"星中美人"。
	远日行星	天王星：天王星按照距太阳由近到远的距离排列是第七颗，在太阳系的八大行星中他的体积位居第三。它的大气层中含有甲烷，因此天王星呈蓝绿色。
		海王星：海王星是环绕太阳运行的第八颗行星，它是一颗淡蓝色的行星他是典型的气体行星。

七、地球系统

现代地球科学研究证明，地球并不是一个简单单一的固态球体，而是由固体地球、水圈、生物圈、大气圈等共同构成的复杂的地球系统。各圈层之间相互作用、相互依赖，从而成了一个不可分割的整体。

地球系统	固体地球	由地壳、地幔、地核组成。地壳包括大陆地壳和海洋地壳两种。陆地上的地壳主要由长石和石英等矿物组成，主要成分是氧、硅、铝元素。还可将地壳分为上下两层，上层花岗岩（硅铝层），下层玄武岩（硅镁层）。海洋地壳主要由玄武岩构成，大陆地壳除了少数的变质岩和沉积岩外，主要是上层的花岗岩和玄武岩组成。越深入地球，温度越高。据测算，地球大部分地区从地表向下每深入100米，温度约升高3℃。

水圈	水圈包括海洋、湖泊、河流、土壤水、地下水、冰川以及南极和北极的冰盖，其中海洋是主要组成部分，海水蒸发输入大气，占大气中水汽总量的 87.5%。	
生物圈	在气圈、水圈、土壤—岩石圈的交会处，构成了生物圈，这是生命所依存、所适应的自然场所。生物圈是由地球上的全部生物和它们生活的环境组成的整体。生物圈包括大气圈底部、水圈的大部分和岩石圈的表面。	
大气圈	大气圈是地球最外部的圈层，是地球表面和生命的盾牌。根据大气在垂直方向上的温度、密度及运动状况的差异，将大气层分为对流层、平流层和高层大气。覆盖全球的大气，约占地球总质量的百万分之一。在地球引力的作用下，90%质量的大气集中在从地面到离地高 15 公里的空间里，称为大气层，其中含氮 78%、氧 21%、氩 0.0934%、二氧化碳 0.033%，还有微量的其他气体。地球大气以氮、氧为主，这在太阳系中是唯一的。	

★知识延伸：地球大气演化的三个阶段

地球大气演化的三个阶段	第一代大气	地球原始大气由氢、氦、氢的化合物，如甲烷和氨气组成。
	第二代大气	最初地球和小行星剧烈碰撞产生高温，使地球内部的水汽、氧和二氧化碳等释放出来，由于地球引力够大，这些气体被吸住。此时大体的组成约为 80% 的水汽，10% 的二氧化碳，以及氮气等。
	第三代大气	水汽通过成云致雨，最后形成了河、湖和海洋（部分水来自地球与流星、彗星碰撞），故大气中水汽减少。二氧化碳通过溶入海洋，形成石灰石，被植物光合作用固定等，也逐渐减少。氮气则通过动植物代谢中排出的蛋白质分解产生而逐渐增多。氧气一方面通过水汽分解产生，另一方面植物的光合作用释放氧气，所以氧气含量逐渐增加。最后形成了现在组成的地球大气：以氮气和氧气为主，还包括氩气、二氧化碳等。

★知识延伸：人类生存的环境

人类生存的环境	第一环境	陆地
	第二环境	海洋

续表

第三环境	大气
第四环境	太空（外围空间）

八、燃烧理论

燃烧是燃料和氧化剂两种组分在空间发生强烈的放热化学反应的过程。它常常伴随着发热、发光过程，即出现火焰的现象。燃烧学是研究燃烧现象、实践和理论的科学。

	时间	成就
燃烧理论的发展史	18世纪中叶前	人类用火有几十万年的历史，直到18世纪中叶以前，人们对燃烧现象的本质几乎仍然一无所知。在17世纪中叶到18世纪中叶，德国的斯塔尔提出的"燃素说"在欧洲广为流行并占统治地位。"燃素说"认为，火是由无数细小而活泼的微粒构成的物质实体。这种学说可以对许多燃烧现象进行解释，成了当时燃烧的主流理论。
	18世纪中叶	俄国科学家罗蒙诺索夫和法国化学家拉瓦锡通过实验观测，提出燃烧是物质的氧化这一概念，使正确的燃烧理论得以确立。拉瓦锡在大量燃烧实验的基础上，于1777年在题为《燃烧通论》的著名论文中提出了他的燃烧氧化学说。这一学说的要点是： （1）物体只有在氧存在时才能燃烧； （2）燃烧是可燃物与氧化合的结果； （3）燃烧中放出光和热； （4）燃烧后的生成物（非金属氧化物），通常变为酸； （5）氧是酸的本源，被称为酸元素。
	19世纪	由于热力学与热化学的发展，把燃烧过程作为热力学平衡体系，研究了燃烧反映热、绝缘火焰温度、燃烧产物平衡成分等概念和计算方法，建立了燃烧热力学。
	20世纪初	美国化学家路易斯和俄国科学家谢苗诺夫等研究了燃烧化学反应动力学机理，提出化学反应动力学是影响燃烧速率的重要因素，并发现燃烧反应具有链锁反应的特点，从而奠定了燃烧理论的基础。
	20世纪40年代到50年代	基于扩散燃烧或扩散—动力燃烧的观点开始研究了液滴和炭粒燃烧。
	20世纪50年代到60年代	美国理学家冯·卡门（Von Kármán）和钱学森首先提出用连续介质力学来研究燃烧的观点，逐步建立了"化学流体力学"或者"反应流体力学"。

20 世纪 70 年代开始	斯帕尔丁等一批学者系统地把计算流体力学方法用于研究层流及湍流气体燃烧，液雾及煤粉燃烧，建立了燃烧的数学模拟方法及数值计算方法，形成了名为"计算燃烧学"的新领域。

九、元素周期律与化学键理论

1. 元素周期律

元素的性质随着原子序数的递增而呈现周期性变化的规律，也就是元素周期律。门捷列夫认为，元素性质是原子量的周期函数，原子量决定元素的特征，同族元素的性质相似，但不是简单重复。

元素周期表有长、短两种，约在 1930 年前，短表被广泛应用，目前主要用长表。长表有 7 个周期、18 列和 9 个族，从第 4 周期开始分主、副族。

2. 化学键理论

化学键的含义	分类	各类型的含义
化学键是相邻两个或多个原子（或离子）间强烈的相互作用力的统称。相同或不相同的原子之所以能够组成稳定的分子，是因为原子之间存在着强烈的相互作用力。	离子键	离子键，又被称为"盐键"或"电价键"，通过两个或多个原子或化学集团失去或获得电子而成为离子后形成。带相反电荷的离子之间存在静电作用，当两个带相反电荷的离子靠近时，表现为相互吸引，而电子和电子、原子核与原子核之间又存在着静电排斥作用，当静电吸引与静电排斥作用达到平衡时，便形成了离子键。因此，离子键是阳离子和阴离子之间由于静电作用所形成的化学键。此类化学键往往在金属与非金属间形成。失去电子的往往是金属元素的原子，而获得电子的往往是非金属元素的原子。通常，活泼金属与活泼非金属形成离子键，如钾、钠、钙等金属和氯、溴等非金属化合时，都能形成离子键。
	共价键	两个或多个原子共同使用它们的外层电子，在理想情况下达到电子饱和的状态，由此组成比较稳定的化学结构叫作"共价键"。
	金属键	金属键主要在金属中存在。由自由电子及排列成晶格状的金属离子之间的静电吸引力组合而成。由于电子的自由运动，金属键没有固定的方向，因而是非极性键。

十、新陈代谢

新陈代谢简称代谢。指各种物质在生物体内所经历的一切化学变化与能量变化，也可泛指生物在其生命活动过程中与外界环境所进行的物质和能量的交换。	基本类型	同化作用	生物有机体把从环境中摄取的物质，经一系列的化学反应转变为自身物质。这一过程称为同化作用，即物质从外界到体内，从小分子到大分子。因此，同化作用是一个吸收能量的过程，如绿色植物利用光合作用，把环境中的水和二氧化碳等物质转化为淀粉、纤维素等物质。	同化和异化的关系：二者是矛盾的两个方面，既对立又统一，它们互相制约、互相联系、互相依赖，彼此都以其对立面为存在条件。异化作用为同化作用提供能量，同化作用又为异化作用提供了物质基础。
		异化作用	从体内到外界环境，物质由大分子转变为小分子的过程，这是个释放能量的过程，同时把生物体不需要或不能利用的物质排出体外。	
	两个方面	物质代谢	物质代谢是指生物体与外界环境之间物质的交换和生物体内物质的转变过程。生物体内一切物质的代谢变化统称为物质代谢，它包括合成代谢与分解代谢。合成代谢是指生物体内一切物质的合成作用，它属于同化作用的范畴，如氨基酸合成蛋白质、核苷酸合成核酸；分解代谢是指生物体内一切物质的分解作用，属于异化作用的范畴，如糖类物质经过三羧酸循环被彻底分解为二氧化碳和水。	
		能量代谢	能量代谢是指生物体与外界环境之间能量的交换和生物体内能量的转变过程。在物质交换的过程中同时伴有能量的交换称为能量代谢。机体从外界环境中摄取营养物进行合成代谢的同时也从外界摄取能量，这部分能量主要来源于营养物质所含的化学能。当这些营养物质在机体内进行分解代谢时又将化学能释放出来，以供生命活动的需要。化学能除一部分用于合成机体内其他成分外，还用于各种生命活动。	

十一、生物进化

生物进化的相关知识	生物进化的含义	生物进化指一切生命形态发生、发展的演变过程。"进化"一词来源于拉丁文 evolution，原意为"展开"，一般用以指事物的逐渐变化、发展，由一种状态过渡到另一种状态。1762 年，瑞士学者邦尼特最先将此词应用于生物学中。后来，达尔文的物种起源理论也是基于这一理论而诞生。
	基础理论	进化论是近代生物学的基石之一。进化，是指生物在变异、遗传与自然选择作用下的演变发展，物种淘汰和物种产生过程。地球上原来无生命，

续表

		大约在 30 多亿年前，在一定的条件下，形成了原始生命，其后，生物不断的进化，直至今天世界上存在着 170 多万个物种。生物进化论最早是由达尔文提出的，在其名著《物种起源》有着详细的论述。
	进化的特征	(1) 在生物界的前进运动中，可以看到不同层次的形态结构的逐步复杂化和完善化；与此相应，生物功能也愈益专门化，效能亦逐步提高。
		(2) 从总体上看，遗传信息量随着生物的进化而逐步增加。
		(3) 内环境调控的不断完善及对环境分析能力和反应方式的发展，加强了机体对外界环境的自主性，扩大了活动范围。
	进化的方式	(1) 渐进式形成，即由一个物种逐渐演变为另一个或多个新物种。
		(2) 爆发式形成，即多倍化物种形成，这种方式在有性生殖的动物中很少发生，但在植物的进化中却相当普遍。世界上约有一半的植物种是通过染色体数目的突然改变而产生的多倍体。物类形成（大进化）常常表现为爆发式的进化过程，从而使旧的类型和类群被迅速发展起来的新生的类型和类群所替代。

十二、细胞、蛋白质、核酸、基因

1. 细胞

	定义	细胞是生物体基本的结构和功能单位，是生命的基本单位。已知除病毒之外的所有生物均由细胞所组成（病毒不具有细胞结构），但病毒生命活动也必须在细胞中才能体现。一般来说，细菌等绝大部分微生物以及原生动物由一个细胞组成，即单细胞生物；高等植物与高等动物则是多细胞生物。
细胞的相关知识	特征	(1) 所有的细胞表面均有由磷脂双分子层与镶嵌蛋白质及糖被构成的生物膜（注意：癌细胞无糖被，容易游走扩散），即细胞膜。
		(2) 所有的细胞都含有两种核酸：即 DNA 与 RNA。
		(3) 作为遗传信息复制与转录的载体。
		(4) 作为蛋白质合成的机器——核糖体，毫无例外地存在于一切细胞内。核糖体，是蛋白质合成的必须机器，在细胞遗传信息流的传递中起着必不可少的作用。
		(5) 基本上所有细胞的增殖都以一分为二的方式进行分裂。（少数不是，如蓝藻的有些种类从老细胞内产生新细胞）
		(6) 细胞能进行自我增殖和遗传（高度分化的细胞无法自我增殖）。

	（7）新陈代谢。
	（8）细胞都具有运动性，包括细胞自身的运动和细胞内部的物质运动。
细胞分类	（1）真核细胞。真核细胞指含有真核（被核膜包围的核）的细胞。
	（2）原核细胞。原核细胞没有核膜，遗传物质集中在一个没有明确界限的低电子密度区，称为拟核。
	（3）古核细胞。古核细胞也称古细菌，是一类很特殊的细菌，多生活在极端的生态环境中。既具有真核细胞的某些特征，也具有原核细胞的某些特征，还具有既不同于真核细胞也不同于原核细胞的特征。
细胞结构	细胞体形极微，在显微镜下始能窥见，形状多种多样。主要由细胞核与细胞质构成，表面有细胞膜。高等植物细胞膜外有细胞壁，细胞质中常有质体，体内有叶绿体和液泡，还有线粒体。动物细胞无细胞壁，细胞质中常有中心体，而高等植物细胞中则无。细胞有运动、营养和繁殖等机能。
元素	组成细胞的基本元素是 O、C、H、N、Si、K、Ca、P、Mg，其中 O、C、H、N 四种元素占 90% 以上。细胞化学物质可分为两大类：无机物和有机物。在无机物中水是最主要的成分，约占细胞物质总含量的 75%~80%。

2. 蛋白质

蛋白质是由氨基酸以"脱水缩合"的方式组成的多肽链经过盘曲折叠形成的具有一定空间结构的物质。蛋白质是组成人体一切细胞、组织的重要成分。机体所有重要的组成部分都需要有蛋白质的参与。蛋白质是生命的物质基础，是有机大分子，是构成细胞的基本有机物，是生命活动的主要承担者。没有蛋白质就没有生命。氨基酸是蛋白质的基本组成单位。蛋白质中一定含有碳、氢、氧、氮元素。

蛋白质是与生命及与各种形式的生命活动紧密联系在一起的物质。机体中的每一个细胞和所有重要组成部分都有蛋白质参与。蛋白质占人体重量的 16%~20%。人体内蛋白质的种类很多，性质、功能各异，但都是由二十多种氨基酸按不同比例组合而成的，并在体内不断进行代谢与更新。

3. 核酸

核酸是脱氧核糖核酸（DNA）和核糖核酸（RNA）的总称，是由许多核苷酸单体聚合成的生物大分子化合物，为生命的最基本物质之一。核酸是一类生物聚合物，是所有已知生命形式必不可少的组成物质，是所有生物分子中最重要的物质，广泛存在于所有动植物细胞、微生物体内。核酸由核苷酸组成，而核苷酸单体由五碳糖、磷酸基和含氮碱基组成。如果五碳糖是核糖，则形成的聚合物是 RNA；如果五碳糖是脱氧核糖，则形成的聚合物是 DNA。

核酸的分类		
核酸	DNA	RNA
名称	脱氧核糖核酸	核糖核酸
结构	规则的双螺旋结构	通常呈单链结构
基本单位	脱氧核糖核苷酸	核糖核苷酸
五碳糖	脱氧核糖	核糖
含氮碱基	A（腺嘌呤）	A（腺嘌呤）
	G（鸟嘌呤）	G（鸟嘌呤）
	C（胞嘧啶）	C（胞嘧啶）
	T（胸腺嘧啶）	U（尿嘧啶）
分布	主要存在于细胞核，少量存在于线粒体和叶绿体	主要存在于细胞质
功能	携带遗传信息，在生物体的遗传、变异和蛋白质的生物合成中具有极其重要的作用。	作为遗传物质：只在 RNA 病毒中；不作为遗传物质：在 DNA 控制蛋白质合成过程中起作用。mRNA 是蛋白质合成的直接模板、tRNA 能携带特定氨基酸、rRNA 是核糖体的组成成分。催化作用：酶的一种。

★知识延伸：RNA 的种类

RNA 的种类	mRNA	DNA 以自身的一条链为模板，在细胞核内先合成 RNA，把遗传信息抄录于 RNA 链上。这种携带遗传信息的 RNA 被称为信使 RNA。信使 RNA，简称 mRNA，是合成蛋白质的模板，也就是说，DNA 的遗传信息是通过传递到细胞质中，再来指导蛋白质合成的。因此，mRNA 是由 DNA 转录生成，功能是翻译。其上有密码子，每个密码子决定蛋白质相应位置上的氨基酸种类。
	tRNA	tRNA：功能是运输。每个 tRNA 上有一个反密码子，反密码子决定改 tRNA 能运输的氨基酸种类。翻译时反密码子和 mRNA 上的密码子结合，使其运输的氨基酸到达正确位置。

续表

| | rRNA | rRNA：名称是核糖体 RNA，是最多的一类 RNA，也是 3 类 RNA 中相对分子质量最大的一类 RNA，它与蛋白质结合而成核糖体，其功能是作为 mRNA 的支架，使 mRNA 分子在其上展开，实现蛋白质的合成。 |

4. 基因

基因（遗传因子）是产生一条多肽链或功能 RNA 所需的全部核苷酸序列，是遗传物质的最小功能单位。多数生物的基因由 DNA 构成，并在染色体上作线状排列。基因支持着生命的基本构造和性能。储存着生命的种族、血型、孕育、生长、凋亡等过程的全部信息。生物体的生、长、衰、病、老、死等一切生命现象都与基因有关。它也是决定生命健康的内在因素。

十三、遗传与变异

遗传与变异是指生物的亲代与子代之间相似和不相似的现象。

1. 遗传

	遗传的含义	遗传指亲子间的相似性，遗传使物种得以延续。
遗传的相关知识	遗传物质	DNA 是主要的遗传物质，染色体是遗传物质的主体载体。亲代将自己的遗传物质 DNA 传递给子代，而且遗传的性状和物种保持相对的稳定性。生命之所以能够一代一代地延续，主要是由于遗传物质在生物进程之中得以代代相承，从而使后代具有与前代相近的性状。
	遗传物质的特点	（1）分子结构的相对稳定性（储存遗传信息）； （2）能够复制，保持上下代的连续性（传递遗传信息）； （3）能够指导蛋白质的合成，从而控制生物的性状（表达遗传信息）； （4）能够引起可遗传的变异（改变遗传信息）。

2. 变异

变异的相关知识	遗传的含义		变异指亲子间和子代个体间的差异，变异使物种不断进化。
	遗传的分类	基因突变	本质	基因突变是基因中碱基对排列顺序的改变，是基因结构的改变，包括基因中碱基对的增添、缺失和改变。

			基因突变使一个基因变成它的等位基因，并且通常会引起一定的表现型变化。突变一般是一个"无中生有""偶然出现"的过程。
		特点	普遍性、随机性、自然突变率低、有害性和不定向性。
		时间	DNA 复制的时候，即细胞有丝分裂的间期和减数第一次分裂的间期。
		意义	是生物变异的根本来源，为生物进化提供了最翔实的原材料。
	基因重组	内容	基因的自由组合、基因的连锁互换、重组 DNA 技术、转基因、基因导入以及肺炎链球菌的转化等都属于基因重组。
		范围	除了基因工程以外，通常考虑适用于进行有性生殖的过程。
		与基因突变产生变异的差别	基因重组不产生新的基因，只产生新的基因型，使性状重新组合。
	染色体变异		染色体是基因的载体，染色体病即染色体异常，故而导致基因表达异常机体发育异常。染色体畸变的发病机制不明，可能由于细胞分裂后期染色体发生不分离或染色体在体内外各种因素影响下发生断裂和重新连接所致。

十四、克隆技术

克隆是通过无性方式，由单个细胞或个体产生的、和亲代非常相似的一群细胞或生物体。通常是利用生物技术由无性生殖产生与原个体有完全相同基因的个体或种群。1997 年轰动世界的克隆羊"多利"的诞生，及其后的克隆鼠、克隆牛、克隆猴的问世，标志着动物克隆技术已日趋完善。1997 年，英国科学家威尔穆特等利用体细胞基因转移克隆技术，成功地获得了转人凝血因子 IX 基因克隆头号；亚历山大等应用这种技术获得了转人抗胰蛋白酶（hAT）基因的奶山羊（其乳汁中 hAT 含量高达 $1g/L \sim 5g/L$）等，更标志着应用克隆技术将为临床提供各种宝贵的药用蛋白以治疗各种严重疾病。随着克隆技术的发展，一种用患者体细胞核作供体，在体外克隆特定的组织、器官以替换患者受损或丧失功能的组织或器官，用以治疗糖尿病、癌症、老年性痴呆、帕金森病、肾衰竭以及其他神经、骨骼、肌肉、皮肤等损伤和疾病的体细胞克隆研究，将是 21 世纪生命科学、临床医学的研究与应用的热点。

十五、光合作用

光合作用的相关知识	含义	光合作用，通常是指绿色植物（包括藻类）吸收光能，把二氧化碳和水合成富能有机物，同时释放氧气的过程。光合作用是一系列复杂的代谢反应的总和，是生物界赖以生存的基础，也是地球碳氧循环的重要媒介。
	各时段光合作用的差异	光是光合作用的能量来源，光照强度直接影响光合速率。7：00-10：00 左右光合作用渐渐增强；10：00-11：00 光合作用最大，到中午光合作用减弱，下午温度减弱气孔打开但光照不强，光合作用也渐渐减弱，晚上光合作用停止。一般在下午 4 点进行健身效果较佳，因为这时空气当中的氧含量较高，而早晨因为植物晚上进行呼吸作用则空气中的二氧化碳含量较高。
	植物光合作用的过程	绿色植物进行光合作用的器官是其绿色的叶片。叶片之所以呈绿色，是因为叶细胞的叶绿体中分布着大量的叶绿素，叶绿素是细胞色素中的一种，功能在于捕获光能。在绿色植物叶肉细胞里有一颗颗状如绿色小粒的叶绿体，叶绿体内含叶绿素、叶黄素、胡萝卜素、花青素等色素。叶绿素的含量占有绝对的优势，它把其他色素都掩盖了。色素对阳光中红、橙、黄、绿、蓝、靛、紫 7 种色光的吸收，是有选择性的。叶绿素对红光和蓝紫光吸收较多，对绿光却不吸收，而是把绿光反射出来。因此，我们看到的植物叶子，呈现一片绿色。

第二章　科学前沿问题

一、物质的微观结构

19 世纪末物理学三大发现，即 1895 年伦琴发现 X 射线，1896 年贝克勒尔发现放射性，1897 年汤姆森发现电子。这三大发现证明了原子具有内部结构，提供了探索微观世界的基本工具。物理学研究发现，物质结构有许多层次，物质的微观结构层次可分为分子、原子、原子核、强子、夸克和轻子等。

分子	
物质保持其化学性质的基本单元，物质的化学性质和物理性质主要由分子结构决定，分子由若干个原子通过化学键结合而成。	

原子	
化学反应不可再分的基本微粒。原子在化学反应中不可分割，但在物理状态中可以分割。原子构成一般物质的最小单位，称为元素。已知的元素有 118 种。一切原子都由一个带正电的原子核和围绕它运动的若干电子组成。	

原子核	电子
原子核极小，位于原子的核心部分，体积只占原子体积的几千亿分之一，在这极小的原子核里却集中了 99.96% 以上原子的质量。原子核由质子和中子组成。	带负电的基本粒子，是电量的最小单元。

质子	中子	
一种带正电荷的亚原子粒子，由两个上夸克和一个下夸克通过胶子在强相互作用下构成。原子核中质子数目决定其元素的种类和它属于何种化学元素。	组成原子核构成化学元素不可缺少的成分（注意：氢原子不含中子）。中子是由两个下夸克和一个上夸克组成。	

夸克		
夸克是一种参与强相互作用的基本粒子，也是构成物质的基本单元。夸克互相结合，形成一种复合粒子，叫强子。强子中最稳定的是质子和中子，它们是构成原子核的单元。由于一种叫"夸克禁闭"的现象，夸克不能够直接被观测到，或是被分离出来，只能够在强子里面找到。基于这个原因，我们对夸克的所知大都是间接地来自对强子的观测。		

★知识延伸：粒子

粒子	能够以自由状态存在的最小物质组分。粒子并不是像中子、质子等实际存在的具体的物质，而是它们的统称，是一种模型理念。粒子之间存在着相互作用，有强相互作用、电磁相互作用、弱相互作用和引力相互作用，其中引力相互作用非常弱，可以忽略。	规范粒子	传递相互作用的媒介粒子。
		轻子	不直接参与强作用，可直接参与电磁作用和弱作用的粒子。
		强子	直接参与强作用，也参与电磁作用和弱作用的粒子。其中自旋为整数的强子称为"介子"，自旋为半整数的强子称为重子。强子的数目众多，其中大部分是通过强作用衰变的粒子，其寿命极短，是不稳定的粒子，也称为"共振态"。

二、宇宙起源

宇宙学	经过了哥白尼、赫歇尔、哈勃的从太阳系、银河系、河外星系的宇宙探索三部曲，宇宙学已经不再是神秘玄奥的抽象哲学思辨，而是建立在天文观测和物理实验基础上的一门现代科学。天文学认为，宇宙是所有的空间、时间、物质及其等所产生的一切事物的统称，是我们这个物质世界的整体，是物理学和天文学的最大研究对象。	大爆炸理论	爆炸理论是关于宇宙起源，最具有代表性的、影响最大的理论。许多科学家认为，宇宙是由大约138亿年前发生的一次大爆炸形成的。宇宙内的所存物质和能量都聚集到了一起，并浓缩成很小的体积，温度极高，密度极大，瞬间产生巨大压力，之后发生了大爆炸，这次大爆炸的反应原理被物理学家们称为量子物理。大爆炸使物质四散出去，宇宙空间不断膨胀，温度也相应下降，后来相继出现在宇宙中的所有星系、恒星、行星乃至生命。
		稳态理论	稳恒态宇宙学是英国天体物理学家邦迪，戈尔德和福雷德·霍伊尔在1948年提出的。稳恒态宇宙学认为宇宙在时间和空间上都是无限的。它主张宇宙从未有过开始，或者更确切地说，宇宙乃是处于连续的创造过程之中。当宇宙膨胀之时，总密度减少，但会创造出更多的物质来使密度升高。因此当宇宙不断地膨胀时，新的物质便连续地在星体中创造出来以填补空隙。也就是在任何时代，任何位置上观察者看到的宇宙图像在大尺度上都是一样的，这一原理被称为"完全宇宙学原理"。

三、生命起源

生命现象的最本质的内容是自复制和自组织。DNA 携带者决定蛋白质结构的遗传信息，是最重要的生物大分子。生命是生物体所表现的自身繁殖、生长发育、新陈代谢、遗传变异以及对刺激产生反应等的复合现象。生命是怎样起源的问题，是现代自然科学尚未完全解决的重大问题，是人们关注和争论的焦点。历史上对这个问题也存在着多种臆测和假说，其中化学进化论已为大多数科学家所接受。

生命起源之化学进化论	含义	化学进化论认为，在自然选择下进行的生命系统出现之前，就存在着另外一种进化，即"化学进化"。化学进化是一种有别于生命产生之后的生物进化的另一种生命前的进化方式。
	阶段	（1）从无机小分子物质生成有机小分子物质。
		（2）有机小分子物质形成有机高分子物质。
		（3）从有机高分子物质组成多分子体系。
		（4）从多分子体系演变为原始生命。
	学者观点	（1）1924 年苏联学者 A. N. 奥帕林首先提出了"化学进化论"。
		（2）1929 年英国学者 J. B. S. 霍尔丹也提出了与奥帕林相同的观点。
		（3）1936 年出版的 A. N. 奥帕林的《地球上生命的起源》一书，是世界上第一部全面论述生命起源问题的专著。他认为原始地球上无游离氧还原性大气在短波紫外线等能源作用下，能生成简单有机物（生物小分子），简单有机物可生成复杂有机物（生物大分子），并在原始海洋中形成多分子体系的团聚体，后者经过长期的演变和"自然选择"，终于出现了原始生命，即原生体。因此，科学界普遍认为，生命起源于海洋。

四、人类基因组计划

人类基因组计划	目标	识别人类 DNA 中所有的基因；测定组成人类 DNA 的 30 亿碱基对的序列；将这些信息储存到数据库中；开发出有关数据分析工具；致力于解决该计划可能引发的伦理、法律和社会问题。
	意义	该计划因其对于预防治疗遗传疾病、破解人类遗传密码有里程碑式的意义，与曼哈顿原子弹计划、阿波罗登月计划并成为自然科学史上的"三大科学计划"。

续表

研究历程	1985 年，美国科学家率先提出人类基因组计划，该计划于 1990 年正式启动，由美、英、法、德、日、中等国的科学家共同参与。
	1999 年 11 月 23 日，美国国家科学院的官员和参加人类基因组计划的科学家们庆祝人类基因组计划公众 DNA 测序工作完成第 10 亿个碱基对的测定。
	1999 年 12 月 1 日，一个由英美日等国科学家组成的研究小组宣布，他们已经破译了人类第 22 对染色体中所有与蛋白质合成有关的基因序列，这是人类首次了解了一条完整的人类染色体的结构，它可能使人们找到多种治疗疾病的新方法。这一成果是宏大的人类基因组计划的一个里程碑。
	2001 年，人类基因计划公布了人类基因组草图，为基因组学研究揭开了新的一页。
	2006 年，英美科学家发表了人类最后一个染色体——"1 号染色体"的基因测序，解读人体基因密码的"生命之书"宣告完成。
中国进展	我国在 1993 年启动了相关研究项目，近两年又在上海和北京相继成立了国家人类基因组南、北两个中心。1999 年 7 月，我国在国际人类基因组注册，承担了其中 1% 的测序任务，此举标志着我国已掌握生命科学领域中最前沿的大片段基因组测序技术，在结构基因组学中占了一席之地。

五、人的智能

人类之所以能被称为万物之灵，是因为人类具有能够高度发展的智能。人类智能就是人类认识世界和改造世界的才智和本领。它包括"智"和"能"两种成分。"智"主要是指人对事物的认识能力；"能"主要是指人的行动能力，它包括各种技能和正确的习惯等。人类的"智"和"能"是结合在一起而不可分离的。人类的劳动、学习和语言交往等活动都是"智"和"能"的统一，是人类独有的智能活动。

1983 年，美国著名发展心理学家、哈佛大学教授霍华德·加德纳博士提出了多元智能理论。霍华德·加德纳博士指出，人类的智能是多元化而非单一的，主要是由语言智能、数学逻辑智能、空间智能、身体运动智能、音乐智能、人际智能、自我认识智能、自然认识智能八项组成，每个人都拥有不同的智能优势组合。

人的智能的类型	语言智能	语言智能是指有效的运用口头语言或文字表达自己的思想并理解他人，灵活掌握语音、语义、语法，具备用言语思维、用言语表达和欣赏语言深层内涵的能力结合在一起并运用自如的能力。
	数学逻辑智能	数学逻辑智能，是指有效地计算、测量、推理、归纳、分类，并进行复杂数学运算的能力。这项智能包括对逻辑的方式和关系，陈述和主张，功能及其他相关的抽象概念的敏感性。
	空间智能	空间智能，是指善于运用整个身体来表达思想和情感、灵巧地运用双手制作或操作物体的能力。这项智能包括特殊的身体技巧，如平衡、协调、敏捷、力量、弹性和速度以及触觉所引起的能力。
	身体运动智能	身体运动智能，是指善于运用整个身体来表达思想和情感、灵巧地运用双手制作或操作物体的能力。这项智能包括特殊的身体技巧，如平衡、协调、敏捷、力量、弹性和速度以及由触觉所引起的能力。
	音乐智能	音乐智能，是指人能够敏锐地感知音调、旋律、节奏、音色等能力。拥有这项智能的人对节奏、音调、旋律或音色的敏感性强，与生俱来就拥有音乐的天赋，具有较高的表演、创作及思考音乐的能力。
	人际智能	人际智能，是指能很好地理解别人和与人交往的能力。拥有这项智能的人善于察觉他人的情绪、情感，体会他人的感觉感受，辨别不同人际关系的暗示以及对这些暗示做出适当反应的能力。
	自我认识智能	自我认知智能，是指自我认识和善于自知之明并据此作出适当行为的能力。拥有这项智能的人能够认识自己的长处和短处，意识到自己的内在爱好、情绪、意向、脾气和自尊，喜欢独立思考的能力。
	自然认识智能	自然认识智能，是指善于观察自然界中的各种事物，对物体进行辨别和分类的能力。拥有这项智能的人有着强烈的好奇心和求知欲，有着敏锐的观察能力，能了解各种事物的细微差别。

六、人工智能

人工智能	含义	人工智能（Artificial Intelligence）简称 AI。它是研究、开发以用于模拟、延伸和扩展人的智能的理论、方法、技术及应用系统的一门新的技术科学。
	本质	人工智能的本质就是对人的思维的信息过程的模拟，是人的智能的物化。因此，人工智能可以模拟人脑的某些活动，取代人的部分脑力劳动，甚至在某些方面超过人脑的功能。人工智能是无意识的、机械的、物理的过程。
	研究内容	人工智能研究如何用计算机去模拟、延伸和扩展人的智能；如何把计算机用得更聪明；如何设计和建造具有高智能水平的计算机应用系统；如何设计和制造更聪明的计算机以及智能水平更高的智能计算机等。

续表

	研究范围	语言的学习与处理、知识表现、智能搜索、推理、规划、机器学习、知识获取、组合调度问题、感知问题、模式识别、逻辑程序设计、神经网络、复杂系统、遗传算法人类思维方式等，最关键的难题还是机器的自主创造性能力的塑造与提升。
	所属学科	人工智能是计算机科学的一个分支，人工智能是计算机科学技术的前沿科技领域。一方面，各种人工智能应用系统都要用计算机软件去实现；另一方面，许多聪明的计算机软件也应用了人工智能的理论方法和技术。例如，专家系统软件，机器博弈软件等。但是，人工智能不等于软件，除了软件以外，还有硬件及其他自动化和通信设备。 人工智能虽然是计算机科学的一个分支，但它的研究却不仅涉及计算机科学，而且还涉及脑科学、神经生理学、心理学、语言学、逻辑学、认知科学、行为科学和数学以及信息论、控制论和系统论等许多学科领域。因此，人工智能实际上是一门综合性的交叉学科和边缘学科。
	应用	人工智能在许多领域都得到了应用，例如机器视觉、指纹识别、人脸识别、视网膜识别、虹膜识别、掌纹识别、专家系统、自动规划等。

七、复杂性问题

		学科概况	兴起于20世纪80年代的复杂性科学，是系统科学发展的新阶段，也是当代科学发展的前沿领域之一。复杂性科学是指以复杂性系统为研究对象，以超越还原论为方法论特征，以揭示和解释复杂系统运行规律为主要任务，以提高人们认识世界、探究世界和改造世界的能力为主要目的的一种"学科互涉"的新兴科学研究形态。复杂性科学的发展，不仅引发了自然科学界的变革，而且也日益渗透到哲学、人文社会科学领域。英国著名物理学家霍金称"21世纪将是复杂性科学的世纪"。虽然目前人们对复杂性科学的认识不尽相同，但是可以肯定的是"复杂性科学的理论和方法将为人类的发展提供一种新思路、新方法和新途径，具有很好的应用前景"。
复杂性科学	特征	非线性	非线性作用是系统无限多样性、不可预测性和差异性的根本原因，是复杂性的主要根源。非线性思维是一种直面事物本身的复杂性以及事物之间相互关系的复杂性，运用超越直线式的思维去力争更清晰地理解和把握认识对象的思维方式。
		不确定性	不确定性是针对确定性而言的，是对确定性的否定。20世纪60年代以来，现代系统科学中关于混沌现象的研究，打破了传统科学中把"确定性"与"不确定性"截然分割的思想禁锢，并用大量客观事实和实验表明，正是由于确定性和不确定性的相互联系和相互转化，才构成了丰富多彩的现实世界。

续表

特征	自组织性	组织是指系统内的有序结构或这种有序结构的形成过程。自组织是相对于他组织而言的,是指无需外界特定指令就能自行组织、自行创生、自行演化,能够自主地从无序走向有序,形成有结构的系统。自组织理论是 20 世纪 60 年代末期开始建立并发展起来的一种系统理论。
	涌现性	复杂性科学把系统整体具有而部分或者部分和所不具有的属性、特征、行为、功能等特性称为"涌现性"。也就是说,当我们把整体还原为各个部分时,整体所具有的这些属性、特征、行为、功能等便不可能体现在单个的部分上。
解决方式	系统论	系统论,是研究系统的结构、特点、行为、动态、原则、规律以及系统间的联系,并对其功能进行数学描述的新兴学科。系统论通常把系统定义为:由若干要素以一定结构形式联结构成的具有某种功能的有机整体。系统论的基本思想是把研究和处理的对象看作一个整体系统来对待。 系统论的出现,使人类的思维方式发生了深刻的变化。以往研究问题,一般是把事物分解成若干部分,抽象出最简单的因素来,然后再以部分的性质去说明复杂事物。这是笛卡尔奠定理论基础的分析方法。这种方法的着眼点在局部或要素,遵循的是单项因果决定论,虽然这是几百年来在特定范围内行之有效、人们最熟悉的思维方法。但是它不能如实地说明事物的整体性,不能反映事物之间的联系和相互作用,它只适应认识较为简单的事物,而不胜任于对复杂问题的研究。 系统论的主要任务就是以系统为对象,从整体出发来研究系统整体和组成系统整体各要素的相互关系,从本质上说明其结构、功能、行为和动态,以把握系统整体,达到最优的目标,解决复杂问题。

第三章　高新技术及其产业

一、通信技术

(一) 概念

所谓通信，最简单的理解，就是人与人沟通的方法。无论是电话，还是网络，解决的最基本的问题，实际还是人与人的沟通。通信技术是指将信息从一个地点传送到另一个地点所采用的方法和措施。通信技术是电子技术极其重要的组成部分。现代通信技术，就是随着科技的不断发展，采用最新的技术来不断优化通信的各种方式，让人与人的沟通变得更为便捷，有效。这是一门系统的学科，5G 就是其中的重要课题。

(二) 发展历程的三个阶段

	语言和文字通信阶段	主要依靠面对面交流的语言交流和使用书信沟通的文字通信。通信方式简单，内容单一。
通信技术发展的三个阶段	电通信阶段	1937 年，莫尔斯发明电报机，并设计莫尔斯电报码。1876 年，贝尔发明电话机。这样，利用电磁波不仅可以传输文字，还可以传输语音，由此大大加快了通信的发展进程。1895 年，马可尼发明无线电设备，从而开创了无线电通信发展的道路。
	电子信息通信阶段	1948 年，美国数学家香农发表的《通信的数学理论》宣告了现代信息论的诞生，为数字通信技术的发展提供了理论工具。1965 年，美国成功发射了第一颗实用对地静止通信卫星，推动了无线通信技术的再一次发展。1984 年，美国科学家本内特和加拿大科学家布拉萨德首次提出了利用量子比特作为信息载体方法，以"一次一密"方式实现安全通信。1986 年，第一代移动通信技术在美国芝加哥诞生，打开了现代移动通信的大门。2007 年，我国首次实现了安全距离超过百千米的光纤量子通信。2016 年，全球首颗量子科学实验卫星"墨子号"在酒泉卫星发射中心成功发射。

（三）现代通信技术的基础：数字通信

数字通信技术是现代通信技术最主要的通信技术基础。数字通信即传输数字信号的通信，是通过信源发出的模拟信号经过数字终端发出的数字信号，经过信道编码变成适合于信息传输的数字信号，然后由调制解调器把信号调制到系统所使用的数字信道上，再传输到对端，经过相反的变换最终传送到信宿。数字通信以其抗干扰能力强，便于存储，处理和交换等特点，广泛应用于现代通信网的各种通信系统。

（四）信息传输技术

信息传输技术的种类	光纤通信	光纤是以光波为载频，以光导纤维为传输介质的一种通信方式，其主要特点是频带宽，比常用的微波频率高 104 倍~105 倍；损耗低，中继距离长；具有抗电磁干扰能力；线径细，重量轻；数据传输正确率高；还有耐腐蚀，不怕高温等优点。缺点就是价格相对昂贵。
	数字微波	数字微波中继通信是指利用波长为 1m~1mm 范围内的电磁波通过中继站传输信号的一种通信方式。其主要优点是：通信距离远，而投资费用和通信距离无关；工作频带宽，通信容量大，适用于多种业务的传输；通信线路稳定可靠；通信质量高等。
	卫星通信	卫星通信简单而言就是地球上的无线电通信站之间利用人在地球卫星作中继站而进行的通信。其主要优点是：通信距离远，而投资费用和通信距离无关；工作频带宽，通信容量大，适用于多种业务的传输；通信线路稳定可靠；通信质量高等。
	移动通信	所谓移动通信，就是在运动中实现的通信。其最大的优点是可以在移动的时候进行通信，方便、灵活。现在的移动通信系统主要有数字移动通信系统（GSM）、码分多址蜂窝移动通信系统（CDMA）。
	图像通信	图像通信是传送和接收图像信号或称之为图像信息的通信。它与广泛使用的声音通信方式不同，传送的不仅是声音，而且还有看得见的图像、文字、图表等信息，这些可视信息通过图像通信设备变换为电信号进行传送，在接收端再把它们真实地再现出来。图像通信是利用视觉信息的通信，或称它为可视信息的通信。图像信号包含有极其丰富的信息，图像通信所传送的信息量远远超过其他通信手段。

二、电子计算机技术

(一) 微电子技术

<table>
<tr><td rowspan="6">微电子技术的相关知识</td><td>含义</td><td>微电子技术是一门作用于半导体上的微小型集成电路系统的学科。微电子技术的关键在于研究集成电路的工作方式以及如何实际制造应用。集成电路的发展依赖于半导体器件的不断演化。微电子技术可在纳米级超小的区域内通过固体内的微观电子运动来实现信息的处理与传递，并且有着很好的集成性。</td></tr>
<tr><td>本质</td><td>从本质上来看，微电子技术的核心在于集成电路，它是在各类半导体器件不断发展过程中所形成的。在信息化时代下，微电子技术对人类生产、生活都带来了极大的影响。</td></tr>
<tr><td rowspan="4">特征</td><td>微电子技术主要是通过在固体内的微观电子运动来实现信息处理或信息加工。</td></tr>
<tr><td>微电子信号传递能够在极小的尺度下进行。</td></tr>
<tr><td>微电子技术可将某个子系统或电子功能部件集成于芯片当中，具有较高的集成性，也具有较为全面的功能性。</td></tr>
<tr><td>微电子技术可在晶格极微区进行工作。</td></tr>
</table>

(二) 计算机技术

1. 计算机技术发展历史

<table>
<tr><td rowspan="4">计算机技术发展历史</td><td>时间</td><td>名称</td><td>发明者</td><td>价值</td></tr>
<tr><td>1942 年</td><td>ABC（阿塔纳索夫-贝瑞计算机）</td><td>爱荷华州立大学约翰·阿塔纳索夫及福特·贝瑞</td><td>世界上第一台电子计算机。</td></tr>
<tr><td>1946 年2 月 14 日</td><td>ENIAC</td><td>宾夕法尼亚大学的莫克利和艾克特</td><td>世界上第一台数字电子计算机。（一般被称为世界上第一台计算机）</td></tr>
<tr><td>1944 年—1951 年</td><td>EDVAC（电子离散变量自动计算机）</td><td>冯·诺依曼+ENIAC团队</td><td>1945 年 6 月，冯·诺依曼写出了那篇长达101 页，影响计算机历史走向的《EDVAC报告书的第一份草案》。该草案详细地阐述了数字计算机的数制采用二进制；计算机应</td></tr>
</table>

			该按照程序顺序执行。这份草案很快流传开来，并轰动了整个计算机界。EDVAC的草案启发了全世界，它本身的设计却由于团队矛盾等原因，到了1949年8月才交付，而且还存在问题，直到1951年才能正常使用，此时早已被大批存储程序计算机超越。
1948年5月	ARC2	伦敦大学伯贝克学院	第一台存储程序计算机。(不是纯电子的)
1948年6月	曼彻斯特小型机	曼彻斯特大学	第一台存储程序电子计算机，第一台冯·诺依曼结构的电子计算机。

虽然EDVAC并非第一台现代计算机，但冯·诺依曼为其制定的二进制形式沿用至今，计算机的操作命令等都以二进制的形式出现，用二进制的形式编制的程序叫机器语言程序。从EDVAC到当前最先进的计算机都采用的是冯·诺依曼体系结构，所以冯·诺依曼是当之无愧的"数字计算机之父"。随着科技的发展，现在新出现了一些新型计算机，有生物计算机、光子计算机、量子计算机等。

计算机硬件的发展经历了四个阶段：第一代电子管数字机（1946年—1958年）；第二代晶体管数字机（1958年—1964年）；第三代集成电路数字机（1964年—1970年）；第四代大规模集成电路机（1970年至今）。

2. 计算机资源

		早期计算机硬件	现代计算机硬件
计算机资源	硬件	运算器、控制器、存储器、输入设备、输出设备。	中央处理器（CPU）（包括运算器和控制器）、存储器、输入和输出部件。
	软件	系统软件和应用软件。	
	数据	计算机数据是指所有能输入到计算机并被计算机程序处理的符号的介质的总称，是用于输入电子计算机进行处理，具有一定意义的数字、字母、符号和模拟量等的通称。	

3. 计算机病毒

现在，计算机的应用越来越普及，对计算机病毒的防范十分重要。计算机"病毒"不同于一般的病毒，它不是一个生物体，不会被传染给人类，只能在计算机之间传播。它是由不怀好意的人故意编制的一小段巧妙而能扩散的程序。对计算机病毒的防范措施应从多方面入手，如加强法制建设，尽量使用原装软件而不用复制的软件等。

4. 云计算

云计算是一种全新的网络服务方式，将传统的以桌面为核心的任务处理转变为以网络为核心的任务处理，利用互联网实现自己想要完成的一切处理任务，使网络成为传递服务、计算力和信息的综合媒介，真正实现按需计算、多人协作。其基本原理为：利用非本地或远程服务器（集群）的分布式计算机为互联网用户提供服务（计算、存储、软硬件等服务）。云计算平台与传统应用模式相比具有如下特点：虚拟化技术，灵活定制，动态可扩展性，高可靠性和安全性，高性价比，数据、软件在云端（服务器端）。

三、网络技术

网络技术是从 20 世纪 90 年代中期发展起来的新技术，它把互联网上分散的资源融为有机整体，实现资源的全面共享和有机协作，使人们能够透明地使用资源的整体能力并按需获取信息。资源包括高性能计算机、存储资源、数据资源、信息资源、知识资源、专家资源、大型数据库、网络、传感器等。网络的根本特征并不一定是它的规模，而是资源共享，消除资源孤岛。一般来说，计算机网络可以提供以下功能：资源共享、信息传输与集中处理、负载均衡与分布处理、综合信息服务等。

根据网络分布规模所作的分类	局域网	局域网是将小区域内的各种通信设备互连在一起所形成的网络，覆盖范围一般局限在房间、大楼或园区内。局域网的特点是：距离短、延迟小、数据速率高、传输可靠。
	城域网	城域网的覆盖范围限于一个城市，对于市域网很少有针对性的技术，一般根据实际情况通过局域网或广域网来实现。

广域网	广域网的连接地理范围较大，常常是一个国家或是一个洲。其目的是让分布较远的个局域网互联，所以它的结构又分为末端系统（两端的用户集合）和通信系统（中间链路）两部分。通信系统是广域网的关键。
网间网	网间网是一系列局域网和广域网的组合，因此包含的技术也是现有的局域网和广域网技术的综合。Internet 便是一个当前最大也最为典型的网间网。

四、信息产业

（一）信息技术

信息技术（IT，Information Technology）就是感测技术、通信技术、计算机技术和控制技术。

信息技术的内容	感测技术	获取信息的技术
	通信技术	传递信息的技术
	计算机技术	处理信息的技术
	控制技术	利用信息的技术

（二）信息产业

信息技术产业，又称信息产业，它是运用信息手段和技术，收集、整理、储存、传递信息情报，提供信息服务，并提供相应的信息手段、信息技术等服务的产业。信息技术产业包含：从事信息的生产、流通和销售信息以及利用信息提供服务的产业部门。从国家统计局发布的 2021 年全国平均工资来看，不管是城镇非私营单位还是私营单位，IT 业的平均工资均为最高。

信息技术产业的三个产业部门	信息处理和服务产业	该行业的特点是利用现代的电子计算机系统收集、加工、整理、储存信息，为各行业提供各种各样的信息服务，如计算机中心、信息中心和咨询公司等。
	信息处理设备行业	该行业特点是从事电子计算机的研究和生产（包括相关机器的硬件制造）计算机的软件开发等活动，计算机制造公司，软件开发公司等可算作这一行业。

信息传递 中介行业	该行业的特点是运用现代化的信息传递中介，将信息及时、准确、完整地传到目的地点。因此，印刷业、出版业、新闻广播业、通信邮电业、广告业都可归入其中。

五、生物技术

（一）生物

生物（Organism），是指具有动能的生命体，也是一个物体的集合。而个体生物指的是生物体，与非生物相对。其元素包括：在自然条件下，通过化学反应生成的具有生存能力和繁殖能力的有生命的物体以及由它（或它们）通过繁殖产生的有生命的后代，能对外界的刺激作出相应反应，能与外界的环境相互依赖、相互促进。并且，能够排出体内无用的物质，具有遗传与变异的特性等。

生物最重要和基本的特征在于生物会进行新陈代谢及遗传两点，前者说明所有生物一定会具备合成代谢以及分解代谢（这是两个完全相反的生理反应过程）能力，并且可以将遗传物质复制，通过自我分裂生殖（无性生殖）或有性生殖，交由下一代繁殖下去以避免灭绝，这是类生命现象的基础。

在生物学和生态学中，地球上约有 870 万种物种（±130 万），其中有 650 万种物种在陆地上，有 220 万种生活在水中。多种多样的生物不仅维持了自然界的持续发展，而且是人类赖以生存和发展的基本条件。但是，现存动物急剧减少，只有原来地球上的动物的 1/10。

（二）生物技术

生物技术是指人们以现代生命科学为基础，结合其他基础科学的科学原理，采用先进的科学技术手段，按照预先的设计改造生物体或加工生物原料，为人类生产出所需产品或达到某种目的。近些年来，以基因工程、细胞工程、酶工程、发酵工程、蛋白质工程为代表的现代生物技术发展迅猛，并日益影响和改变着人们的生产和生活方式。我国科学工作者于 1965 年人工合成了结晶牛胰岛素，这是我国在探索生命起源问题上取得的重大成就。

生物技术	基因工程（DNA 重组技术）	在分子水平上对基因进行操作的复杂技术，是将外源基因通过体外重组后导入受体细胞，使这个基因能在受体细胞内复制、转录、翻译表达的操作。包括杂交水稻、转基因食品、基因治疗、抗虫棉等。杂交水稻和转基因食品都属于基因工程，但是杂交水稻不是转基因食品，而我国政府对转基因食品持中立态度。基因工程是现代生物工程的核心。
	细胞工程	细胞工程的理论基础是细胞理论。细胞理论的建立被恩格斯誉为是 19 世纪三大发现之一。细胞工程是指应用现代细胞生物学、发育生物学、遗传学和分子生物学的理论与方法，按照人们的需要和设计，在细胞水平上的遗传操作，重组细胞结构和内含物，以改变生物的结构和功能，即通过细胞融合、核质移植、染色体或基因移植以及组织和细胞培养等方法，快速繁殖和培养出人们所需要的新物种的生物工程技术。包括农作物抗倒伏、克隆技术、花卉试管苗等。
	酶工程	又称蛋白质工程学，是指工业上有目的地设置一定的反应器和反应条件，利用酶的催化功能，在一定条件下催化化学反应，生产人类需要的产品或服务于其他目的的一门应用技术。酶工程就是将酶或者微生物细胞、动植物细胞、细胞器等在一定的生物反应装置中，利用酶所具有的生物催化功能，借助工程手段将相应的原料转化成有用物质并应用于社会生活的一门科学技术。包括酶制剂的制备、酶的固定化、酶的修饰与改造及酶反应器等方面的内容。酶工程的应用主要集中于食品工业、轻工业以及医药工业中。
	微生物工程（发酵工程）	指采用现代工程技术手段，利用微生物的某些特定功能，为人类生产有用的产品，或直接把微生物应用于工业生产过程的一种技术。简单地说，它就是通过研究改造发酵所用的菌以及应用技术手段控制发酵过程来大规模工业化生产发酵产品。目前，医用抗生素、农用抗生素等已有近两百个品种，绝大部分都是发酵工程的产品。除抗生素外，发酵工程的产品还包括氨基酸、核苷酸、维生素、甾体激素、工业用酶等。还包括酱油、味精、米酒、菌种选育、灭菌、种子扩大培养和接种。
	蛋白质工程	以蛋白质分子的结构规律及其与生物功能的关系为基础，通过有控制地修饰和合成，对现有蛋白质加以定向改造和设计，构建并最终生产出性能比自然界存在的蛋白质更加优良、更符合人类需要的新型蛋白质。蛋白质工程作为基因工程的延伸，它是在基因工程已取得成就的基础上，融合蛋白质的晶体学、计算机辅助设计（CAD）和蛋白质化学等学科发展起来的一个新兴的研究领域，被誉为第二代基因工程。

生物技术的发展将越来越深刻地影响世界经济、军事和社会发展的进程。

生物技术可以改善农业生产，解决食品短缺；提高生命质量，延长人类寿命；解决能源危机、治理环境污染；制造工业原料、生产贵重金属。但同时，生物技术的安全及其对伦理、道德、法律也会产生一定影响。

六、新材料技术

材料是当前世界新技术革命的三大支柱（材料、信息、能源）之一，与信息技术、生物技术一起构成了 21 世纪世界最重要和最具发展潜力的三大领域。对材料的认识与利用能力往往决定着社会的形态和人类生活的质量。人类的历史已经证明，材料是人类社会发展的物质基础和先导，而新材料则是人类社会进步的里程碑。新材料在发展高超技术、改造和提升传统产业、增强综合国力和国防实力方面发挥着重要作用，而且在自然科学和工程技术领域中的发展也越来越快，地位日趋重要。

新型材料的种类	金属材料	近半个世纪来，高分子、陶瓷和复合材料取代了部分金属材料，但是金属材料工业绝不是"夕阳工业"。快速冷凝金属、形状记忆合金、贮氧合金、稀土永磁等高性能金属材料还在不断发展。
	无机非金属材料	无机非金属材料是以某些元素的氧化物、碳化物、氮化物、卤素化合物、硼化物以及硅酸盐、铝酸盐、磷酸盐、硼酸盐等物质组成的材料，具有高熔点、高硬度、耐腐蚀、耐磨损、高强度和良好的抗氧化性等基本属性，以及宽广的导电性、隔热性、透光性及良好的铁电性、铁磁性和压电性。常见的种类有二氧化硅气凝胶、水泥、玻璃、陶瓷。
	高分子材料	高分子材料也被称为聚合物材料，是以高分子化合物为基体，再配有其他添加剂（助剂）所构成的材料。高分子材料按特性分为橡胶、纤维、塑料、高分子胶黏剂、高分子涂料和高分子基复合材料等。而现代工程技术的发展向高分子材料提出了更高的要求，因而推动了高分子材料向高性能化、功能化和生物化方向发展，这样就出现了许多产量低、价格高、性能优异的新型高分子材料。作为新型高分子材料的高分子分离膜是用高分子材料制成的具有选择性透过功能的半透性薄膜。采用这样的半透性薄膜，与以压力差、温度梯度、浓度梯度或电位差为动力，使气体混合物、液体混合物或有机物、无机物的溶液等分离技术相比，具有省能、高效和洁净等特点，因而被认为是支撑新技术革命的重大技术。

续表

复合材料	复合材料是指由两种或两种以上不同物质以不同方式组合而成的材料，是人们运用先进的材料制备技术将不同性质的材料组分优化组合而成的新材料。复合材料中以纤维增强材料应用最广、用量最大，其特点是比重小、比强度和比模量大。复合材料可以发挥各种材料的优点，克服单一材料的缺陷，扩大材料的应用范围。复合材料重量轻、强度高、加工成型方便、弹性优良、耐化学腐蚀和耐候性好的特点使其逐步取代了木材及金属合金，被广泛应用于航空航天、汽车、电子电气、建筑、健身器材等领域，在近几年更是得到了飞速发展。

七、新能源技术

（一）核能

1. 核能发展简史

	时间	事件
核能发展简史	1895 年	德国物理学家伦琴发现了 X 射线。
	1896 年	法国物理学家贝克勒尔发现了放射性。
	1898 年	居里夫人与居里先生发现了放射性元素钋。
	1902 年	居里夫人经过 3 年 9 个月的艰苦努力又发现了放射性元素镭。
	1905 年	爱因斯坦提出质能转换公式，即 $E = mc^2$。
	1914 年	英国物理学家卢瑟福通过实验，确定氢原子核是一个正电荷单元，称为质子。
	1935 年	英国物理学家查得威克发现了中子。
	1938 年	德国科学家奥托·哈恩用中子轰击铀原子核，发现了核裂变现象。
	1942 年 12 月 2 日	美国芝加哥大学成功启动了世界上第一座核反应堆。
	1945 年 8 月 6 日和 9 日	美国将两颗原子弹先后投在了日本的广岛和长崎。
	1954 年	苏联建成了世界上第一座商用核电站——奥布灵斯克核电站。
	1991 年	中国第一台核电站秦山核电站建成并投入使用。

2. 核能

核能	含义	由于原子核内部结构发生变化而释放的能量。
	特点	持续发展能源，是干净的、经济的、安全的能源。具有负荷因子高、功率调节能力强和污染少等优点
	释放方式及应用	核裂变：较重的原子核分裂释放结核能。原子弹和核电站都是利用核裂变。
		核聚变：较轻的原子核聚合在一起释放结核能。氢弹是应用核聚变。
		核衰变：原子核自发衰变过程中释放能量。人类尚不能利用核聚变技术建设核电站。
	燃料	铀–235 和钚–239。

（二）氢能

氢能	含义	氢能是通过氢气和氧气反应所产生的能量。
	特点	氢能储量大，氢在地球上主要以化合态的形式出现，是宇宙中分布最广泛的物质，它构成了宇宙质量的 75%。
		氢能是一种二次能源，因为它是通过一定的方法，利用其他能源制取的，而不像煤、石油和天然气等可以直接从地下开采。
		氢能清洁度高，与其他燃料相比，氢燃烧的产物主要是水，因此氢能是世界上最干净的能源。
	问题	由于氢易汽化、着火、爆炸，因此如何妥善解决氢能的贮存和运输问题也就成了开发氢能的关键。

（三）太阳能

太阳能	广义	太阳的热辐射能。地球上的风能、化学能、水能、海洋温差能、波浪能和生物质能以及部分潮汐能都是来源于太阳的热辐射能，即使是地球上的化石燃料（如煤、石油、天然气等），从根本上说也是远古以来贮存下来的太阳能，所以广义的太阳能所包括的范围非常大。
	狭义	用作发电或者为热水器提供能源的太阳热辐射能，是一种新兴的可再生能源，其方式主要有"光—热—电"转换和"光—电"转换。

（四）可燃冰

可燃冰	含义	可燃冰是天然气与水在高压低温条件下形成的类冰状结晶物质，因其外观像冰一样而且遇火即可燃烧，所以又被称作"可燃冰""固体瓦斯"和"气冰"。
	特点	可燃冰不是冰，而是一种自然存在的微观结构为笼型的化合物。
		可燃冰使用方便、燃烧值高，燃烧后仅生成少量的二氧化碳和水，污染远小于煤、石油，清洁无污染。
		分布于深海或陆域永久冻土中并且储存量非常大，是现有天然气、石油储量的2倍，具有广阔的开发前景，被誉为21世纪具有商业开发前景的战略资源。

（五）页岩

页岩气	含义	页岩气是指赋存于富有有机质泥页岩及其夹层中，以吸附或游离状态为主要存在方式的非常规天然气，成分以甲烷为主，是一种清洁、高效的能源资源。
	我国的分布	我国富有有机质页岩，分布广泛，南方地区、华北地区和新疆塔里木盆地等发育海相页岩，华北地区、准噶尔盆地、吐哈盆地、鄂尔多斯盆地、渤海湾盆地和松辽盆地等广泛发育陆相页岩，具备页岩气成藏条件，资源潜力较大。
	与煤矿瓦斯的对比	煤矿瓦斯的主要成分跟页岩一样，也是甲烷，但煤矿瓦斯爆炸事故是严重的生产安全事故之一。

（六）深海锰结核

深海锰结核	含义	锰结核又称多金属结核、锰矿球、锰矿团、锰瘤等，它是一种铁、锰氧化物的集合体，颜色常为黑色和褐黑色。近年来，人们又从中分析出了铜、钴、镍、铅、锌、铝和稀土元素等六十多种金属成分，因而又称其为"多金属结核"。
	形态	锰结核的形态多样，有球状、椭圆状、马铃薯状、葡萄状、扁平状、炉渣状等。锰结核的大小尺寸不等，从几微米到几十厘米都有，重量最大的有几十公斤。
	分布	锰结核广泛地分布于世界海洋2000米~6000米水深海底的表层，而以生成于4000米~6000米水深海底的品质最佳。

续表

储量	储量约有 3 万亿吨，可采潜力约 750 亿吨	
金属含量	所含锰的总储量是陆地的 779 倍，铜是 36 倍，钴是 5250 倍，镍是 405 倍，铁是 4.3 倍，铝是 75 倍，铅是 33 倍。	
再生情况	按 20 世纪 80 年代世界的消耗量计算，可供人类使用数千年至数十万年。由于多金属结核形成于取之不尽的海水胶凝作用，因此它是一种还在不断增生的资源，每年新增储量 1000 万吨，其生长速度比人类的消费速度还快。	

（七）地热能

地热能	含义	地热能是由地壳抽取的天然热能，这种能量来自地球内部的熔岩，并以热力形式存在，是引致火山爆发及地震的能量。
	形成	地球内部的温度高达 7000℃，而在 80 公里至 100 公里的深度处，温度会降至 650℃ 至 1200℃。透过地下水的流动和熔岩涌至离地面 1 公里至 5 公里的地壳，热力得以被转送至较接近地面的地方。高温的熔岩将附近的地下水加热，这些加热了的水最终会渗出地面。
	储量	地热能作为一种新的洁净能源，其中距地表 2000 米内储藏的地热能为 2500 亿吨标准煤。
	利用	人类很早以前就开始利用地热能，例如利用温泉沐浴、医疗，利用地下热水取暖、建造农作物温室、水产养殖及烘干谷物等。但真正认识地热资源并进行较大规模的开发利用却是始于 20 世纪中叶，现在对地热能的利用，主要体现在地热发电、地热供暖、地热务农三个方面。
	我国情况	全国地热可开采资源量为每年 68 亿立方米，所含地热量为 973 万亿千焦耳。在地热利用规模上，我国近些年来一直位居世界首位，并以每年近 10% 的速度稳步增长。我国的地热资源开发经过多年的技术积累，地热发电效益显著提升。除地热发电外，直接利用地热水进行建筑供暖、发展温室农业和温泉旅游等利用途径也得到较快发展。全国已经基本形成以西藏羊八井为代表的地热发电、以天津和西安为代表的地热供暖、以东南沿海为代表的疗养与旅游和以华北平原为代表的种植和养殖的开发利用格局。

（八）风能

风能	含义	风能是空气流动所产生的动能。
	形成	太阳能的一种转化形式，属于可再生能源。太阳辐射造成地球表面各部分受热不均匀，引起大气层中压力分布不平衡，在水平气压梯度的作用下，空气沿水平方向运动形成风。

	储量	风能资源的总储量非常大，一年中技术可开发的能量约 5.3×10^{13} 千瓦时。
	特点	风能是可再生的清洁能源，储量大、分布广，但它的能量密度低（只有水能的 1/800），并且不稳定。在一定的技术条件下，风能可作为一种重要的能源得到开发利用。
	利用	风能利用是综合性的工程技术，通过风力机将风的动能转化成机械能、电能和热能等。风能资源决定于风能密度和可利用的风能年累积小时数。风能密度是单位迎风面积可获得的风的功率，与风速的三次方和空气密度成正比关系。

（九）海洋能

海洋能	含义	海洋能指依附在海水中的可再生能源，海洋通过各种物理过程接收、储存和散发能量，这些能量以潮汐能、波浪能、温差能、盐差能、海流能等形式存在于海洋之中。
	特点	由于海洋能具有可再生性和不污染环境等优点，因此是一种亟待开发的具有战略意义的新能源。
	利用	海洋能的利用是指利用一定的方法、设备把各种海洋能转换成电能或其他可利用形式的能。

（十）生物质能

生物质能	含义	生物质是指通过光合作用形成的各种有机体，包括所有的动植物和微生物。所谓生物质能，就是太阳能以化学能形式贮存在生物质中的能量形式，即以生物质为载体的能量，是自然界中有生命的植物提供的能量，这些植物以生物质作为媒介储存太阳能。生物质能的原始能量来源于太阳，所以从广义上讲，生物质能是太阳能的一种表现形式。
	特点	生物质能直接或间接地来源于绿色植物的光合作用，可转化为常规的固态、液态和气态燃料，具有可再生性、低污染性、广泛分布性、总量丰富和广泛应用性等优点，人类历史上最早使用的能源就是生物质能，它还是唯一一种可再生的碳源。
	利用	（1）制取沼气。主要是利用城乡有机垃圾、秸秆、水、人畜粪便，通过厌氧消化产生可燃气体甲烷，供生活、生产之用。
		（2）利用生物质制取酒精。

八、激光技术

激光是利用光能、热能、电能、化学能或核能等外部能量来激励物质，使其发生受激辐射而产生的一种特殊的光。激光具有高亮度、高方向性、高单色性和高相干性四大特性。由于激光具有一系列特有的优异性能，它一问世便以惊人的速度迅速普及。激光使光纤通信成为现实；激光开发了信息存储技术；激光是科学研究的得力助手，在机械工业、医学、生物、军事等各个领域，我们越来越多地看到激光技术的应用。激光技术是 20 世纪产生的最重大、最实用的科技成就之一，也是 21 世纪最活跃的高新技术之一。

激光技术的应用	激光精密测量	由于激光具有很好的方向性和相干性，采用光的干涉方法能实现长距离的精确测量和速度的精密测量。激光的高度亮，方向性好，是良好的天然准直线和导向指示线，准直精度高，操作方便快捷。用激光还可以进行不损检测，以激光相干性和单色性为基础的检测技术，速度快、漏检率低，可以直接在生产线上检测出产品内部的缺陷以及缺陷的大小和位置。
	激光信息处理	随着科学技术的发展，需要存储、传递和处理的信息量与日俱增。激光技术能够大幅度地提高信息处理能力。光盘是利用激光写入和读出信息的光学信息存储器。此外，激光图像处理技术是一种高速信息处理技术，可与计算机图像处理相互补充。在显示技术方面，激光液晶大屏幕已成为新一代电视的主角。
	强激光的工业应用	经光学系统聚焦的激光束可以使金属瞬间熔化，进而可以进行各种机械加工，如打孔、切割、焊接、雕刻、热处理等。
	激光的医学应用	激光医疗是激光应用于实际最早的一个领域，早在 1961 年，激光就被成功应用于眼科的激光视网膜焊接。激光在医学上的应用分为两大类：激光诊断与激光治疗。激光医疗不仅速度快、痛苦小、无感染、疗效较好，还能治疗一些疑难疾病。目前，激光技术在医学领域额开展应用在诸多方面保持持续的、强劲的发展势头。
	激光的生物应用	激光照射会引起生物的遗传变异。根据这个道理，激光技术被广泛应用于农作物育种。此外，激光技术在消灭害虫、除草和食物储藏等方面也有广泛的应用。
	激光在军事上的应用	激光武器是一种利用定向发射的激光束直接毁伤目标或使之失效的新型武器。激光武器具有攻击速度快、转向灵活、可实现精确打击、不受电磁干扰等优点，但也存在容易受天气和环境影响等弱点。

此外，激光技术在计算机、激光艺术、建筑装潢等领域也有许多应用，而且在新的领域的应用还在源源不断地开发之中。

九、空间技术与海洋技术

（一）空间技术

空间技术又称航天技术或宇航技术，是研究和解决航天器进入太空并在太空正常运行、可靠工作，探索研究太空环境、开发利用太空资源的综合性工程技术。一般将大气层以内的航行活动被称为航空，将大气层以外太阳系以内的航行活动称为航天，而太阳系以外的航行活动被称为航宇。目前，人类还只能实现航天活动，当代研究的空间技术所涉及的范围仅限于太阳系。人类活动范围经历了从陆地到海洋，从海洋到大气层，再从大气层到外层空间的逐步扩展过程。

陆地、海洋、大气层和外层空间被称为人类第一、第二、第三和第四环境。我们通常可以把 100 公里~120 公里以下的大气层称为稠密大气层，也称大气环境或人类第三环境；100 公里~120 公里以上称为外层空间或人类第四环境。人类进入第四环境比进入第二环境、第三环境要困难得多，仅从克服地球引力来看，在地球表面附近运动的物体，只有达到第一宇宙速度，即 7.9 公里/秒的时候，才能成为地球的卫星。达到第二宇宙速度，即 11.2 公里/秒的时候，才能成为太阳系的一颗新行星。当达到第三宇宙速度，即 16.7 公里/秒时，就可以飞出太阳系了。

	时间	事件
航天技术发展	1903 年	俄国科学家齐奥尔科夫斯基发表了题为《利用喷气仪器研究宇宙空间》的论文，提出了利用火箭探索宇宙空间的思想，提出了著名的齐奥尔科夫斯基公式。
	1926 年 3 月	美国物理学家戈达德独立地研究了火箭的推进原理，设计、制造并发射了世界上第一枚液体火箭。
	1942 年 10 月	德国制造并成功地发射了第一枚军用液体火箭 V-2。此后，科学家们利用 V-2 和它的改进型作为新的工具来探测 50 千米以上的空间，获得了许多关于高层空间的资料。到了 50 年代后期，火箭的运载能力已达到发射人造卫星的水平。

续表

人造卫星的发射	1957年10月4日	苏联成功地发射了世界上第一颗人造地球卫星"斯普特尼克1号",标志着人类进入航天时代。
	1958年	美国发射了其第一颗人造地球卫星"探索者1号"。
	1970年4月24日	中国第一颗自行研制的人造地球卫星"东方红一号"发射成功,中国成为世界第五个发射卫星的国家,4月24日也因此被设立为"中国航天日"。截至2022年,东方红一号仍在轨运行。
载人航天飞船的发射	1961年4月12日	苏联第一个发射了载人飞船,把宇航员加加林送入地球轨道,运行108分钟后安全返回地面,开辟了人类航天的新纪元,标志着人类空间技术进入了新的时代。
	1969年7月16日	美国成功地利用"土星-V"运载火箭发射阿波罗飞船,把宇航员阿姆斯特朗和奥尔德林送上月球,并于7月25日返回地球。
	2003年10月15日	我国成功进行了第一次载人航天飞行,中国第一艘载人飞船神舟五号成功发射,中国首位航天员杨利伟成为浩瀚太空的第一位中国访客。航天技术迅速发展。

（二）海洋技术

现代海洋技术是20世纪50年代后围绕着海洋探测技术和海洋资源开发技术两个方面的变革发展起来的,是当代新兴的科学技术之一,同样是一门涉及许多门类的综合性学科。海洋技术有两个标志技术,即深海挖掘和海水淡化。

海洋技术的两个标志技术	深海挖掘	深海是指深度超过6000米的海域。世界上深度超过6000米的海沟有30多处,其中的20多处位于太平洋洋底,马里亚纳海沟的深度达11 000米,是迄今为止发现的最深的海域。深海探测,对于深海生态的研究和利用、深海矿物的开采以及深海地质结构的研究,均具有非常重要的意义。美国是世界上最早进行深海研究和开发的国家。1960年,美国的"里亚斯特2号"潜水器首次潜入世界大洋中最深的海沟——马里亚纳海沟,最大潜水深度为10 916米。1995年,日本海沟号(无人潜水器)在世界上最深的深渊——马里亚纳海沟进行了水深达10 970米的潜航,它也因此在世界最深潜水艇排名中高居榜首。1997年,中国利用自制的无缆水下深潜机器人进行深潜6000米深度的科学试验并取得成功,这标志着中国的深海开发已步入正轨。2012年6月24日,中国"蛟龙"号(载人潜水器)在马里亚纳海沟下潜7062米,创造了下潜最深的纪录,当然它是不如前两者的,所以当时在世界最深潜水艇排名中排第三位。2020年11月10日,中国"奋斗者"号载人潜水器在马里亚纳海沟成功坐底,坐底深度10 909米。10 909米也是我国目前载人潜水器的最深纪录。

海水淡化	海水淡化即利用海水脱盐生产淡水，是实现水资源利用的开源增量技术，可以增加淡水总量，且不受时空和气候影响，可以保障沿海居民饮用水和工业锅炉补水等稳定供水。淡水资源奇缺的中东地区，数十年前就把海水淡化作为获取淡水资源的有效途径。美国正在积极建造海水淡化厂，以满足人们与将来对淡水的需求。全世界共有近 8000 座海水淡化厂，每天生产的淡水超过 60 亿立方米。最近，俄罗斯海洋学家探测查明，世界各大洋底部也拥有极为丰富的淡水资源，其蕴藏量约占海水总量的 20%。这为人类解决淡水危机展示了光明的前景。

十、农业科学技术

农业科技就是用农业生产方面的科学技术以及专门针对农村生活方面和专业的农产品的加工技术，包括种植、养殖、化肥农药的用法、各种生产资料的鉴别、高效农业生产模式等几方面。

三色农业	绿色革命	农作物的最高产量在很大程度上取决于光能利用效率的高低。因此，把扩大农作物叶绿素体面积以加强光合作用，提高农作物产出率，称为"绿色革命"。第一次绿色革命发生在 20 世纪 50 年代初，其主要特征是把水稻的高秆变矮秆，另外辅助于农药和农业机械，从而解决了 19 个发展中国家粮食自给问题。我国的杂交水稻是第二次绿色革命时期的杰出代表。第二次绿色革命将继续巩固第一次绿色革命的成果，并向农业的其他领域林业、渔业扩展；有效利用灌溉的同时，向旱地、低地、丘陵山地扩展；扩大生物技术的研究与应用，开展基因革命。
	蓝色革命	蓝色革命是 20 世纪 80 年代初提出的现代农业技术革命的新构想。海洋占地球总面积 71%，不仅生物品种多，而且数量巨大，但目前对海洋的开发利用十分有限。海洋可提供的食物，比陆地全部可耕地提供的食物多得多。因为海洋呈蓝色，所以把人类征服海洋、建立以海洋为主的水体农业称为"蓝色革命"。
	白色农业	白色农业，即微生物农业。是以蛋白质工程、细胞工程、酶工程为基础，以基因工程综合组建的工程农业。它的主要支柱技术是微生物发酵工程。白色农业生产环境高度洁净，生产过程不存在污染，其产品安全、无毒副作用，加之人们在工厂车间穿戴白色工作服帽从事劳动生产，故形象化地称之为"白色农业"。白色农业主要包括以下 6 个产业：微生物饲料、微生物肥料、微生物食品、微生物农药、微生物能源和微生物环境保护剂产业。白色农业是生物工业性农业，拓展型农业、资源节约型农业，也是高效环保型农业。

十一、纳米技术

纳米技术	定义	纳米技术是一种在微观环境下工作的新技术，是一种操纵原子、分子或原子团、分子团使其形成所需要的物质的技术。纳米科学技术是在纳米（1 纳米 = 10^{-9} 米，即十亿分之一米，大约相当于头发粗细的八万分之一）尺度上研究物质，即研究物质原子、分子的特性及期间的相互作用，并对这些特性和相互作用加以利用。纳米技术、信息技术与生物技术被称为 21 世纪的三大主导技术。
	特点	用纳米材料制作的器材重量更轻、硬度更强、寿命更长、维修费更低、设计更方便。
	应用	当前纳米技术的研究和应用主要在材料和制备、微电子和计算机技术、医学与健康、航天和航空、环境和能源、生物技术和农产品等方面。利用纳米材料还可以制作出特定性质的材料或自然界不存在的材料，如制作出生物材料和仿生材料。

十二、环境科学和环境保护技术

（一）环境科学

环境科学是一门研究人类社会发展活动与环境演化规律之间相互作用关系，寻求人类社会与环境协同演化、持续发展途径与方法的科学，是一门研究环境的地理、物理、化学、生物四个部分的学科。它提供了综合、定量，和跨学科的方法来研究环境系统。由于大多数环境问题涉及人类活动，因此，经济、法律和社会科学知识往往也可用于环境科学研究。

环境保护是当今世界各国人民共同关心的重大的社会经济问题，也是科学技术领域里重大的研究课题。环境科学是在 20 世纪 50 年代环境问题严重化的背景下诞生的，是在现代社会经济和科学发展过程中形成的一门综合性科学。就世界范围来说，环境科学成为一门科学还是近 二三十年的事情。

环境问题多种多样，归纳起来有两大类：一类是自然演变和自然灾害引起的原生环境问题，也叫第一环境问题，如地震、洪涝、干旱、台风、崩塌、滑坡、泥石流等。一类是人类活动引起的次生环境问题，也叫第二环境问题。次生环境问题一般又分为环境污染和生态破坏两大类。

环境问题	第一环境问题/原生环境问题	自然演变和自然灾害引起的，如地震、洪涝、干旱、台风、崩塌、滑坡、泥石流等。
	第二环境问题/次生环境问题：人类活动引起的，如乱砍滥伐引起的森林植被的破坏、过度放牧引起的草原退化、大面积开垦草原引起的沙漠化和土地沙化、工业生产造成大气、水环境恶化等。	环境污染是指自然的或人为的破坏，向环境中添加某种物质而超过环境的自净能力而产生危害的行为。包括：大气污染、水体污染、土壤污染、噪（音）声污染、农药污染、辐射污染、热污染。环境污染中的白色污染是指不可降解的塑料引起的污染。黑色污染是指废轮胎等橡胶制品被随意丢弃、掩埋或者焚烧后给环境造成的污染。黄色污染是指淫秽色情对人的身心造成不良影响的信息污染。
		生态破坏是人类社会活动引起的生态退化及由此衍生的环境效应，导致了环境结构和功能的变化，对人类生存发展以及环境本身发展产生不利影响的现象。包括：水土流失、沙漠化、荒漠化、森林锐减、土地退化、生物多样性的减少，此外还有湖泊的富营养化、地下水漏斗、地面下沉等。

（二）生态型经济

建立生态型经济是一项重要的环境战略。

生态型经济	含义			生态型经济是运用生态学原理进行产业生产的一种崭新的绿色环保经济模式，其目标就是要建立一个资源节约型的国民经济体系。
	举措	生态工业		生态工业是指对工业生产进行生态设计，发展节能、节材、节水、节约资本等重质量、重品种、重效益的技术和制度，建立资源节约型的工业生产体系，使工业生产过程及其产品能够适应保护生态环境的要求，工业生产发展与环境保护之间的统一、协调达到比较理想的状态。
		清洁生产		清洁生产的含义有三个方面的内容：一是清洁能源的使用。包括常规能源的清洁利用；可再生能源的利用；新能源的开发；各种节能技术的开发等。二是清洁的生产过程。三是清洁的产品。
		环保产业	含义	环保产业的具体内容包括：环境技术的开发，环境产品生产和营销，环境过程设计施工，"三废"综合利用，自然生态保护，环境咨询服务，环保资本投资等。
			发展趋势	一是"绿色机器"的拆卸和设计。所谓"绿色机器"就是一种在其生命周期结束后，其大部分零部件能予以拆卸、翻新、重新利用和安全处理，不对环境产生更多的负面影响的环保产品。
				二是回收行业的兴起。
				三是开发防治污染新技术。
				四是环境美化与建设。

（三）"环保类"节日

时间	节日名	由来
2月2日	国际湿地日	1971年2月2日，来自18个国家的代表在伊朗南部海滨小城拉姆萨尔签署了《关于特别是作为水禽栖息地的国际重要湿地公约》。为了纪念这一创举，并提高公众的湿地保护意识，1996年《湿地公约》常务委员会第19次会议决定，从1997年起，将每年的2月2日定为"世界湿地日"。
3月22日	世界水日	1993年1月18日，第四十七届联合国大会做出决议，确定每年的3月22日为"世界水日"。从1994年开始，中国政府把"中国水周"的时间改为每年的3月22日至28日，使宣传活动更加突出"世界水日"的主题。
3月23日	世界气象日	1960年，世界气象组织把3月23日定为"世界气象日"，以提高公众对气象问题的关注。
4月22日	地球日	1969年，美国选定1970年4月22日为第一个"地球日"，随后成为全球性的"地球日"。
5月22日	国际生物多样性日	2000年12月20日，联合国大会通过决议，宣布每年5月22日，即《生物多样性公约》，通过之日为"国际生物多样性日"。
5月31日	世界无烟日	1987年世界卫生组织把5月31日定为"世界无烟日"，以提醒人们重视香烟对人类健康的危害。
6月5日	世界环境日	1972年10月，第27届联合国大会通过决议，将6月5日定为"世界环境日"。
6月17日	世界防治荒漠化和干旱日	1994年12月19日第49届联合国大会根据联大第二委员会（经济和财政）的建议，通过了49/115号决议，从1995年起把每年的6月17日定为"世界防治荒漠化与干旱日"。
9月16日	国际保护臭氧层日	1995年1月23日联合国大会决定，每年的9月16日为"国际保护臭氧层日"。
10月4日	世界动物日	1931年，生态学家们在意大利佛罗伦萨召开会议，正式提议设立"世界动物日"。他们选取了圣方济各的主保瞻礼日即10月4日这一天作为纪念日。
10月16日	世界粮食日	1979年11月，粮农组织第20届大会决定从1981年起，把每年的10月16日（粮农组织创建纪念日）定为"世界粮食日"。

续表

时间	节日名	由来
6 月 25 日	中国土地日	1991 年 5 月 24 日国务院第 83 次常务会议决定，从 1991 年起，把每年的 6 月 25 日，即《土地管理法》颁布的日期确定为"全国土地日"。
3 月 12 日	中国植树节	1979 年 2 月 23 日，第五届全国人大常委会第六次会议根据林业总局的提议，通过了将 3 月 12 日（孙中山逝世日）定为中国植树节的决议，因为孙中山是中国近代史上最早意识到森林的重要意义和倡导植树造林的人。

（十三）生态平衡

生态平衡	含义	生态平衡是指在一定时间内生态系统中的生物和环境之间、生物各个种群之间，通过能量流动、物质循环和信息传递，使它们相互之间达到高度适应、协调和统一的状态。也就是说，当生态系统处于平衡状态时，系统内各组成成分之间保持一定的比例关系，能量、物质的输入与输出在较长时间内区域相等，结构和功能处于相对稳定状态，在受到外来干扰时，能通过自我调节恢复到初始的稳定状态。
	特点	生态平衡是一种相对平衡而不是绝对平衡，因为任何生态系统都不是孤立的，都会与外界发生直接或间接的联系，会经常遭到外界的干扰。生态系统对外界的干扰和压力具有一定的弹性，其自我调节能力也是有限度的，如果外界干扰或压力在其所能忍受的范围之内，当这种干扰或压力去除后，它可以通过自我调节能力而恢复；如果外界干扰或压力超过了它所能承受的极限，其自我调节能力也就遭到了破坏，生态系统就会衰退，甚至崩溃。
		生态平衡是一种动态平衡而不是静态的平衡，这是因为变化是宇宙间一切事物最根本的属性，生态系统这个自然界复杂的实体，当然也处在不断变化之中。

第四篇　公　文

第一章　公文基础知识

第一节　公文概述

一、公文的概念

范畴		相关知识点	
公文的概念	广义公文	定义	从广义上讲，公文是各种法定的社会组织在处理公务过程中形成并使用的具有法定效力和规范体式的文书。
		分类	通用公文	★法定公文（狭义）
				事务性公文
			专用公文	
	狭义公文	定义	从狭义上来讲，公文主要是指法定公文，即党政机关公文。《党政机关公文处理工作条例》第3条规定：党政机关公文是党政机关实施领导、履行职能、处理公务的具有特定效力和规范体式的文书，是传达贯彻党和国家的方针政策，公布法规和规章，指导、布置和商洽工作，请示和答复问题，报告和交流情况等的重要工具。

二、公文的特点

特点		具体含义
公文的特点	公务性	指公文以处理公共事务为内容，即公文的内容反映和传达的是社会组织的公务信息。
	特定性	表现为作者和读者的特定性。作者的特定性是指公文必须由法定的作者拟定和发布，而这个法定作者是依据法律法规确立的，能以自己的名义行使其法定权利和担负一定义务的机关、组织或相应的法定代表人。读

	者的特定性表现为公文格式上的"主送机关""抄送机关",这些是为了明确目标读者而进行的格式设置。	
规范性	格式和程序的规范性。每一种公文都有其特定的格式,包括文体、结构、用纸尺寸等都有统一规定。公文的拟制、办理和管理,都有规范的程序要求。	
权威性	公文是为了表达意志、处理公务等工作活动而拟定的,是各级党政机关和企事业单位处理公务、开展工作、管理国家和企业的法定依据。出台之后,相关单位和个人就必须遵照执行。	
时效性	有的公文会明确规定公文的生效时间,如未规定,以公文的成文日期作为生效时间。当某个政策领域出现新的公文时,旧有的公文则会失效,这些都体现了公文的时效性。	
政策性	制发公文都是党政机关用来贯彻执行党和国家的有关政策,落实国家法律法规的方式之一,是法规和政策的延伸和具体化,具有明显的政策性。	

三、公文的表达方式

表达方式是指表述特定内容所使用的特定语言方法和手段,是文章构成的一种形式要素。常见的表达方式包括记叙、描写、抒情、议论、说明等。公文的表达方式主要有叙述、议论和说明三种,一般不采用描写的表达方式,肯定不运用抒情。

	表达方式	具体应用
公文的表达方式	叙述	叙述就是将事情的前后经过描述出来,是公文中适用最普遍的一种表达方式,如决议中提供的事实论据,报告中事情的前因后果,通报中事件的详细经过等,都会使用到叙述这种表达方式。
	议论	议论就是对某一事件或问题发表见解,表明观点和态度,并以充分的材料证明自己观点的正确性。这种表达方式在公文中运用得极为广泛。
	说明	说明就是对事物进行科学的解说,对客观事物作出解释或者抽象事理进行阐释。

四、公文的语言要求

《党政机关公文处理工作条例》的第 19 条第 3 项规定：公文内容简洁，主题突出，观点鲜明，结构严谨，表述准确，文字精练。

要达到上述要求，公文应少用修辞手法，若确实有必要使用的话，可以使用的修辞手法有比喻、对比、对偶、排比、引用、设问、反问，一定不可以使用夸张、双关、象征、借代等言过其实、容易造成歧义的修辞。总结起来，公文的语言要庄重、准确、简明、朴实、精练、严谨、规范。

公文在句式排布上要做到：少用长句，多用短句；少用整句，多用散句；少用感叹句、疑问句，多用陈述句。

五、公文的分类

（一）根据形成和作用的公务活动领域进行分类

具体类型		相关定义
通用公文	法定公文	党政机关公文是党政机关实施领导、履行职能、处理公务的具有特定效力和规范体式的文书，是传达贯彻党和国家的方针政策，公布法规和规章，指导、布置和商洽工作，请示和答复问题，报告和交流情况等的重要工具，即《党政机关公文处理工作条例》中规定的 15 种。
	事务性公文	各级机关和各类组织在法定公文之外处理日常工作经常使用的公文，这类公文没有法定的格式和效力，如条例、章程、规定、办法计划、总结、调查报告、简报、讲话稿、提案、合同等。
专用公文		指某个业务部门、某一行业根据专门工作的特殊需要而使用的，具有该业务部门或该行业特定内容和规定格式的公文。

（二）根据行文关系和行文方向进行分类

上行文	下级机关单位向上级领导机关和单位报送的公文，比如报告、请示。
下行文	上级领导机关和单位向下级机关单位发送的公文，比如决定、通知、批复等。
平行文	同级或不相隶属的机关、单位之间送交的公文，比如函。

（三）按照紧急程度和办文时限分类

紧急件	特提（电报）	事情特别重大、特殊紧急，需要打破常规，优先迅速传递处理的公文。特提公文是为电报新设的紧急等级，强调其在公文处理中的特殊性。
	特急	内容特别重要，情况特别紧急，需迅速传递办理的公文。它是发文机关对受文机关处理时限要求紧迫的公文，要求在安全、保密的前提下，把承办时间压缩到最低限度。
	加急	内容很重要、情况很紧急，需要马上传递的公文。
	平急（电报）	内容比较重要、情况比较紧急、应该及时传递办理的公文。
平件		没有特殊时间要求，按常规处理的文件。

（四）按照有无保密要求和秘密等级分类

保密	绝密	最重要的国家秘密，泄露会使国家的安全和利益遭受特别严重的损害的公文。这类公文的最长保密期限为30年。
	机密	重要的国家秘密，泄露会使国家的安全和利益遭受严重的损害。这类公文的最长保密期限为20年。
	秘密	一般的国家秘密，泄露会使国家的安全和利益遭受损害。这类公文的最长保密期限为10年。
普通		内容不涉及党和国家的任何秘密，可以在各级机关、各有关单位内传阅的公文。

（五）根据公文来源分类

收文	指本机关收到的来自外部的公文。
发文	指由本机关制作发往外部的或只供内部使用的公文。

（六）根据收文机关对收到公文的处理方式分类

阅件	阅知性公文，只需按规定交有关部门、有关人员阅知的公文。
办件	承办性公文，必须交有关部门、有关人员及时办理或答复、贯彻的公文。

（七）根据公文的性质和作用进行的分类

规范性公文	对某项具体工作或行动作出直接、明确、规范要求的具有约束力的公文，如规定、办法、细则等。
指令性公文	上级对下级机关布置工作、阐明工作及活动的指导原则、方法和措施时使用的公文，如决议、命令、决定、批复等。
告知性公文	公开发布重大事件、重要事项，或者在一定范围内公布应当遵守或周知事项时使用的公文。如布告、通告、公告、通报、公报等。
商洽性公文	不相隶属机关或单位之间相互商洽工作、询问或答复问题，向有关主管部门请求批准有关事项的公文，如函。
报请性公文	下级机关向上级机关报告工作、反映情况、请求指导和批复的公文，如请示、报告、议案等。
实录性公文	对有关情况进行记录整理而形成的公文，如纪要等。
多用性公文	适用于多种情形的公文，如意见、通知等。
计划性公文	对一定时期内的工作事先进行筹划安排所形成的公文，如计划、方案等。
证明性公文	有关单位向有关方面提供某件事情或某个人身份、经历、职务、职称、工作等真实状况的公文，如介绍信、证明信等。

第二节　公文的行文规则

行文规则是指各级机关公文往来时需要共同遵守的制度和原则。各级机关单位应当遵守公文行文规则，这样才能把控公文传递方向，加快公文传递速度，提高工作效率。

一、总体规则

《党政机关公文处理工作条例》第 13 条要求："行文应当确有必要，讲求实效，注重针对性和可操作性。"第 14 条要求："行文关系根据隶属关系和职权范围确定。一般不得越级行文，特殊情况需要越级行文的，应当同时抄送被越过的机关。"以上两条规定为公文行文的总体规则。

二、上行文规则（报告、请示）

行文规则	规则要求
上行文规则	原则上主送一个上级机关，根据需要同时抄送其他相关上级机关和同级机关，不抄送下级机关。
	党委、政府的部门向上级主管部门请示、报告重大事项，应当经本级党委、政府同意或者授权，属于部门职权范围内的事项应直接报送上级主管部门。
	下级机关的请示事项，如需以本机关名义向上级机关请示，应当提出倾向性意见后上报。不得原文转报上级机关。
	请示应当一文一事，不得在报告等非请示性公文中夹带请示事项。
	除上级机关负责人直接交办事项外，不得以本机关名义向上级机关负责人报送公文，也不得以本机关负责人名义向上级机关报送公文。
	受双重领导的机关向一个上级机关行文，必要时应当抄送另一个上级机关。
	不符合行文规则的上报公文，上级机关的文秘部门可退回下级呈报机关。

三、下行文规则（命令、决定、决议、公报、公告、通告、通知、通报、批复、纪要）

行文规则	规则要求
下行文规则	主送受理机关，根据需要抄送相关机关。重要行文应当同时抄送发文机关的直接上级机关。
	党委、政府的办公厅（室）根据本级党委、政府授权，可以向下级党委、政府行文，其他部门和单位不得向下级党委、政府发布指令性公文或者在公文中向下级党委、政府提出指令性要求。需经政府审批的具体事项，经政府同意可由政府职能部门行文，文中需注明已经政府同意。
	党委、政府的部门在各自职权范围内可以向下级党委、政府的相关部门行文。
	涉及多个部门职权范围内的事务，部门之间未协商一致的，不得向下行文；擅自行文的，上级机关应当责令其纠正或者撤销。
	上级机关向受双重领导的下级机关行文，必要时抄送该下级机关的另一个上级机关。

四、联合（平）行文规则

《党政机关公文处理工作条例》第 17 条要求："同级党政机关、党政机关与其他同级机关必要时可以联合行文。属于党委、政府各自职权范围内的工作，不得联合行文。党委、政府的部门依据职权可以相互行文。部门内设机构除办公厅（室）外不得对外正式行文。"因此，能够联合行文的最重要条件就是同级。

行文规则	规则要求
可联合行文的单位	同级政府、同级政府各部门可以联合行文。
	上级政府部门与下一级政府可以联合行文。
	政府与同级党委和军队机关可以联合行文。
	政府部门与相应的党组织和军队机关可以联合行文。
	政府部门与同级人民团体和具有行政职能的事业单位也可以联合行文。

五、其他规则

（一）逐级行文

逐级行文是指为了维护正常的领导关系，有隶属关系或业务指导关系的机关之间一般都要采用逐级行文的方式，即只对直属上一级机关或下一级机关制发公文。逐级行文是正常的行文规则，如无特殊情况，党政机关都应进行逐级行文。

（二）越级行文

越级行文仅限于上行文，是指下级机关越过自己的直接领导机关向更高的上级领导机关甚至中央直接行文。越级行文是一种非正常的行文方式，无特殊情况，一般不能轻易采用。《党政机关公文处理工作条例》第14条规定："行文关系根据隶属关系和职权范围确定。一般不得越级行文，特殊情况需要越级行文的，应当同时抄送被越过的机关。"

行文规则	适用情形
越级行文的适用情形	遇有特殊重大紧急情况，如战争、自然灾害等，逐级上报可能会延误时机、造成重大损失时。
	经多次请示直接上级，长期未得到解决的重大问题。
	上级领导或领导机关交办，并指定越级直接上报的事项。

续表

行文规则	适用情形
	对直接上级机关或领导进行检举、控告的事项。
	直接上下级机关有争议，而无法解决的重大问题。
	询问、联系无需经过直接上级机关的一些工作问题等。

（三）多级行文

多级行文是指将公文同时发送给上几级或下几级机关，此种方式多用于加快文件的传递。

（四）直接行文

直接行文是指同级或其他不相隶属的机关之间相互行文时采用的方式，与加快方式传递无关。

（五）报刊行文

经过批准在报刊上发表的公文，应当视为正式公文依照执行，发文机关可不再行文。

第二章 法定公文

第一节 法定公文的种类

《党政机关公文处理工作条例》中规定的公文文种有 15 钟，分别是：决议、决定、命令、公报、公告、通告、意见、通知、通报、报告、请示、批复、议案、函、纪要。在 2012 年该条例出台之前，党和行政机关的公文依据 1996 版《中国共产党机关公文处理条例》和 2001 版《国家行政机关公文处理办法》分别进行管理。两个旧的文件规定的党的机关所使用的公文文种和行政机关所使用的公文文种是不太相同的，具体参见下表：

1996 版《中国共产党机关公文处理条例》(13 种)	2001 版《国家行政机关公文处理办法》(13 种)	2012 版《党政机关公文处理工作条例》(15 种)
决议、决定、公报、意见、通知、通报、报告、请示、批复、函、会议纪要、指示、条例、规定。	命令、决定、公告、通告、通知、通报、议案、报告、请示、批复、意见、函、会议纪要。	决议、决定、命令、公报、公告、通告、意见、通知、通报、报告、请示、批复、议案、函、纪要。

其中，《党政机关公文处理工作条例》删除了《中国共产党机关公文处理条例》的指示、条例和规定 3 个文种，将其余 10 个文种与《国家行政机关公文处理办法》中的 13 种文种进行合并，最终形成了《党政机关公文处理工作条例》中的 15 种文种。

一、决议

决议是经过集体讨论研究，对某事项达成一致意见，形成决策，而后用公文的形式表达出来的一种公文。一般在发布经会议通过并要求执行的事项时使用，或者经过民主表决、形成一致意见，并以书面的形式进行公布时使用。

知识点		知识点延伸
决议	《党政机关公文处理工作条例》的定义	适用于会议讨论通过的重大决策事项。
	特点	(1) 权威性。决议是经过会议讨论通过才能生效并由领导机关发布的，是领导机关意志的反映。决议的内容事关重要决策事项，一经公布，必须坚决执行，不能有任何违背，具有很强的权威性。 (2) 决策性。决议是对重大问题和重大事项所作出的决策。一经形成，就会在较大范围内对党和国家的工作和生活造成重大影响。 (3) 指导性。决议表述的观点和对事项的评价都具有指导意义。 (4) 程序性。决议必须经会议讨论，并经表决通过之后才能形成，有严格的程序性。 (5) 表决性。决议是会议的产物，会议是一种群体活动，只有规定数量以上的与会者举手或者投票赞成，才能形成决议。
	例子	《中共中央关于党的百年奋斗重大成就和历史经验的决议》。 《XX市人大常委会关于批准XX市2021年市级财政决算的决议》。

二、决定

"决而定之"谓之"决定"，决定属于下行文，上至党和国家的重大决策和战略部署，下至基层单位的奖惩事宜均可使用。决定在加强领导、统一行动、统一思想、提高效率方面起着重大作用，是一种重要的、带有指挥性和约束性的公文。

知识点		知识点延伸
决定	《党政机关公文处理工作条例》中的定义	适用于对重要事项作出决策和部署、奖惩有关单位和人员、变更或者撤销下级机关不适当的决定事项。
	特点	(1) 指导性。决定集中体现了上级领导机关对重要事项的决策，具有较强的理论性、政策性，是指导下级机关的工作准则。 (2) 严肃性。决定对重要事项做出安排，下级机关必须认真执行，不能随意变通执行。 (3) 针对性。决定是根据现实问题作出的安排、部署和决策，具有较强的针对性。 (4) 强制性。决定是下行文，由上级机关制发，要求下级机关无条件地贯彻执行，这就使得决定具有了强制性的特点。

	（5）稳定性。决定要求较长时间贯彻执行，并在较长时间内发挥作用。
类型	（1）法规性决定。用于发布权力机关制定、修订或实行的法律文件以及由政府部门制定的行政法规。如《XX市人民政府关于修改〈XX市物业管理办法〉的决定》。 （2）指挥性决定。用于对某个问题、某种事项、某种行动进行决策性的指挥部署，如《市人民政府关于加快发展现代职业教育的决定》。 （3）奖惩性决定。用于表彰或处分有关的单位或个人，如《XX省人民政府关于表彰全省劳动模范和先进工作者的决定》。 （4）变更性决定。用于变更机构人事安排或撤销下级机关不适当的决定事项，如《国务院关于修改和废止部分行政法规的决定》。

三、命令（令）

"命"有"严肃"的含义，"令"有"告诫"的含义，"命令"是"使人为事"的意思，它是我国最古老的公文文种之一。在现代社会，命令是国家权力机关、行政机关、军事机关及其负责人颁布的，具有强制执行性、领导性和指挥性的下行公文。

	知识点	知识点延伸
命令（令）	《党政机关公文处理工作条例》中的定义	适用于公布行政法规和规章、宣布施行重大强制性措施、批准授予和晋升衔级、嘉奖有关单位和人员。
	特点	（1）强制性大。在党政机关公文中，命令是强制性最高的文种。上级机关发布了命令，下级机关不管是否同意，不管有什么困难或问题，都必须无条件执行。违反命令或抗拒执行命令，就要受到相应的惩罚。 （2）权威性强。《宪法》规定，中华人民共和国主席，中央军事委员会，国务院，国务院各部、各委员会，县级以上地方各级人民政府，都有权依照法律规定发布命令。但在实际运用中，国家最高领导机关和领导人以及中央军事委员会领导人使用较多，地方政府很少使用。因此，命令具有很强的权威性，命令一旦发布，其他单位或个人都不得修改，如果其他公文的内容与命令的有关精神相抵触，一律以命令为准。 （3）内容重要。命令所涉及的事项，无论是发布行政法规和规章，还是宣布施行重大强制性行政措施，都是非常重要的内容。

	此外，运用命令对相关人员进行奖惩处理，也是针对影响较大的情况，如果是一般性的表彰先进或批评错误，一般使用通报级别的公文文种即可。
类型	（1）发布令。用于发布法律、法令、行政法规、规章制度，如国家主席通过《中华人民共和国主席令》的形式公布修订后的《公务员法》。 （2）嘉奖令。用于公布对个人或集体所取得的重大功绩的表彰，如《XX部关于表彰全国公安系统抗震救灾先进集体和先进个人的命令》。 （3）行政令。用于实行重大强制性行政措施，如《XX省人民政府2022年森林防火命令》。 （4）任免令。用于人事方面任免人员的命令，如国务院总理使用国务院令对香港特别行政区或澳门特别行政区行政长官进行任命。

四、公报

在日常生活中，公报常常以新闻公报的形式出现在人们面前。实际上，新闻公报只是公报的一种形式，除了新闻公报，公报还包括联合公报、会议公报等。它是党政机关或其领导人发布重要决定或者重大事项时所使用的文种。

	知识点	知识点延伸
公报	《党政机关公文处理工作条例》中的定义	适用于公布重要决定或者重大事项。
	特点	（1）重要性。公布的发布机关级别很高，如中共中央、全国人民代表大会常务委员会、国务院、国务院各部委、最高人民法院、最高人民检察院等，其涉及的内容都是令人瞩目的重大事件。 （2）公开性。公报即"公开报告"，是一种公之于众的文种，没有主送机关、抄送机关，全国、全世界人民都可以阅读。 （3）新闻性。公报的内容一般都是最新发生的事件和最新作出的决定，是广大人民群众普遍关心的且有知情权但尚未获知的事项。
	例子	《中国共产党第十九届中央委员会第六次全体会议公报》。 《中俄总理第二十六次定期会晤联合公报》。

五、公告

公告是行政公文的主要文种之一，属于发布范围非常广泛的告知性公文。根据《党政机关公文处理工作条例》的规定，公告是向国内外宣布重要事项或法定事项时使用的公文，但在实际使用中，一些机关单位事无巨细地频繁使用公告。公告的庄重性特点被忽视，只强调广泛性和周知性，以致得公告逐渐演变为"公而告之"。

	知识点	知识点延伸
公告	《党政机关公文处理工作条例》中的定义	适用于向国内外宣布重要事项或者法定事项。
	特点	（1）广泛性。公告的内容不只是在国内，还可以在世界范围内公布。也就是说，公告中公布的事项须在国内外构成影响，只对国内，或只与小范围区域有关的时间，不能使用"公告"这一文种。 （2）单一性。公告强调"一文一事"，不能将几件事都列于同一篇公告之中。 （3）重大性。公告的内容必须是能在国际国内产生一定影响的重要事项，或者依法必须向社会公布的法定事项。一般性的决定、指示、通知的内容，都不能用公告的形式发布，因为它们很难产生全国和国际性的意义。 （4）公开性。公告的传播公开透明。公告虽然是一种公文，但它不只是在党政机关之间传播，而是通过新闻媒介，如报纸、电台、电视台等公开宣布。
	例子	（1）《中华人民共和国全国人民代表大会公告》宣告国家主席、副主席的选举结果。 （2）《国家税务总局关于办理2021年度个人所得税综合所得汇算清缴事项的公告》。

六、通告

通告属于周知性文种，是知照性的下行文。它的使用者是各级各类机关，内容又往往涉及社会的方方面面，因此，无论是其使用主体还是其内容都相当广泛。

	知识点	知识点延伸
通告	《党政机关公文处理工作条例》中的定义	适用于在一定范围内公布应当遵守或者周知的事项。
	特点	(1) 周知性。通告的内容要求在一定范围内的人群或特定的人群普遍知晓，以使他们了解有关政策法令，遵守某些规定事项，共同维护社会公务管理秩序。 (2) 规范性。通告常常用来发布各类地方性的法规或规定，这些新规一经公布，特定范围内的部门、单位和民众都必须遵守、执行。 (3) 务实性。通告是一种直接指向某项事务的文种，务实性比较突出。其内容一般属于业务方面的问题，而且多为局部的、具体的问题，交通、金融、能源部门等使用频率比较高。 (4) 广泛性。通告适用范围很广，内容可涉及社会生活的方方面面，因为各级机关单位都可使用。同时，通告发布的方式也多种多样，可通过报刊、广播、电视公布，也可通过张贴和发文，使通告内容广为人知。
	例子	(1)《XX市应对新型冠状病毒肺炎疫情应急指挥部通告》。 (2)《关于维护医疗机构秩序的通告》。

七、意见

意见是就某个问题提出切合的可行性意见和建议，以便对当前或将来要开展的工作提供参考。意见既可上行，亦可下行，还可平行。如为上行文，上级应该对报送的意见作出处理或给予答复；如为平行文，则仅供对方参考；如为下行文，则要依据要求遵照执行。

	知识点	知识点延伸
意见	《党政机关公文处理工作条例》中的定义	适用于对重要问题提出见解和处理办法。
	特点	(1) 针对性。意见往往就工作中亟须解决的问题或必须纠正的倾向而制发。提出问题要及时，分析问题要结合实际，提出的见解、办法要对症下药，有针对性、可操作性强。 (2) 重要性。所涉及的必须是重要问题，即应当是工作中所遇到的涉及方针政策的重大事项和主要问题。 (3) 多向性。意见可用于上级机关对下级机关提出具有指导性作

续表

知识点	知识点延伸
	用的要求，具有指示的性质，下级机关必须遵照执行。也可用于下级机关对上级机关提出一些建设性见解。还可用于同级机关之间互相提出建议或意见供对方参考。
例子	(1)《中共中央、国务院关于做好 2022 年全面推进乡村振兴重点工作的意见》。 (2)《关于 2022 年义务教育阶段入学工作的意见》。

八、通知

通知，即通达而知晓之意，是一种应用最为广泛、最为频繁的公文文种。通知一般由上级机关拟制，通过下发该公文，要求下级机关按照要求办理相关事项、开展相关工作，是一种下行文。

	知识点	知识点延伸
通知	《党政机关公文处理工作条例》中的定义	适用于发布、传达要求下级机关执行和有关单位周知或者执行的事项，批转、转发公文。
	特点	(1) 适用范围广。虽然通知是下行文，但对发文机关的级别没有限制，又可以用于向下级机关转发公文、发布规章制度、传达领导指示、任免人员等。因此，通知是所有公文中使用最为频繁的文种。 (2) 权威性。上级机关向下级机关发通知时，通常都是因为部署和指导工作、批转和转发文件等，这就需要明确阐述处理某些问题的原则和方法，有的通知虽然主要作用是告知，但告知内容本身往往具有指导作用。 (3) 时效性。通知事项一般是要求立即知晓、执行或办理的，不能拖延。有的通知只在指定的一段时期内有效，特别是会议通知，过期之后，通知也会失去效力。
	类型	(1) 批转性通知。用于上级机关转发下级机关的公文给所属单位，以便让其周知或执行。如《国务院关于批转发展改革委等部门法人和其他组织统一社会信用代码制度建设总体方案的通知》。 (2) 转发性通知。用于转发上级机关和不相隶属机关的公文给所属单位，以便让其周知或执行，如《四川省人民政府转发〈国务院关于实施成品油价格和税费改革通知〉的通知》。

续表

知识点	知识点延伸
	（3）事务性通知。用于向下级传达需要周知或要求执行的事项，包括布置工作、安排活动、设置机构等，如《国务院办公厅关于进一步开展安全生产隐患排查治理工作的通知》。 （4）发布性通知。用于颁布、印发各级行政领导机关制定的行政法规和规章，包括条例、规定、办法和细节等。如XX省人民政府关于印发《XX省"十四五"节能减排综合工作方案》的通知。 （5）任免性通知。机关单位用于任免和聘用人员，如《XX省人民政府关于任免XX等职务的通知》。 （6）告知性通知。用于向各级单位告知相关事项，会议信息、变更办公地点、变更电话号码等事项均为此类。如《XX市关于召开全市工商联系统工作会议的通知》。

九、通报

通报是上级机关将具体的工作经验、典型事例，以及具有教育警示意义的事件、应该引以为戒的事故等，以文件的形式周知下级单位的知照性公文。其制发目的在于交流经验、吸取教训、教育群众、推动工作。

知识点		知识点延伸
	《党政机关公文处理工作条例》中的定义	适用于表彰先进、批评错误、传达重要精神和告知重要情况。
通报	特点	（1）典型性。要求是典型人物、事件或情况，且具有代表性。而非一般人、事、情况。只有这样，才能引起人们的高度关注，提高认识，发挥以点带面的作用。 （2）教育性。无论是表彰、批评，还是通报情况，最终目的不仅在于宣传时间的处理结果，更重要的是通过典型的人物和事迹引导人们树立正确的价值观，或者提供借鉴、总结经验、汲取教训，起到教育的作用。 （3）时效性。通报的行文一定要及时，行文单位要具有高度的责任感和政治敏锐性，及时发现好的情况或不良苗头，第一时间制发通报，对其进行表扬或批评，以指导当前的工作。通报越及时，对工作的指导作用越大。 （4）真实性。无论表扬、批评，还是告知情况或传达精神，都必须要求案例是真实的，不允许有任何虚假成分，必须准确无误、实

知识点	知识点延伸
	事求是，否则达不到引导教育之目的。 （5）公开性。通报应当及时公之于众，或直接向受文对象宣读，或及时与有关单位沟通，上情下达、交流信息，同时供公众查阅。 （6）感情色彩性。如果说大部分公文是不能有任何感情色彩的表达，那通报因其包含案例，起到批评或表彰的作用，是所有公文中感情色彩最重、倾向性最强的文种，因为只有通过较强感情色彩的描述来表达立场，才能起到引领和教育的作用。
类型	（1）表彰性通报。该类型用于表彰先进个人或先进单位，教育、引导干部群众学习和赶超先进典型。如《XX 市人民政府关于表扬 XX 市第 XX 次社会科学优秀成果的通报》 （2）批评性通报。该通报用于披露和批评错误，教育和引导他人引以为鉴的通报。如《住房和城乡建设部国家文物局关于部分保护不力国家历史文化名城的通报》。 （3）情况性通报。该类型用于传递信息、沟通情况，让人们了解事态发展，了解全局，与上级协调一致，统一认识、统一步调，解决存在的问题，为工作提供指导或参考。如《关于 2022 年第二次全市政府网站及政务新媒体抽查情况的通报》。

十、报告

按照上级部署或自身工作计划，每完成一项任务，都要向上级写报告，以反映工作中的基本情况、取得的经验教训、存在的问题以及今后的打算等，以方便取得上级领导部门的指导，上下配合，更针对性地完成任务。

	知识点	知识点延伸
报告	《党政机关公文处理工作条例》中的定义	适用于向上级机关汇报工作，反映情况，回复上级机关的询问。
	特点	（1）真实性。真实性是报告的生命，向上级报告工作开展情况一定要真实，以便上级机关能够掌握真实情况，相应作出决策。 （2）陈述性。因报告具有汇报性，是向上级讲述具体的工作内容，存在的问题和今后的打算，所以行文上一般采用叙述的方式，即陈述事实。 （3）单向性。报告是下级机关向上级机关行文，是为上级机关进

续表

知识点	知识点延伸
	行宏观领导提供依据，一般不需要上级机关的回应，属于单向行文。 （4）事后性。报告都是在工作完成之后拟制的，不会在工作还未完成时就拟制，只有这样，才能确保结果和情况的真实性。
例子	（1）《XX省XX届高校毕业生就业情况报告》。 （2）《XX年政府工作报告》。

十一、请示

在实际工作中，如果对某项工作或某个问题，本级机关无权进行处理，或者没有足够的能力妥善处理，那么就可以向上级机关进行请示，以寻求上级机关的指示和批准。请示是请求上级机关给予帮助和支持的呈请性、期复性与陈述性相结合的双向性公文。

	知识点	知识点延伸
报告	《党政机关公文处理工作条例》中的定义	适用于向上级机关请求指示、批准事项。
	向上级进行请示的必备条件	（1）必须是下级机关向上级机关的行文。 （2）必须是上级机关自己无权作出决定和处理的问题。 （3）必须是为了向上级请求批准。
	特点	（1）呈请性。请示是向上级机关请求指示和批准的公文，具有请求性； （2）回复性。下级机关有一份请示呈报上去，上级机关就要有一份批复进行回复。不管上级是否同意下级的请示事项，都必须给请示单位一个明确且及时的批复，因为写请示最直接的目的的就是得到批复。 （3）针对性。请示必须针对超出本机关职权、能力、认识范围之外的事情才能使用，在自己权限范围内的事情不用请示，更不得动辄请示，以免影响工作效率。 （4）单一性。单一性包含两层意思：第一，请示只能就一项工作或一种情况、一个问题做出请示，不得在一份公文中就若干事项请求指示和批准，否则会耽误正常工作的开展。确实存在若干事项都需要同时向同一上级机关请示时，应当拟制若干份请示，上

知识点	知识点延伸
	级机关应分别对不同的请示作出相应的批复。第二，请示主送一个上级机关，不能主送多个上级机关，以防多个上级机关在作出指示决定时出现不同意见。 （5）超前性。请示必须在事前行文，等上级机关作出批复后才能付诸实施。事中请示或事后请示都是违反规则的。 （6）可行性。请示中向上级机关提出的予以批准的请求，应当是切实可行的，应当考虑上级机关的审批权限和解决能力。
例子	（1）《关 XX 市 XX 年第 X 批次城市建设用地申请征收土地的请示》 （2）《关于评定 XX 同志为烈士的请示》

十二、批复

先有下级的请示，后才有上级的批复。批复是上级机关答复下级机关某一请示时使用的公文，是与请示配套使用的下行文，所谓"有请必复、一事一批"。批复只有在上级机关答复下级请示时才使用，答复不相隶属机关的询问只能用函，不能用批复。

知识点		知识点延伸
意见	《党政机关公文处理工作条例》中的定义	适用于答复下级机关请示事项。
	特点	（1）被动性。批复是用来答复下级请求事项的公文，下级有请示，上级才会有批复。批复是公文中唯一的纯粹被动性文种。 （2）针对性。下级机关请示什么事项或问题，上级机关的批复就必须指向这一事项或问题，绝不能答非所问。 （3）权威性。批复的目的是指导下级机关的工作，应当概括地说明方针、政策以及执行中的原则和注意事项。批复代表着上级机关的意志和安排，批复的内容具有指令作用，下级必须遵照执行。 （4）简明性。批复对请示中的事项只作原则性、结论性的表态，无须作具体的分析和阐述，表述简单、直接、明了。
	例子	（1）《国务院关于"十四五"新型城镇化实施方案的批复》。 （2）《XX 省人民政府关 XX 市 XX 年第 X 批次城市建设用地的批复》。

十三、议案

议案是由具有法定提案权的国家机关、机构、组织，以及一定数量的个人，向权力机构提出进行审议并作出决定的议事原案，是典型的上行文。最常见的是，各级人民政府按照法定程序向同级人民代表大会或其常务委员会提请审议的事项。

	知识点	知识点延伸
意见	《党政机关公文处理工作条例》中的定义	适用于各级人民政府按照法律程序向同级人民代表大会或者人民代表大会常务委员会提请审议事项。
	特点	（1）时效性。各级人民政府的议案应当而且必须在同级人民代表大会或其常务委员会举行会议规定的期限前提出，否则不能列为议案，超过期限提交的议案一般改作"建议"处理，或移交下次人大会议处理。提交大会审议的议案，必须在规定期限内审议表决或提出处理意见。 （2）定向性。议案的制发机关只能是有提案权的组织，主要是各级人民政府，政府的工作部门不能使用议案。同时，议案只能向同级人民代表大会及其常务委员会行文，不能向其他任何部门和单位行文。 （3）政策性。议案议的是纳入法律程序，人民政府无权决定、须提请国家权力机关审议的事项，必须是该人民代表大会或其常务委员会职权范围内的有关事项，一般政策性较强。
	例子	（1）《关于开展〈XX省农村扶贫开发条例〉执法检查的议案》。 （2）《XX省人民政府关于提请审议批准XX年地方政府债务限额的议案》。

十四、函

函是一种用途较为广泛的平行文，主要在互相平行的机关或者互相之间不存在隶属关系的机关之间洽谈工作、询问事项、提出请求、等待答复等情况下使用。一般篇幅较为短小，行文相对自由。

	知识点	知识点延伸
意见	《党政机关公文处理工作条例》中的定义	适用于不相隶属机关之间商洽工作、询问和答复问题、请求批准和答复审批事项。
	特点	（1）平等性。函用于不相隶属机关之间互相商洽工作、询问和答复问题，这体现了双方地位的平等性，是其他上行文和下行文所不具备的特点。即使是向有关主管部门请求批准，如双方不存在隶属关系，不使用请示和批复，而只能用函，并且姿态、措辞、口气也要跟请示和批复大不相同，体现平等性原则。 （2）灵活性。函对发文机关的资格要求很宽松，高层机关、基层单位、党政机关、社会团体、企事业单位均可发函。函的内容和格式也比较灵活，运用也十分广泛。 （3）单一性。单一性是指行文方向的单一性和行文内容的单一性。行文方向上，函只在需要处理相关事项的两个机关之间使用，不涉及其他机关或单位。在行文内容上，一份函只能写一件事，即一函一事。 （4）简洁性。因为是在互相平行或互不隶属的机关之间行文，所以函的内容都要简洁明了，语言要签核，注意用词分寸。同时，不在原则和意义上进行过多阐述，强调实用性。
	类型	（1）商洽函。用于不相隶属机关之间商谈人事调动、联系参观学习、邀请讲学或指导业务等事宜。如《关于开展 XX 区校地合作的商洽函》。 （2）询问答复函，用于对处理公务中不明确的问题提出咨询和给予答复，没有固定的行文方向，有无隶属关系均可使用。如《关于公开征集〈XX 市促进建筑业高质量发展的若干措施（征求意见稿）〉意见建议的函》。 （3）求批审批函，用于向无隶属关系的业务主管部门提出请求批准的事项或者业务主管部门答复审批事项。如《关于对环保核查工作制度有关问题解释的复函》。

十五、纪要

纪要，即会议纪要，是党政机关以公文形式将重要会议的基本情况、所议事项、主要观点、相关结论等信息记载下来，以便传达或后期查录的纪实性、指导性文书。纪要跟意见一样，也是没有确定行文方向的公文，它既可上行，又可下行，还可平行。

知识点		知识点延伸
意见	《党政机关公文处理工作条例》中的定义	适用于记载会议主要情况和议定事项。
	特点	(1) 纪实性。纪要必须是会议宗旨、基本精神和所议事项的概要纪实，不能随意增减和更改，任何不真实的材料都不得写进纪要。 (2) 条理性。纪要应当对会议精神和议定事项进行有条理的归纳和概括，保证内容清晰、条理清楚。 (3) 概括性。纪要必须精其髓、概其要，以简洁精练的文字高度概括会议的内容和结论，但不必一字不落地对会议的所有细节都进行记录，而是应当综合地、概括地、有选择地对会议的真实情况进行强调性记载，这也是会议纪要与会议记录的主要区别。
	例子	(1)《XX 省研究安全生产工作会议纪要》。 (2)《XX 市文物法宣传工作会议纪要》。

★知识延伸：法定公文的使用主体

党的机关和行政机关通用的		决定、公报、意见、通知、通报、报告、请示、批复、函、纪要。
党的机关和行政机关单独使用的	党的机关单独使用的，行政机关一般不使用的	决议。
	行政机关单独使用的，党的机关一般不使用的	命令（令）、公告、通告、议案。

第二节　相似文种辨析

一、决定与决议

相同点	行文关系相同，都是下行文。
	行文作用相同，都是对重大事项或问题作出决策或安排的指令性公文。
	性质相同，都具有决策的性质，带有一定的强制性和约束力。

续表

不同点	形成程序 不同	决议必须经过正式会议讨论表决通过，以会议名义发布，而决定既可以由会议通过，也可以由领导机关或者领导人作出，以机关名义发文。
	行文内容 不同	如果内容涉及面比较广泛、全面，是有关全局的原则性问题，具有宏观性和战略指导性，重在统一思想认识的，应选用决议；如果内容单一、集中、直接、具体、明确，针对性和可处理性较强的，则应选用决定。
	使用权限 不同	决议只有党的机关才使用，决定是党和政府机关都可以使用。

二、决定、命令与通报

相同点	都可以用来表彰先进个人或集体。	
不同点	使用权限 不同	决定与通报对发文机关无权限限制，而命令则有权限规定（中华人民共和国主席、国务院、国务院各部和各委员会，县级以上的地方各级人民政府有权发布命令），一般党的机关不单独使用命令。
	规格不同	只有最高级别的表彰，授予的荣誉称号才用命令行文。有法规、规章条例为依据的奖励事项用决定。而一般的有典型意义的先进事项，用通报。
	行文目的 和文种性 质不同	命令和决定都是指令性公文，行文的目的是告知事项，具有较强的约束力。而通报则是知照性公文，其行文目的不是要求下级单位贯彻执行，而是让大家了解情况、交流信息、提高认识，有宣传教育的作用。
	写作要求和 要领不同	表彰命令和决定，行文较简单，虽然分依据、事项、结尾三部分，但用语精准，不作展开，行文文字简洁。通报则常常兼用叙述、说明和议论，有较强的感情色彩，根据需要来陈述事实、分析意义，作出评价，使人们了解情况，受到教育。
	内容是惩罚 或批评，其 运用也不同	命令不用于惩罚或批评。决定和通报则都可以用于惩罚或批评。决定和通报的区别在于决定是对严重违章、违纪人员进行警告、降职、撤职、开除或其他处分，程度较重。通报则是对违章、违纪人员未采取组织、行政处分手段时的批评，程度较轻。

三、通告与公告

相同点		都是告知性公文，两个公文的中心都是晓喻告知，就是把欲使接受者知晓的情况、事体、规定、要求发布出去，或者说告知、关照到有关方面。
不同点	发文机关级别不同	公告通常是由级别较高的领导机关，或者法定的有关职能部门等高级机关制发，普通单位不能用公告行文；通告的发文机关很广泛，任何机关单位都可以制发。
	发布内容不同	对国内外宣布具有重大影响的事件，才用公告，如国家首脑出访等；通告的内容比较平常，局部的有关业务工作方面的具体事项都可通告。
	受文对象不同	公告的范围一般是国内外人士；通告只针对一定范围内的单位或人员。
	发布方式不同	公告一般用发文件、登报、广播等方式发布；通告除了这些形式外，还可使用张贴这种发布方式。

四、通告、通知与通报

相同点		都有沟通情况、传达信息的作用。
不同点	受文对象不同	通告所告知的对象是全部组织和群众，它所宣布的规定条文，具有政策性、法规性和某种权威性，要求人们遵照执行，一般都要张贴或通过电台、电视台等新闻媒体大力宣传。
		通知一般只通过某种公文交流渠道，传达至有关部门、单位或人员，它所告知的对象是有限的，但应用极为广泛。
		通报是上级机关把工作情况或带有指导性的经验教训通报下级单位或部门，通报的受文对象只能是制发机关的所属单位或部门。
	行文目的不同	通告公布在一定范围内必须遵守的事项，有着较强的、直接的和具体的约束力，具有鲜明的告知性，一定的制约性等特点，其内容多涉及具体的业务活动或工作，通告在内容上还具有专业性。
		通报的目的晓谕性是很明显的。表彰通报行文的目的是告知有关单位和人员，以表扬激励先进，号召学习先进；批评通报的目的则是让人们知道错误、认识错误、吸取教训、改正错误，引以为戒；情况通报的目的是让人们了解通报的事项。
		通知是向特定受文对象告知或转达有关事项或文件，让对象知道或执行，主要是通过具体事项的安排，要求下级机关在工作中照此执行或办理。

作用 不同	通告可在一定范围内公布需要周知或需要办理的事项，政府机关、社会团体、企事业单位均可使用。如建设征地公告、更换证件通告、施工公告等。另外还可用于公布应当遵守的事项，只限行政机关使用。
	通报让人们了解有关重要情况及正反方面的典型材料，使人们受到教育，提高认识以先进典型做榜样，以反面典型做警戒，从而知道应该做什么、不应该做什么。
	通知可用于下达指示、布置工作、传达有关事项、传达领导意见、任免干部、决定具体问题，是一种应用范围非常广泛的下行文。

第三章　公文的要素与格式

一份完整的公文包括诸多要素，这些要素都有相应的写作格式。根据《党政机关公文格式》的划分标准，将版心内的公文格式各要素划分为版头、主体、版记三个部分。

第一节　版　头

公文的版头包括六大要素，分别是份号、密级和保密期限、紧急程度、发文机关标志、发文字号、签发人。

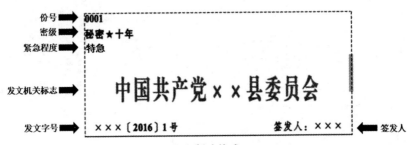

公文版头格式

一、份号

	含义	公文印制份数的顺序号。涉密公文应当标注份号。
份号	版式	（1）一般用6位3号阿拉伯数字，顶格编排在版心左上角第一行。 （2）假设该份公文需要印制10份，则每份公文的份号分别为"000001-000010"这10个序列数字。 （3）一般公文不要求标注份号，涉密公文，即绝密、机密、秘密三类公文则需要标注份号。

二、密级和保密期限

密级和保密期限	含义	公文的秘密等级和保密的期限。涉密公文应当根据涉密程度分别标注"绝密""机密""秘密"和保密期限。
	版式	一般用 3 号黑体字，顶格编排在版心左上角第二行；保密期限中的数字用阿拉伯数字标注。秘密等级和保密期限两者之间用黑五星"★"隔开。如"绝密★30 年""机密★20 年""秘密★10 年"。

★知识延伸：密级的定义及保密期限

	定义	保密期限
绝密	最重要的国家秘密，泄露会使国家的安全和利益遭受特别严重的损害。	不超过 30 年
机密	重要的国家秘密，泄露会使国家的安全和利益遭受严重的损害。	不超过 20 年
秘密	一般的国家秘密，泄露会使国家的安全和利益遭受损害。	不超过 10 年

三、紧急程度

紧急程度	含义	公文送达和办理的时限要求。根据紧急程度，紧急公文应当分别标注"特急""加急"，电报应当分别标注"特提""特急""加急""平急"。
	版式	一般用 3 号黑体字，顶格编排在版心左上角，排在份号、密级和保密程度之下。

四、发文机关标志

发文机关标志	含义	由发文机关全称或者规范化简称加"文件"二字组成，也可以使用发文机关全称或者规范化简称。联合行文时，发文机关标志可以并用联合发文机关名称，也可以单独用主办机关名称。
	版式	发文机关标志居中排布，上边缘至版心上边缘为 35 毫米，推荐使用小标宋体字，颜色为红色，以醒目、美观、庄重为原则。联合行文时，如需同时标注联署发文机关名称，一般应当将主办机关名称排列在前；如有"文件"二字，应当置于发文机关名称右侧，以联署发文机关名称为准上下居中排布。因此，发文机关标志就是红头文件的红头部分。

五、发文字号

发文字号	含义	发文机关在某一年度内所发各种不同文件总数的顺序编号。由发文机关代字、年份、发文顺序号组成。
	版式	（1）编排在发文机关标志下空 2 行位置，居中排布。 （2）发文代字由发文机关自行拟定，固定使用。如果是两个单位联合行文，发文字号只标明主办机关的发文字号。 （3）年份、发文顺序号用阿拉伯数字标注。年份应标全称，用六角括号"〔〕"括入，发文顺序号不加"第"字，不编虚位（即 1 不编为 01），在阿拉伯数字后加"号"字。 （4）上行文的发文字号居左空一字编排，与最后一个签发人姓名处在同一行。

★知识延伸：发文字号常见错例

常见错误	错例	订正
搭配虚字	皖政字〔2022〕第 2 号	皖政〔2022〕2 号
要素颠倒	〔2016〕宜府发字第 85 号	宜府发〔2016〕85 号
年号不全	泸政发〔15〕8 号	泸政发〔2015〕8 号
错用括号	中办发（2022）7 号 中办发<2022>7 号	中办发〔2022〕7 号
乱设虚位	宜教发〔2021〕008 号	宜教发〔2021〕8 号
摆放错误	没有签发人时，发文字号居中排布；有签发人时，左空一字编排，与最后一个签发人姓名处在同一行。	
与"份号"混为一谈	份号是印制分数的顺序号，发文字号是发文机关在某一年度内所发各种不同文件总数的顺序编号。	

六、签发人

签发人	含义	签发公文的人，机关的领导人，一般为单位的正职或主要领导授权人。上行文应当标注签发人姓名。下行文和平行文不用签发人。
	版式	（1）由"签发人"三字加全角冒号和签发人姓名组成，居右空 1 字，编排在发文机关标志下空 2 行位置。"签发人"三字用 3 号仿宋体字，签发人姓名用 3 号楷体字。

续表

	（2）如有多个签发人，签发人姓名按照发文机关的排列顺序从左到右、自上而下依次均匀编排，一般每行排两个姓名，回行时与上一行第一个签发人姓名对齐。

<h2 style="text-align:center">第二节　主　体</h2>

公文的主体是公文需要传达和表达的具体内容，包括标题、主送机关、正文、附件说明、发文机关署名、成文日期、印章、附注、附件 9 个部分。

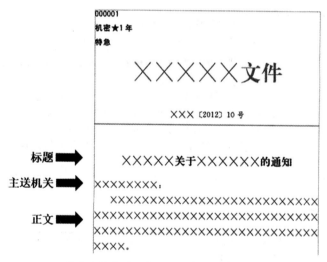

公文主体部分之标题、主送机关和正文

一、标题

	含义	由发文机关名称、事由和文种组成。
标题	版式	一般用 2 号小标宋体字，编排于红色分隔线下空 2 行位置，分一行或多行居中排布；回行时，要做到词意完整，排列对称，长短适宜，间距恰当，标题排列应当使用梯形或菱形。

★知识延伸：标题的形式

标题类型	标题要素	例子
完整标题	发文机关+事由+文种	中共中央、国务院关于表彰改革开放杰出贡献人员的决定
省略发文机关	事由+文种	关于2021年四季度欠税情况的公告
省略事由	发文机关+文种	中华人民共和国国务院令
省略发文机关和事由	文种	公告

二、主送机关

主送机关	含义	公文的主要受理机关，负责处理、执行公文的机关。公文标注主送机关时，应当使用机关全称、规范化简称或者同类型机关统称。
	版式	（1）编排于标题下空1行位置，居左顶格，回行时仍顶格，最后一个机关名称后标全角冒号。 （2）如主送机关名称过多导致公文首页不能显示正文时，应当将主送机关名称移至版记。（首页必须显示正文） （3）上行文，如报告、请示等公文只有一个主送机关。 （4）公开发布的公文一般不写主送机关，如公告、决议、公报、通告等。

三、正文

正文	含义	公文的主体，用来表述公文的内容。正文一般由原由、事项和结尾三个部分组成。
	版式	（1）公文首页必须显示正文。一般用3号仿宋体字，编排于主送机关名称下一行，每个自然段左空二字，回行顶格。文中结构层次序数依次可以用"一、""（一）""1.""（1）"标注；一般第一层用黑体字、第二层用楷体字、第三层和第四层用仿宋体字标注。 （2）如正文中出现引文，则先引标题，后引发文字号，引用文件时文件名在前，用"《》"括入，如《党政机关公文处理工作条例》（中办发〔2012〕14号）。 （3）公文中的日期全部用阿拉伯数字，且不能简写，比如不能把"2005年"改写成"05年"。

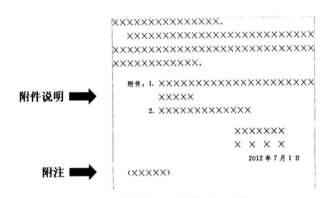

公文主体部分之附件说明、附注

四、附件说明

附件说明	含义	公文附件的顺序号和名称。
	版式	如有附件，在正文下空一行左空 2 字编排"附件"二字，后标全角冒号和附件名称。如有多个附件，使用阿拉伯数字标注附件顺序号，如"附件：1. XXXXX"。附件名称后不加标点符号。附件名称较长需回行时，应当与上一行附件名称的首字对齐。

五、附注

附注	含义	公文印发传达范围等需要说明的事项。如公文的发放范围、政府信息公开方式、联系人和联系电话。
	版式	如有附注，用 3 号仿宋字体，居左空 2 字加圆括号编排在成文日期下一行。"请示"件应在附注处注明联系人和联系电话。

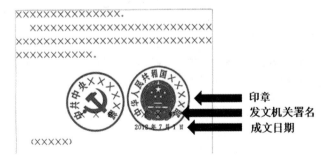

公文主体部分之发文机关署名、成文日期和印章

六、发文机关署名

含义：署发文机关全称或者规范化简称。

七、成文日期

含义：署会议通过或者发文机关负责人签发的日期。联合行文时，署最后签发机关负责人签发的日期。

八、印章

含义：公文中有发文机关署名的，应当加盖发文机关印章，并与署名机关相符。有特定发文机关标志的普发性公文和电报可以不加盖印章。

发文机关署名、成文日期、印章的排版格式	加盖印章的公文	成文日期一般右空4字编排，印章用红色，不得出现空白印章。单一机关行文时，印章端正、居中下压发文机关署名和成文日期，使发文机关署名和成文日期居印章中心偏下位置。
		联合行文时，发文机关署名整齐排列，并将印章一一对应、端正、居中下压发文机关署名，最后一个印章端正、居中下压发文机关署名和成文日期，印章之间排列整齐、互不相交或相切，每排印章两端不得超出版心。 如果是联合上报的公文可以由主办机关加盖印章，如果是联合下发的公文，所有发文机关都应该加盖印章。
	不加盖印章的公文	单一机关行文时，在正文（或附件说明）下空1行右空2字编排发文机关署名，在发文机关署名下一行编排成文日期，首字比发文机关署名首字右移2字，如成文日期长于发文机关署名，应当使成文日期右空2字编排，并相应增加发文机关署名右空字数。
		联合行文时，应当先编排主办机关署名，其余发文机关署名依次向下编排。
	加盖签发人签名章的公文	单一机关制发的公文加盖签发人签名章时，在正文（或附件说明）下空2行右空4字加盖签发人签名章，签名章左空2字标注签发人职务，以签名章为准上下居中排布。在签发人签名章下空1行右空4字编排成文日期。
		联合行文时，应当先编排主办机关签发人职务、签名章，其余机关签发人职务、签名章依次向下编排，与主办机关签发人职务、签名章上下对齐；每行只编排一个机关的签发人职务、签名章；签发人职务应当标注全称。

续表

用阿拉伯数字将年、月、日标全，年份应标全称，月、日不编虚位（1 不编为01）。
当公文排版后所剩空白处不能容下印章或签发人签名章、成文日期时，可以采取调整行距、字距的措施解决。

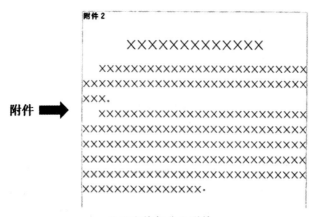

公文主体部分之附件

九、附件

	含义	公文正文的说明、补充或者参考资料。
附件	版式	附件应当另行编排，并在版记之前，与公文正文一起装订。"附件"二字及附件顺序号用 3 号黑体字顶格编排在版心左上角第 1 行。附件标题居中编排在版心第 3 行。附件顺序号和附件标题应当与附件说明的表述一致。附件格式要求同正文。 如附件与正文不能一起装订，应当在附件左上角第 1 行顶格编排公文的发文字号并在其后标注"附件"二字及附件顺序号。

第三节　版　记

公文的主体包括抄送机关、印发机关和印发日期以及页码等，版记应置于公文最后一页，且版记的最后一个要素置于该页面的最后一行。

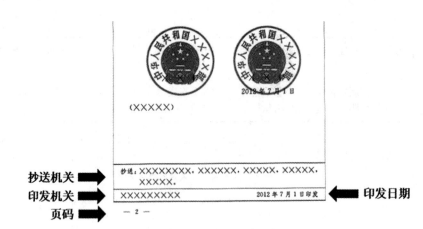

抄送机关 ➡ 抄送：XXXXXXXX，XXXXXX，XXXXX，XXXXX，
XXXXX。

印发机关 ➡ XXXXXXXXX   2012年7月1日印发 ⬅ **印发日期**

页码 ➡ — 2 —

公文版记格式

一、抄送机关

抄送机关	含义	除主送机关外需要执行或者知晓公文内容的其他机关，应当使用机关全称、规范化简称或者同类型机关统称。
	版式	如有抄送机关，一般用4号仿宋体字，在印发机关和印发日期之上1行、左右各空1字编排。"抄送"二字后加全角冒号和抄送机关名称，回行时与冒号后的首字对齐，抄送机关之间用逗号隔开（不用顿号），最后一个抄送机关名称后标句号。 如需把主送机关移至版记，除将"抄送"二字改为"主送"外，编排方法同抄送机关。既有主送机关又有抄送机关时，应当将主送机关置于抄送机关之上1行，之间不加分隔线。

二、印发机关和印发日期

印发机关和印发日期	含义	公文的送印机关和送印日期。
	版式	印发机关和印发日期一般用4号仿宋体字，编排在末条分隔线之上，印发机关左空一字，印发日期右空一字，用阿拉伯数字将年、月、日标全，年份应标全称，月、日不编虚位（1不编为01），后加"印发"二字。

三、页码

印发机关和印发日期	含义	公文页数的顺序号。
	版式	一般用4号半角宋体阿拉伯数字，编排在公文版心下边缘之下，数字左右各放一条一字线。单页码居右空1字，双页码居左空1字。公文的版记页前有空白页的，空白页和版记页均不编排页码。公文的附件与正文一起装订时，页码应当连续编排。

第四章　公文处理

公文处理是指对公文的撰写、传递与管理，它是使公文得以形成并产生实际效用的全部活动，是机关实现其管理职能的重要形式，它包括公文的拟制、办理和管理等环节。

第一节　公文拟制

公文拟制包括公文的起草、审核、签发等程序。

一、公文起草

公文起草的要求	符合国家的法律法规和党的路线方针政策，完整准确体现发文机关意图，并同现行有关公文相衔接。
	一切从实际出发，分析问题实事求是，所提政策措施和办法切实可行。
	内容简洁，主题突出，观点鲜明，结构严谨，表述准确，文字精练。
	文种正确，格式规范。
	公文涉及其他部门职权范围事项的，起草单位必须征求相关部门意见，力求达成一致。
	深入调查研究，充分进行论证，广泛听取意见。
	机关负责人应当主持、指导重要公文起草工作。

二、公文审核

（1）公文文稿签发前，应当由发文机关办公厅（室）进行审核。

公文审核的重点		行文理由是否充分，行文依据是否准确。
		内容是否符合国家法律法规和党的路线方针政策；是否完整、准确地体现发文机关意图；是否同现行有关公文相衔接；所提政策措施和办法是否切实可行。
		涉及有关地区或者部门职权范围的事项是否经过充分协商并达成一致意见。
		文种是否正确，格式是否规范；人名、地名、时间、数字、段落顺序、引文等是否准确；文字、数字、计量单位和标点符号等用法是否符合规定。
		其他内容是否符合公文起草的有关要求。

（2）需要发文机关审议的重要公文文稿，审议前由发文机关办公厅（室）进行初核。

（3）经审核不宜发文的公文文稿，应当退回起草单位并说明理由；符合发文条件但内容需作进一步研究和修改的，由起草单位修改后重新报送。

三、公文签发

公文应当经本机关负责人审批签发。重要公文和上行文由机关主要负责人签发。党委、政府的办公厅（室）根据党委、政府授权制发的公文，由授权机关主要负责人签发或者按照有关规定签发。签发人签发公文，应当签署意见、姓名和完整日期；圈阅或者签名的，视为同意。联合行文由所有联署机关的负责人会签。

第二节　公文办理

公文办理包括收文办理、发文办理和整理归档。

一、收文办理

收文办理的程序	签收	对收到的公文应当逐件清点，核对无误后签字或者盖章，并注明签收时间。
	登记	对公文的主要信息和办理情况应当详细记载。
	初审	对收到的公文应当进行初审。初审的重点是：是否应当由本机关办理，是否符合行文规则，文种、格式是否符合要求，涉及其他地区或者部门职权范围的事项是否已经协商、会签；是否符合公文起草的其他要求。经初审不符合规定的公文，应当及时退回来文单位并说明理由。

续表

	承办	阅知性公文应当根据公文内容、要求和工作需要确定范围后分送。批办性公文应当提出拟办意见报本机关负责人批示或者转有关部门办理；需要两个以上部门办理的，应当明确主办部门。紧急公文应当明确办理时限。承办部门对交办的公文应当及时办理，有明确办理时限要求的应当在规定时限内办理完毕。
	传阅	根据领导批示和工作需要将公文及时送传阅对象阅知或者批示。办理公文传阅应当随时掌握公文去向，不得漏传、误传、延误。
	催办	及时了解掌握公文的办理进展情况，督促承办部门按期办结。紧急公文或者重要公文应当由专人负责催办。
	答复	公文的办理结果应当及时答复来文单位，并根据需要告知相关单位。

二、发文办理

	复核	已经发文机关负责人签批的公文，印发前应当对公文的审批手续、内容、文种、格式等进行复核；需作实质性修改的，应当报原签批人复审。
收文办理的程序	登记	对复核后的公文，应当确定发文字号、分送范围和印制份数并详细记载。
	印制	公文印制必须确保质量和时效。涉密公文应当在符合保密要求的场所印制。
	核发	公文印制完毕，应当在对公文的文字、格式和印刷质量进行检查后分发。

涉密公文进行分发时，应当通过机要交通、邮政机要通信、城市机要文件交换站或者收发件机关机要收发人员进行传递，通过密码电报或者符合国家保密规定的计算机信息系统进行传输。

三、整理归档

需要归档的公文及有关材料，应当根据有关档案法律法规及机关档案管理规定，及时收集齐全、整理归档。两个以上机关联合办理的公文，原件由主办机关归档，相关机关保存复制件。机关负责人兼任其他机关职务的，在履行所兼职务过程中形成的公文，由其兼职机关归档。

第三节　公文管理

一、一般公文的管理

（1）各级党政机关应当建立健全本机关公文管理制度，确保管理严格规范，充分发挥公文效用。

（2）党政机关公文由文秘部门或者专人统一管理。设立党委（党组）的县级以上单位应建立机要保密室和机要阅文室，并按有关保密规定配备工作人员和必要的安全保密设施。

（3）公文的印发传达范围应当按照发文机关的要求执行；需要变更的，应当经发文机关批准。

（4）公文的撤销和废止，由发文机关、上级机关或者权力机关根据职权范围和有关法律法规决定。公文被撤销的，视为自始无效；公文被废止的，视为自废止之日起失效。

（5）机关合并时，全部公文应当随之合并管理；机关撤销时，需要归档的公文整理后按照有关规定移交档案管理部门。工作人员调离岗位时，所在机关应当督促其将暂存、借用的公文按照有关规定移交、清退。

（6）新设立的机关应当向党委、政府的办公厅（室）提出发文立户申请。经审查符合条件的，列为发文单位，机关合并或者撤销时，相应进行调整。

二、涉密公文的管理

（1）公文确定密级前，应当按照拟定的密级先行采取保密措施。确定密级后，应当按照所定密级严格管理。绝密级公文应当由专人管理。公文的密级需要变更或者解除的，由原确定密级的机关或者其上级机关决定。

（2）涉密公文公开发布前应当履行解密程序。公开发布的时间、形式和渠道，由发文机关确定。经批准公开发布的公文，同发文机关正式制发的公文具有同等效力。

（3）复制、汇编机密级、秘密级公文，应当符合有关规定并经本机关负责人批准。绝密级公文一般不得复制、汇编，确有工作需要的，应当经发文机关或者其上级机关批准。复制、汇编的公文视同原件管理。复制件应当加盖复制机关戳记。翻印件应当注明翻印的机关名称、日期。汇编本的密级按照编入公文的最高密级标注。

（4）涉密公文应当按照发文机关的要求和有关规定进行清退或者销毁。

（5）不具备归档和保存价值的公文，经批准后可以销毁。销毁涉密公文必须严格按照有关规定履行审批登记手续，确保不丢失、不漏销。个人不得私自销毁、留存涉密公文。

三、办毕公文的管理

（一）立卷

立卷	含义	立卷是指将办理完毕且有查考利用价值的公文编立成为案卷。公文立卷是将办理完毕的公文中具有保存价值的公文按照其在形成过程中的联系和规律整理后编成案卷，以备以后查考。
	要求	立卷中要注意办毕公文才能立卷；有参考价值的才立卷；必须按照公文的相互联系和特征进行立卷。

（二）归档

归档是指将编立好的案卷及案卷目录按规定的时间要求移交档案部门作为档案保存和管理。

（三）暂存

暂存	含义	暂存是指暂时留存保管一部分具有较高查考价值的重份公文（一份已立卷、归档）和一时难以准确判定是否应予销毁的公文。
	要求	暂存公文应由文书部门或人员妥为保管。要合理排列与编号并简单编目，必要时可按公文号、主题、作用或查考利用的其他需要和要求汇编装订成册。密件与非密件应分别保管。不经批准，个人不得私留私存公文。应定期清理公文及时剔除确已不需查考和明显无任何留存价值的公文，及时将确认具有长期或永久保存价值的公文重新归档。

（四）清退

清退	含义	清退是指经过清理将有关办毕的收文按期退归原发文机关或指定有关单位的公文办毕处置方式。
	类型	涉密公文。
		有重大错漏的公文。
		被明令撤销的公文。
		仅供征求意见或审阅的公文。
		未经本人审阅的领导人的讲话稿、发言稿。
		其他由发文机关指定清退的公文。
	要求	需清退的公文平时要单独保管，任何人不得私自摘录其内容，更不得复制留存。在清退公文的传递过程中，只要公文本身没有解密或降密，应一律按原文标注的密级处理，要严格遵行有关的保密规定和要求。

（五）销毁

销毁	含义	销毁是指对失去留存价值或留存可能性的办毕公文所做的销毁处理。
	类型	所有不具备留存价值的公文。
		无留存必要的重份公文。
		在特殊情况下不马上销毁就将造成失密和严重损失的公文。
		一般性公文的草稿。
		印制公文过程中的校样、印版。
	主要方式	焚毁、重新制成纸浆、粉碎和清洗消磁（磁盘、磁鼓和磁带等）。
	履行程序手续	由文书部门组织对公文进行鉴定。
		确认应销毁后逐文逐件核定造册。
		呈请本机关或上级机关有关领导审定批准。
		获准后再行销毁。
	注意事项	销毁公文时应由专人（两人或多人）监销，直至公文被完全毁灭。销毁密件时应由专人押运公文将其护送至销毁地点。除特殊情况外，任何个人不得私自销毁公文，不能将待销公文作为废纸处理。

第五篇　事业单位管理

第一章　事业单位概述

一、事业单位的概念

	时间	概念
事业单位概念的变化	1963 年 7 月	《国务院关于编制管理的暂行办法》规定：凡是为国家创造或者改善生产条件，促进社会福利，满足人民文化、教育、卫生等需要，其经费由国家事业费内开支的单位均为事业编制。
	1984 年	全国编制工作会议《关于国务院各部门直属事业单位编制管理试行办法（讨论稿）》规定：凡是为国家创造或者改善生产条件，从事为国民经济、人民文化生活、增进社会福利等项服务活动，不是以为国家积累资金为直接目的的单位，可定为事业单位，使用事业编制。
	1990 年	国家统计局、人事部、劳动部和国家计委联合发布的《关于在劳动计划和统计中划分企业、事业、机关单位暂行规定》规定：事业单位是从事为生产和生活服务以及为提高人民科学、文化水平和素质服务的独立核算单位。
	1998 年	国务院发布《事业单位管理暂行条例》，首次对我国事业单位进行了规范性定义，即事业单位是国家为了社会公益目的，由国家机关举办或者其他组织利用国有资产举办的，从事教育、科技、文化、卫生等活动的社会服务组织。
	2004 年	《国务院关于修改〈事业单位管理暂行条例〉的决定》再次重申了1998 年的概念。

★事业单位与行政机关、企业的辨析

异同点	事业单位与行政机关	事业单位与企业单位
相同点	二者多属于公共部门，都为社会提供公共服务。	

| 不通电 | 事业单位：主要从事公共服务活动，一般不享有公共权力；事业单位之间不存在领导或指导关系。
行政机关：主要从事行政管理和社会管理，它是国家权力机关的执行机构，具有外在的公共管理职能；上级政府机关与下级机关有领导或者指导关系。 | 事业单位：大部分事业单位由于为社会提供服务产品，因此可以获得相应的货币收入。但其存在和发展的根本目的是社会公益，生产的利益不能在单位职工或者管理者中间进行分配。
企业单位：以营利为目的的经济组织，资产的所有者可参与剩余产品的分配。 |

二、事业单位的特点

	特点	具体表现
事业单位特点	服务性	事业单位主要分布在教、科、文、卫等领域，是保障国家政治、经济、文化生活正常进行的社会服务支持系统。服务性是最基本、最鲜明的特征。
	属于非政府机构	事业单位不代表国家行使行政权，它与行政系统相互独立，事业单位工作人员不同于公务员。在政府实施行政管理的过程中，有许多具体的事务需要专门机构来办理，事业单位应运而生，因此，事业单位不属于政府机构，但它是政府职能范围的延伸和具体化。
	属于知识密级型组织	绝大多数事业单位均是以脑力劳动为主体的知识密集型组织，专业人才是事业单位的主要人员构成，利用科技文化知识为社会各方面提供服务是事业单位的主要手段。
	经费来自财政拨款	我国的事业单位基本上由国家财政统一拨给各项事业经费。
	量大面广	事业单位的范围涉及教育、科学、技术、文化、卫生、体育等行业部门和领域，其主体具有多元性，其规模具有宏大性。
	工作人员队伍庞大	事业单位在编工作人员人数达到3000多万人，还有900万的离退休人员，总人数庞大。
	内部规模差异大	事业单位内部的教育系统、医疗系统规模大、人数多，气象、地震、测绘等系统规模较小、人数少，事业单位内部的规模差异大。

三、事业单位的分类

（一）按行业进行分类

按照机构编制部门的统计口径，我国的事业单位包括 25 种类别，分别是：教育、科研、勘察设计、勘探、文化、新闻出版、广播影视、卫生、体育、农林牧水、交通、气象、地震、海洋、环保、测绘、信息咨询、标准计量+技术监督+质量检测、知识产权、物资仓储、供销、房地产服务+城市公用、社会福利、经济监督事务、机关后勤服务以及其他。

（二）按资金来源进行分类

	分类	具体情况
按资金来源进行的分类	财政全额拨款事业单位	财政全额拨款事业单位，又称全额预算管理单位，其全部的支出由国家财政拨款、收入全部上交国家财政。
	财政差额拨款事业单位	财政差额拨款事业单位，又称差额预算管理单位，不足部分由国家财政拨付，其列入国家预算的仅是自身收支之间的差额数。
	自收自支事业单位	自收自支事业单位，又称企业化事业单位，其支出由自己解决，收入由自己支配，有结余不用上交国家，有缺口国家不给予弥补，收支不纳入国家财政预算管理。

（三）按社会功能进行分类

	分类	具体情况
按社会功能进行的分类	行政支持类事业单位	行政支持类事业单位，是指承担行政职能的事业单位，这类组织依照国家法律、法规的规定及政府授权，承担行政决策、行政执行、行政监督等职能。
	公益服务类事业单位	公益服务类事业单位，是指从事公益服务的事业单位，这类组织面向社会提供公益服务，为机关行使行政职能提供支持保障。
	生产经营类事业单位	生产经营类事业单位，是指所其所提供的产品或服务可以由市场配置资源、不承担公益服务职责的事业单位。

第二章 事业单位管理改革

第一节 事业单位分类改革

一、改革的必要性

改革的必要性	一些事业单位功能定位不清，政事不分、事企不分，机制不活。
	公益服务供给总量不足，供给方式单一，资源配置不合理，质量和效率不高。
	支持公益服务的政策措施还不够完善，监督管理薄弱。

二、改革的指导思想

高举中国特色社会主义伟大旗帜，以邓小平理论和"三个代表"重要思想为指导，深入贯彻落实科学发展观，按照政事分开、事企分开和管办分离的要求，以促进公益事业发展为目的，以科学分类为基础，以深化体制机制改革为核心，总体设计、分类指导、因地制宜、先行试点、稳步推进，进一步增强事业单位活力，不断满足人民群众和经济社会发展对公益服务的需求。

三、改革的基本原则

改革的基本原则	坚持以人为本，把提高公益服务水平、满足人民群众需求作为出发点和落脚点。
	坚持分类指导，根据不同类别事业单位的特点实施改革和管理。
	坚持开拓创新，破除影响公益事业发展的体制机制障碍，鼓励进行多种形式的探索和实践。
	坚持着眼发展，充分发挥政府主导、社会力量参与和市场机制的作用，实现公益服务提供主体多元化和提供方式多样化。

续表

| | | | 坚持统筹兼顾，充分发挥中央和地方两个积极性，注意与行业体制改革、政府机构改革等相衔接，妥善处理改革发展稳定的关系。 |

四、总体目标

到 2020 年，建立起功能明确、治理完善、运行高效、监管有力的管理体制和运行机制，形成基本服务优先、供给水平适度、布局结构合理、服务公平公正的中国特色公益服务体系。

五、分类改革措施

事业单位分类改革措施	清理规范现有事业单位		对未按规定设立或原承担特定任务已完成的，予以撤销。对布局结构不合理、设置过于分散、工作任务严重不足或职责相同相近的，予以整合。
	划分现有事业单位类别	具体做法	在清理规范基础上，按照社会功能将现有事业单位划分为承担行政职能、从事生产经营活动和从事公益服务三个类别。不同类别的事业单位，实施不同的改革措施。
		三类事业单位的具体措施	对承担行政职能的事业单位，逐步将其行政职能划归行政机构或转为行政机构。
			对从事生产经营活动的事业单位，逐步将其转为企业。今后不再批准设立承担行政职能的事业单位和从事生产经营活动的事业单位。完善过渡政策。为平稳推进转制工作，可给予过渡期，一般为 5 年。
			对从事公益服务的事业单位，继续将其保留在事业单位序列、强化其公益属性。建立健全法人治理结构。面向社会提供公益服务的事业单位，探索建立理事会、董事会、管委会等多种形式的治理结构，健全决策、执行和监督机制，提高运行效率，确保公益目标实现。
	细分从事公益服务的事业单位		根据职责任务、服务对象和资源配置方式等情况，将从事公益服务的事业单位细分为两类：承担义务教育、基础性科研、公共文化、公共卫生及基层的基本医疗服务等基本公益服务，不能或不宜由市场配置资源的，划入公益一类（不能或者不宜由市场配置）；承担高等教育、非营利医疗等公益服务，可部分由市场配置资源的，划入公益二类（不能完全由市场配置）。具体由各地结合实际研究确定。

第二节　事业单位人事制度改革

一、人事制度改革的目标任务

以转换用人机制和搞活用人制度为核心，以健全聘用制度和岗位管理制度为重点，形成权责清晰、分类科学、机制灵活、监管有力，符合事业单位特点和人才成长规律的人事管理制度，实现由固定用人向合同用人转变，由身份管理向岗位管理转变。到 2020 年，形成健全的管理体制、完善的用人机制和完备的政策法规体系。

二、人事制度改革的基本思路

人事制度改革的基本思路	基本思路	脱钩、分类、放权、搞活
	具体思路	逐步取消事业单位的行政级别，不再按行政级别确定事业单位人员的待遇。
		根据社会职能、经费来源的不同和岗位工作性质的不同，建立符合不同类型事业单位特点和不同岗位特点的人事制度，实行分类管理。
		在合理划分政府和事业单位职责权限的基础上，进一步扩大事业单位的人事管理自主权，建立健全事业单位用人制度上的自我约束机制
		贯彻公开、平等、竞争、择优的原则，引入竞争激励机制，通过建立和推行聘用制度，搞活工资分配制度，建立充满生机活力的用人机制。

三、人事制度改革的主要内容

人事制度改革的主要内容	分类推进事业单位人事制度改革	根据事业单位分类实行不同的人事管理制度。
		对从事公益服务事业单位实行分类管理。
		做好事业单位转为行政机构的人员过渡工作。
		做好事业单位转企改制的人事劳动政策衔接工作。
		实施鼓励社会力量兴办公益事业的人事政策。

续表

	全面推行聘用制度。
建立以聘用制为基础的用人制度	改革事业单位领导人员单一的委任制，在选拔任用中引入竞争机制。
	建立符合事业单位性质和工作特点的岗位管理制度。
	建立选人用人实行公开招聘和考试的制度。
	逐步建立固定与流动相结合的用人制度。
建立形式多样、自主灵活的分配激励机制。	
建立多层次、多形式的未聘人员安置制度	
建立符合事业单位特点的宏观管理和人事监督制度。	
加强领导、统筹规划、积极稳妥地推进事业单位人事制度改革工作。	

第三节　事业单位养老保险制度改革

一、事业单位养老保险制度改革的目标

以邓小平理论、"三个代表"重要思想、科学发展观为指导，坚持全覆盖、保基本、多层次、可持续方针，以增强公平性、适应流动性、保证可持续性为重点，改革现行机关事业单位工作人员退休保障制度，逐步建立独立于机关事业单位之外、资金来源多渠道、保障方式多层次、管理服务社会化的养老保险体系。

二、事业单位养老保险制度改革的基本原则

	公平与效率相结合
事业单位养老保险制度改革的基本原则	权利与义务相对应
	保障水平与经济发展水平相适应
	改革前与改革后待遇水平相衔接
	解决突出矛盾与保证可持续发展相促进

三、事业单位养老保险制度改革的主要内容

事业单位养老保险制度改革的主要内容	实行社会统筹与个人账户相结合的基本养老保险制度	(1) 基本养老保险费由单位和个人共同负担。单位缴纳基本养老保险费的比例为本单位工资总额的20%，个人缴纳基本养老保险费的比例为本人缴费工资的8%，由单位代扣。按本人缴费工资8%的数额建立基本养老保险个人账户，全部由个人缴费形成。
		(2) 个人账户储存额只用于工作人员养老，不得提前支取。每年按照国家统一公布的记账利率计算利息，免征利息税。参保人员死亡的，个人账户余额可以依法继承。
	改革基本养老金计发办法	参加工作、个人缴费年限累计满15年的人员，退休后按月发给基本养老金。基本养老金由基础养老金和个人账户养老金组成。退休时的基础养老金月标准以当地上年度在岗职工月平均工资和本人指数化月平均缴费工资的平均值为基数，缴费每满1年发给1%。个人账户养老金月标准为个人账户储存额除以计发月数，计发月数根据本人退休时城镇人口平均预期寿命、本人退休年龄、利息等因素确定。
	建立职业年金制度	单位按本单位工资总额的8%缴费，个人按本人缴费工资的4%缴费。
	建立基本养老金正常调整机制。	
	加强基金管理和监督。	
	做好养老保险关系转移接续工作。	
	建立健全确保养老金发放的筹资机制。	
	逐步实行社会化管理服务。	
	提高社会保险经办管理水平。	

第三章　事业单位人事管理制度

第一节　事业单位人事管理条例

一、条例概述

中华人民共和国国务院令第 652 号文件《事业单位人事管理条例》于 2014 年 2 月 26 日国务院第 40 次常务会议通过，自 2014 年 7 月 1 日起施行。

二、人事管理的原则、方针及管理方式

人事管理的原则	基本原则	党管干部、党管人才
	管理方针	民主、公开、竞争、择优
	管理方式	国家对事业单位工作人员实行分级分类管理

三、人事管理工作主体

人事管理工作主体	中央事业单位人事综合管理部门	负责全国事业单位人事综合管理工作。
	县级以上地方各级事业单位人事综合管理部门	负责本辖区事业单位人事综合管理工作。
	事业单位主管部门	具体负责所属事业单位人事管理工作。
	事业单位	建立健全人事管理制度，事业单位制定或者修改人事管理制度，应当通过职工代表大会或者其他形式听取工作人员意见。

四、岗位设置

事业单位 岗位设置 的要求	国家建立事业单位岗位管理制度，明确岗位类别和等级。
	事业单位根据职责任务和工作需要，按照国家有关规定设置岗位。岗位应当具有明确的名称、职责任务、工作标准和任职条件。
	事业单位拟订岗位设置方案，应当报人事综合管理部门备案。

五、公开招聘和竞聘上岗

事业单位 公开招聘 和竞聘上 岗的要求	事业单位新聘用工作人员，应当面向社会公开招聘。但是，国家政策性安置、按照人事管理权限由上级任命、涉密岗位等人员除外。	
	事业单位公 开招聘工作 人员的程序	（1）制定公开招聘方案。
		（2）公布招聘岗位、资格条件等招聘信息。
		（3）审查应聘人员资格条件。
		（4）考试、考察。
		（5）体检。
		（6）公示拟聘人员名单。
		（7）订立聘用合同，办理聘用手续。
	事业单位内 部产生岗位 人选，需要 竞聘上岗的 程序	（1）制定竞聘上岗方案。
		（2）在本单位公布竞聘岗位、资格条件、聘期等信息。
		（3）审查竞聘人员资格条件。
		（4）考评。
		（5）在本单位公示拟聘人员名单。
		（6）办理聘任手续。
	事业单位工作人员可以按照国家有关规定进行交流。	

六、聘用合同

事业单位 岗位设置 的要求	事业单位与工作人员订立的聘用合同，期限一般不低于 3 年。
	初次就业的工作人员与事业单位订立的聘用合同期限 3 年以上的，试用期为 12 个月。

续表

事业单位工作人员在本单位连续工作满 10 年且距法定退休年龄不足 10 年，提出订立聘用至退休的合同的，事业单位应当与其订立聘用至退休的合同。	
事业单位工作人员连续旷工超过 15 个工作日，或者 1 年内累计旷工超过 30 个工作日的，事业单位可以解除聘用合同。	
事业单位工作人员年度考核不合格且不同意调整工作岗位，或者连续 2 年年度考核不合格的，事业单位提前 30 日书面通知，可以解除聘用合同。	
事业单位工作人员提前 30 日书面通知事业单位，可以解除聘用合同。但是，双方对解除聘用合同另有约定的除外。	
事业单位工作人员受到开除处分的，解除聘用合同。	
自聘用合同依法解除、终止之日起，事业单位与被解除、终止聘用合同人员的人事关系终止。	

七、考核和培训

事业单位考核和培训的要求	考核内容	事业单位应当根据聘用合同规定的岗位职责任务，全面考核工作人员的表现，重点考核工作绩效。考核应当听取服务对象的意见和评价。
	考核方式	考核分为平时考核、年度考核和聘期考核。
	考核结果	年度考核的结果可以分为优秀、合格、基本合格和不合格等档次，聘期考核的结果可以分为合格和不合格等档次。
	考核结果的应用	考核结果作为调整事业单位工作人员岗位、工资以及续订聘用合同的依据。
	培训要求	事业单位应当根据不同岗位的要求，编制工作人员培训计划，对工作人员进行分级分类培训。工作人员应当按照所在单位的要求，参加岗前培训、在岗培训、转岗培训和为完成特定任务的专项培训。
		培训经费按照国家有关规定列支。

八、奖励和处分

(一) 奖励

奖励	给予奖励的情形	(1) 长期服务基层，爱岗敬业，表现突出的。
		(2) 在执行国家重要任务、应对重大突发事件中表现突出的。
		(3) 在工作中有重大发明创造、技术革新的。
		(4) 在培养人才、传播先进文化中作出突出贡献的。
		(5) 有其他突出贡献的。
	原则	奖励坚持精神奖励与物质奖励相结合、以精神奖励为主的原则。
	奖励的种类	嘉奖。
		记功。
		记大功。
		授予荣誉称号。

(二) 处分

处分	给予处分的情形	(1) 损害国家声誉和利益的。
		(2) 失职渎职的。
		(3) 利用工作之便谋取不正当利益的。
		(4) 挥霍、浪费国家资财的。
		(5) 严重违反职业道德、社会公德的。
		(6) 其他严重违反纪律的。
	处分的种类	警告，6个月。
		记过，12个月。
		降低岗位等级或者撤职，24个月。
		开除。
	作出处分的其他要求	给予工作人员处分，应当事实清楚、证据确凿、定性准确、处理恰当、程序合法、手续完备。
		工作人员受开除以外的处分，在受处分期间没有再发生违纪行为的，处分期满后，由处分决定单位解除处分并以书面形式通知本人。

九、工资福利和社会保险

事业单位的工资福利和社会保险	工资机制	国家建立激励与约束相结合的事业单位工资制度。	
		国家建立事业单位工作人员工资的正常增长机制。事业单位工作人员的工资水平应当与国民经济发展相协调、与社会进步相适应。	
	工资种类	基本工资（岗位工资和薪级工资）。	
		绩效工资。	
		津贴补贴（艰苦边远地区津贴和特殊岗位津贴补贴）。	
	工资分配	事业单位工资分配应当结合不同行业事业单位特点，体现岗位职责、工作业绩、实际贡献等。	
	福利待遇	事业单位工作人员享受国家规定的福利待遇。事业单位执行国家规定的工时制度和休假制度。	
	社会保险	事业单位及其工作人员依法参加社会保险，工作人员依法享受社会保险待遇。	
		事业单位工作人员符合国家规定退休条件的，应当退休。	

十、人事争议处理

人事争议处理的要求	事业单位工作人员与所在单位发生人事争议的，依照《劳动争议调解仲裁法》等有关规定处理。	
	事业单位工作人员对涉及本人的考核结果、处分决定等不服的，可以按照国家有关规定申请复核、提出申诉。	
	负有事业单位聘用、考核、奖励、处分、人事争议处理等职责的人员履行职责，应当回避的情形	（1）与本人有利害关系的。
		（2）与本人近亲属有利害关系的。
		（3）其他可能影响公正履行职责的。
	对事业单位人事管理工作中的违法违纪行为，任何单位或者个人可以向事业单位人事综合管理部门、主管部门或者监察机关投诉、举报，有关部门和机关应当及时调查处理。	

十一、法律责任

事业单位人事管理的法律责任	事业单位违反本条例规定的，由县级以上事业单位人事综合管理部门或者主管部门责令限期改正；逾期不改正的，对直接负责的主管人员和其他直接责任人员依法给予处分。
	对事业单位工作人员的人事处理违反本条例规定给当事人造成名誉损害的，应当赔礼道歉、恢复名誉、消除影响；造成经济损失的，依法给予赔偿。
	事业单位人事综合管理部门和主管部门的工作人员在事业单位人事管理工作中滥用职权、玩忽职守、徇私舞弊的，依法给予处分；构成犯罪的，依法追究刑事责任。

第二节 事业单位聘用制度

一、聘用制度的基本原则

事业单位人事管理的法律责任	建立和推行事业单位人员聘用制度，要贯彻党的干部路线，坚持党管干部原则。
	坚持尊重知识、尊重人才的方针，树立人才资源是第一资源的观念。
	坚持平等自愿、协商一致的原则。
	坚持公开、平等、竞争、择优的原则。
	坚持走群众路线、保证职工的参与权、知情权和监督权。

二、聘用合同

（一）订立聘用合同的要求

事业单位与职工应当按照国家有关法律、政策和本意见的要求，在平等自愿、协商一致的基础上，通过签订聘用合同，明确聘用单位和受聘人员与工作有关的权利和义务。

聘用合同是聘用单位与受聘人员确立具有人事关系性质的聘用关系，明确双方的权利和义务的协议。建立聘用关系应当订立聘用合同，订立聘用合同是实行聘用制度的基础。

在签订聘用合同之前，对拟聘人员应在适当范围进行公示，公示期一般
为 7 日至 15 日。

（二）聘用合同应当具备的条款

聘用合同应当 具备的条款	聘用合同期限。
	聘用岗位及其职责要求。
	劳动保护和工作条件。
	工作报酬。
	保险福利待遇。
	工作纪律。
	聘用合同变更、终止、续订、解除的条件。
	违反聘用合同的责任。
	当事人双方可以协商约定的其他内容。

（三）聘用合同的期限

聘用合同 的期限	短期合同	3 年（含）以下的合同为短期合同，对流动性强、技术含量低的岗位一般签订短期合同。
	中期合同	3 年（不含）以上的合同为中期合同。
	长期合同	至职工退休的合同为长期合同。
	项目合同	以完成一定工作为期限的合同为项目合同。

备注：合同期限最长不得超过应聘人员达到国家规定的退休年龄的年限。

（四）聘用合同的订立

1. 聘用合同的订立主体

聘用合同由聘用单位的法定代表人或者其委托代理人与受聘人员以书面
形式订立。按照国家规定并履行审批手续聘用的未满 16 周岁的未成年人，由
其法定监护人代为订立聘用合同。

2. 聘用合同的订立原则和依据

聘用合同应当依法订立，坚持平等自愿、协商一致的原则，不得违反法
律、法规、规章和政策的规定。事业单位为了规范工作程序，严肃工作纪律，

维护工作秩序，提高工作效率，在不违背国家和省有关法律、法规、规章和政策规定的前提下，制定的规章制度，经职工大会或者职工代表大会审议通过后，可以作为签订和履行聘用合同的依据。

3. 聘用合同订立的时间

事业单位与新聘用人员应在自新聘人员到事业单位报到之日起 1 个月内签订聘用合同。

4. 无效合同的情形

无效合同的情形	违反法律、法规、规章和政策规定的。
	采取欺诈、胁迫等不正当手段订立的。
	程序不合法、手续不齐全、权利义务显失公平的。
	未经本人书面委托，由他人代签，本人提出异议的。

备注：聘用合同部分无效，无效部分不影响其余部分的效力。无效聘用合同由有管辖权的人事争议仲裁委员会认定。

（五）聘用合同的变更

聘用合同依法订立后，任何一方不得擅自变更聘用合同内容。确需变更时，双方应当协商一致，并按照规定程序变更聘用合同。双方未达成一致意见或者未按照规定程序变更聘用合同的，原聘用合同继续有效。聘用单位法定代表人变更后，原聘用合同效力不变，由新的法定代表人继续履行。

聘用合同变更的情形	由于不可抗拒的因素致使聘用合同无法完全履行的。
	聘用合同订立时所依据的法律、法规、规章和政策已修改的。
	法律、法规、规章和政策规定的其他情形。

（六）聘用合同的终止

聘用合同终止的情形	聘用合同期满，或者当事人双方约定的聘用合同终止条件出现的。
	受聘人员达到法定退休年龄的（国家另有规定的除外）。
	按照有关规定提前退休或者退职的。

续表

	受聘人员死亡或者被有关机关宣告死亡的。
	聘用单位被撤销的。

（七）聘用合同的解除

聘用合同可以由聘用单位或者受聘人员单方依法解除，也可以双方协商解除。

1. 聘用合同自行解除的情形

受聘人员在聘期内被开除、被判处有期徒刑以上刑罚收监执行的，聘用合同自行解除。

2. 聘用单位解除聘用合同的情形

（1）聘用单位可以随时单方解除聘用合同的情形

聘用单位可以随时单方解除聘用合同的情形	被人民法院判处拘役、有期徒刑缓刑的。
	在试用期内被证明不符合聘用条件的。
	连续旷工超过 10 个工作日，或者 1 年内累计旷工超过 20 个工作日的。
	未经聘用单位同意，擅自出国（境）的，或者出国（境）后未经聘用单位同意逾期不归的。
	严重违反工作纪律或者聘用单位规章制度的。
	严重失职、徇私舞弊，对聘用单位利益造成重大损害的。

（2）聘用单位可以解除聘用合同，但应提前 30 日以书面形式通知被解聘人员的情形

聘用单位可以解除聘用合同，但应提前 30 日以书面形式通知被解聘人员的情形	患病或者非因公（工）负伤，医疗期满后，不能从事原工作，也不能从事由聘用单位安排的其他适当工作的。
	不能胜任工作，经过培训或者调整工作岗位，仍不能胜任工作的。
	聘用合同订立时所依据的客观情况发生重大变化，致使原聘用合同无法履行，经当事人双方协商不能就变更聘用合同达成协议的。
	聘用单位由于体制改革、机构改革、濒临破产进行法定整顿期间或者事业发展遇到严重困难，确需裁减人员的。
	事业单位工作人员年度考核不合格且不同意调整工作岗位，或者连续 2 年年度考核不合格的。

（3）聘用单位不能解除聘用合同的情形

聘用单位不能解除聘用合同的情形	患职业病或者因公（工）负伤并被确认丧失或者部分丧失劳动能力的。
	患现有医疗条件下难以治愈的严重疾病或者精神病的。
	患病或者非因公（工）负伤，在医疗期内的。
	女职工在孕期、产期、哺乳期内的。
	自接收之日起，聘用单位接收聘用的军队转业干部在 3 年内及内调干部、复员、退伍军人在 2 年内的。
	正在接受审查尚未做出结论或者结案的。
	法律、法规、规章和政策规定的其他情形。

（4）受聘人员解除聘用合同的情形

受聘人员可以随时告知聘用单位解除聘用合同	情形	在试用期内的。
		聘用单位以暴力、威胁或者非法限制人身自由的手段强迫工作的。
		聘用单位未按照有关法律、法规、规章和政策规定履行聘用合同的。
		被录用或者选调到国家机关工作的。
		考入教育机构接受高等学历、中等职业学历教育的。
		依法服兵役的。
	备注	受聘人员依据上述解除聘用合同的，聘用单位应当在接到受聘人员的书面通知后 30 日内予以答复。超过 30 日，聘用合同自行解除。
其他情形		除上述情形外，事业单位工作人员想要解除劳动合同，提前 30 日书面通知事业单位，双方协商一致后，可以解除聘用合同。但受聘人员提出解除聘用合同未能与聘用单位协商一致的，受聘人员应当坚持正常工作，继续履行聘用合同；6 个月后再次提出解除聘用合同仍未能与聘用单位协商一致的，即可单方面解除聘用合同。

第三节　事业单位岗位管理制度

一、岗位的概念

事业单位的岗位是指事业单位根据其社会功能、职责任务和工作需要设置的工作岗位，应具有明确的岗位名称、职责任务、工作标准和任职条件。

二、岗位设置的宏观要求

岗位设置的宏观要求	岗位设置的原则	事业单位要按照科学合理、精简效能的原则进行岗位设置，坚持按需设岗、竞聘上岗、按岗聘用、合同管理。
	岗位设置的管理要求	国家对事业单位岗位设置实行宏观调控，分类指导，分级管理。国家确定事业单位通用的岗位类别和等级，根据事业单位的功能、规格、规模以及隶属关系等情况，对岗位实行总量、结构比例和最高等级控制。
	岗位设置的管理主体	政府人事行政部门是事业单位岗位设置管理的综合管理部门，负责事业单位岗位设置的政策指导、宏观调控和监督管理。事业单位主管部门负责所属事业单位岗位设置的工作指导、组织实施和监督管理。人事部会同有关行业主管部门制定有关行业事业单位岗位设置管理的指导意见。
	事业单位岗位设置的权限	事业单位根据岗位设置的政策规定，按照核准的岗位总量、结构比例和最高等级，自主设置本单位的具体工作岗位。

三、岗位的类别与等级

（一）管理岗

管理岗	含义	管理岗位指担负领导职责或管理任务的工作岗位。	
	等级	部级（正副部）	一级、二级
		厅级（正副厅）	三级、四级
		处级（正副处）	五级、六级
		科级（正副科）	七级、八级

续表

	科员	九级
	办事员	十级

（二）专业技术岗

	含义	专业技术岗位是指从事专业技术工作，具有相应专业技术水平和能力要求的工作岗位。专业技术岗位的设置要符合民政工作和人才成长的规律和特点，适应发展民政服务事业与提高专业水平的需要。	
专业技术岗	等级	高级岗（一级至四级正高、五级至七级副高）	一级至级七级
		中级岗	八级至级十级
		初级岗（十三级是员级岗位）	十一级至十三级

（三）工勤技能岗

	含义	工勤技能岗位是指从事简单体力工作或一般技术工种的岗位。包括技术工岗位和普通工岗位。	
工勤技能岗	等级	技术工岗位 高级技师	一级
		技师	二级
		高级工	三级
		中级工	四级
		初级工	五级
		普通工岗位	不分等级
	备注	鼓励事业单位后勤服务社会化，已经实现社会化服务的一般性劳务工作，不再设置相应的工勤技能岗位。	

四、三类岗位的结构比例

事业单位三类岗位结构比例的控制标准	事业单位三类岗位的结构比例由政府人事行政部门和事业单位主管部门确定。
	主要以专业技术提供社会公益服务的事业单位，应保证专业技术岗位占主体，一般不低于单位岗位总量的70%。

	主要承担社会事务管理职责的事业单位，应保证管理岗位占主体，一般应占单位岗位总量的一半以上。
	主要承担技能操作维护、服务保障等职责的事业单位，应保证工勤技能岗位占主体，一般应占单位岗位总量的一半以上。
	事业单位主体岗位之外的其他两类岗位，应该保持相对合理的结构比例。

五、管理岗位的年限规定

	三级职员	须在四级职员岗位上任职满 2 年
管理岗位的基本任职年限规定	四级职员	须在五级职员岗位上任职满 3 年
	五级职员	须在六级职员岗位上任职满 2 年
	六级职员	须在七级职员岗位上任职满 3 年
	七级职员	须在八级职员岗位上任职满 3 年
	八级职员	须在九级职员岗位上任职满 3 年

六、可以申请设置特设岗位的情形

事业单位根据事业发展和工作需要，经批准，可以设置特设岗位，主要用于聘用急需的高层次人才等特殊需要。特设岗位是事业单位中的非常设岗位，不受事业单位岗位总量、最高等级和结构比例限制，在完成工作任务或者特殊情况消失后，按照岗位核准权限予以核销。

第四节　事业单位公开招聘制度

一、事业单位公开招聘的范围

事业单位新聘用工作人员，除国家政策性安置、按照人事管理权限由上级任命、涉密岗位等人员应当面向社会公开招聘。

二、公开招聘的原则和主要方式

事业单位招聘工作人员，应当坚持德才兼备的用人标准，按照公开、平

等、竞争、择优的原则，采取考试、考核的方法进行。公开招聘要做到信息公开、过程公开、结果公开。

事业单位可以采取直接考核的方式招聘的人员	具有研究生学历或者硕士及以上学位的人员。
	具有中级及以上专业技术职称的人员。
	具有技师及以上工人技术职务的人员。
	按照单位经费来源平行流动和顺向流动的人员。

三、公开招聘工作的管理主体

政府人事行政部门是政府所属事业单位进行公开招聘工作的主管机关。政府人事行政部门与事业单位的上级主管部门负责对事业单位公开招聘工作进行指导、监督和管理。

四、应聘人员应具备的学历条件

应聘人员应当具备的学历条件	管理岗位	四级以上职员	大学本科以上学历
		六级以上职员	大学专科以上学历
		一般	中专（中技、高中）以上学历
		新招聘管理人员	大专以上学历
		民族自治区域的事业单位和乡镇事业单位新聘管理人员	学历要求可以放宽到中专（中技、高中）学历
	专业技术岗位	大专及以上学历	民族自治区域的事业单位和乡镇事业单位招聘工作人员，对应聘人员的学历要求可以适当放宽
	工勤技能岗位	中专、中技或者高中及以上学历	

五、事业单位公开招聘的回避制度

事业单位公开招聘人员实行回避制度。事业单位聘用管理人员，应当实行任职回避制度。凡与聘用单位负责人员有夫妻关系、直系血亲关系、三代以内旁系血亲或者近姻亲关系的应聘人员，不得应聘该单位负责人员的秘书或者人事、财务、纪律检查岗位，以及有直接上下级领导关系的岗位。聘用工作组织成员在办理人员聘用事项时，遇有与自己有上述亲属关系的，也应当回避。

第五节　事业单位考核制度

一、事业单位考核的含义

事业单位考核的含义	广义	广义的考核分为平时考核、年度考核和聘期考核。
	狭义	狭义的考核，专指对事业单位工作人员年度性、规范化的考察和审核，即事业单位工作人员的年度考核制度。

二、事业单位考核的原则

事业单位考核的原则	客观公正
	民主公开
	注重实绩

三、事业单位考核的方法

事业单位考核的原则	领导与群众相结合
	平时与定期相结合
	定性与定量相结合

四、事业单位考核标准的基本依据

考核标准应以岗位职责及年度工作任务为基本依据，具体标准在政府人事部门与主管部门的指导下由各单位根据实际情况自行制定。

考核标准应明确具体，不同专业和不同职务、不同技术层次的工作人员在业务水平和工作业绩方面应有不同的要求。

五、事业单位年度考核的基本程序

事业单位年度考核的基本程序	被考核人个人总结、述职。
	主管领导人在听取群众意见的基础上，根据平时考核和个人总结写出评语，提出考核等次意见。
	考核组织对主管领导人提出的考核意见，进行审核。
	事业单位负责人确定考核等次。
	将考核结果以书面形式通知被考核人。

六、事业单位考核的内容

事业单位考核的内容	德	主要考核政治、思想表现和职业道德表现；爱岗敬业、尽职尽责、无保留协作。
	能	主要考核业务技术水平、管理能力的运用发挥，业务技术提高、知识更新情况。
	勤	主要考核工作态度、勤奋敬业精神和遵守劳动纪律情况。
	绩（重点）	主要考核履行职责情况、完成工作任务的数量、质量、效率，取得成果的水平以及社会效益和经济效益；以功绩作为考核、评价的标准，有利于对人员进行客观、实事求是的评价，有利于激发人们努力工作，提高工作效率，有利于强化训练人员的竞争机制，克服平均主义、论资排辈的弊端。

七、事业单位考核的结果及应用

事业单位考核的结果及应用	结果	年度考核的结果	优秀
			合格
			基本合格
			不合格
		聘期考核的结果	合格
			不合格

	特殊情况的处理	对德、能、勤、绩表现较差,在年度考核中难以确定等次的人员,可先予以告诫,期限为 3 个月至 6 个月。告诫期满有明显改进的,可定为合格等次;仍表现不好的,定为不合格等次。
	应用	考核结果作为调整事业单位工作人员岗位、工资以及续订聘用合同的依据。

第六节　事业单位处分规定

一、事业单位处分的原则

事业单位处分的原则	给予事业单位工作人员处分,应当坚持公正、公平和教育与惩处相结合的原则。
	应当与其违法违纪行为的性质、情节、危害程度相适应。
	应当事实清楚、证据确凿、定性准确、处理恰当、程序合法、手续完备。

二、事业单位处分的种类及时限

事业单位处分的种类及时限	警告	6 个月
	记过	12 个月
	降低岗位等级或撤职	24 个月
	开除	/

三、两个以上处分的执行方式

事业单位给予两个以上处分的执行方式	事业单位工作人员同时有两种以上需要给予处分的行为的,应当分别确定其处分。
	应当给予的处分种类不同的,执行其中最重的处分。
	应当给予开除以外多个相同种类处分的,执行该处分,但处分期应当按照一个处分期以上、两个处分期之和以下确定。
	事业单位工作人员在受处分期间受到新的处分的,其处分期为原处分期尚未执行的期限与新处分期限之和,但是最长不得超过 48 个月。

四、事业单位处分的使用

事业单位处分的使用	处分决定自做出之日起生效。
	事业单位工作人员受到警告处分的,在受处分期间,不得聘用到高于现聘岗位等级的岗位;在做出处分决定的当年,年度考核不得确定为优秀等次。
	事业单位工作人员受到记过处分的,在受处分期间,不得聘用到高于现聘岗位等级的岗位,年度考核不得确定为合格及以上等次。
	事业单位工作人员受到降低岗位等级处分的,自处分决定生效之日起降低岗位等级聘用,按照事业单位收入分配有关规定确定其工资待遇;在受处分期间,不能聘用到高于受处分后所聘岗位等级的岗位,年度考核不得确定为基本合格及以上等次。
	事业单位工作人员受到开除处分的,自处分决定生效之日起,终止其与事业单位的人事关系。
	事业单位工作人员两人以上共同违法违纪,需要给予处分的,按照各自应当承担的责任,分别给予相应的处分。

五、事业单位处分从重或从轻的情形

(一)从重的情形

事业单位从重处分的情形	在两人以上的共同违法违纪行为中起主要作用的。
	隐匿、伪造、销毁证据的。
	串供或者阻止他人揭发检举、提供证据材料的。
	包庇同案人员的。
	法律、法规、规章规定的其他从重情节。

(二)从轻的情形

事业单位从轻处分的情形	主动交代违法违纪行为的。
	主动采取措施,有效避免或者挽回损失的。
	检举他人重大违法违纪行为,情况属实的。

（三）减轻处分或者免于处分的情形

事业单位减轻处分或者免于处分的情形	事业单位工作人员主动交代违法违纪行为，并主动采取措施有效避免或者挽回损失的，应当减轻处分或者免予处分。
	事业单位工作人员违法违纪行为情节轻微，经过批评教育后改正的，可以免予处分。
	应当给予警告处分，又有减轻处分的情形的，免予处分。
	已经退休的事业单位工作人员有违法违纪行为应当受到处分的，不再作出处分决定。

（四）刑罚与处分的关系

事业单位工作人员被依法判处刑罚的，给予降低岗位等级或者撤职以上处分。其中，被依法判处有期徒刑以上刑罚的，给予开除处分。行政机关任命的事业单位工作人员，被依法判处刑罚的，给予开除处分。

六、事业单位处分的权限

事业单位处分的权限	警告、记过、降低岗位等级或者撤职处分，按照干部人事管理权限，由事业单位或者事业单位主管部门决定。其中，由事业单位决定的，应当报事业单位主管部门备案。
	开除处分由事业单位主管部门决定，并报同级事业单位人事综合管理部门备案。
	对中央和地方直属事业单位工作人员的处分，按照干部人事管理权限，由本单位或者有关部门决定；其中，由本单位做出开除处分决定的，报同级事业单位人事综合管理部门备案。

七、事业单位处分的程序

事业单位处分的程序	对事业单位工作人员违法违纪行为初步调查后，需要进一步查证的，应当按照干部人事管理权限，经事业单位负责人批准或者有关部门同意后立案。
	对被调查的事业单位工作人员的违法违纪行为作进一步调查，收集、查证有关证据材料，并形成书面调查报告。

续表

	将调查认定的事实及拟给予处分的依据告知被调查的事业单位工作人员。听取其陈述和申辩，并对其所提出的事实、理由和证据进行复核，记录在案。被调查的事业单位工作人员提出的事实、理由和证据成立的，应予采信。
	按照处分决定权限，作出对该事业单位工作人员给予处分、免予处分或者撤销案件的决定。
	处分决定单位印发处分决定。
	将处分决定以书面形式通知受处分事业单位工作人员本人和有关单位，并在一定范围内宣布。
	将处分决定存入受处分事业单位工作人员的档案。

八、事业单位处分的回避制度

参与事业单位工作人员违法违纪案件调查、处理的人员有下列情形之一的，应当提出回避申请；被调查的事业单位工作人员以及与案件有利害关系的公民、法人或者其他组织有权要求其回避。

回避的情形	与被调查的事业单位工作人员有夫妻关系、直系血亲、三代以内旁系血亲关系或者近姻亲关系的。
	与被调查的案件有利害关系的。
	与被调查的事业单位工作人员有其他关系，可能影响案件公正处理的。

九、事业单位处分决定作出的时间要求

给予事业单位工作人员处分，应当自批准立案之日起 6 个月内作出决定；案情复杂或者遇有其他特殊情形的可以延长，但是办案期限最长不得超过 12 个月。

十、事业单位处分决定应当包括的内容

事业单位处分决定应当包括的内容	受处分事业单位工作人员的姓名、工作单位、原所聘岗位（所任职务）名称及等级等基本情况。
	经查证的违法违纪事实。
	处分的种类、受处分的期间和依据。

续表

	不服处分决定的申诉途径和期限。
	处分决定单位的名称、印章和作出决定的日期。

十一、事业单位处分的解除

事业单位处分的解除	事业单位工作人员受开除以外的处分，在受处分期间有悔改表现，并且没有再出现违法违纪情形的，处分期满，经原处分决定单位批准后解除处分。
	事业单位工作人员在受处分期间终止或解除聘用合同的，处分期满后，自然解除处分。受处分事业单位工作人员要求原处分决定单位提供解除处分相关证明的，原处分决定单位应当予以提供。
	事业单位工作人员在受处分期间有重大立功表现，按照有关规定给予个人记功以上奖励的，经批准后可以提前解除处分。
	处分解除后，考核、竞聘上岗和晋升工资按照国家有关规定执行，不再受原处分的影响。但是，受到降低岗位等级或者撤职处分的，不视为恢复受处分前的岗位等级和工资待遇。
	解除处分的决定应当在处分期满后 1 个月内作出。

十二、事业单位处分的复核和申诉

事业单位处分的复核和申诉	受到处分的事业单位工作人员对处分决定不服的，可以自知道或者应当知道该处分决定之日起 30 日内向原处分决定单位申请复核。对复核结果不服的，可以自接到复核决定之日起 30 日内，按照规定向原处分决定单位的主管部门或者同级事业单位人事综合管理部门提出申诉。
	原处分决定单位应当自接到复核申请后的 30 日内作出复核决定。受理申诉的单位应当自受理之日起 60 日内作出处理决定；案情复杂的，可以适当延长，但是延长期限最多不超过 30 日。
	复核、申诉期间不停止处分的执行。
	事业单位工作人员不因提出复核、申诉而被加重处分。

第四章　事业单位人事争议处理

一、人事争议的概念

事业单位人事争议是指事业单位的人事关系双方当事人因实现人事权利和履行人事义务而发生的纠纷。

二、人事争议处理的原则

处理人事争议，应当注重调解，遵循合法、公正、及时、着重调解的原则，以事实为依据，以法律为准绳。

三、人事争议处理的程序及受理主体

	程序	受理主体
人事争议处理的程序及受理主体	人事争议协商	与本事业单位
	人事争议调解	上级主管部门
	人事争议仲裁	人事争议仲裁委员会
	人事争议诉讼	人民法院

（一）人事争议协商

人事争议协商，是指事业单位和职工因客观人事权利和履行人事义务发生争议后，当事人双方就解决争议，化解矛盾，协调人事关系共同进行商谈，达成和解协议的行为。经过协商所达成的协议体现了双方当事人的共同意志，应当自觉履行。

（二）人事争议调解

1. 人事争议调解的含义

人事争议调解，是指人事争议调解组织，根据法律法规和政策规定，对申请仲裁的人事争议案件，在查明事实、分清责任的基础上，促使双方当事人互识互谅，达成协议，从而有效解决争议的活动。

2. 人事争议调解的原则

人事争议调解原则	自愿原则	当事人自愿申请调解
		当事人自愿达成协议
		当事人自愿履行协议
	合法、合情、合理原则	
	尊重当事人申请仲裁和诉讼权利的原则	

（三）人事争议仲裁

1. 受案范围

根据《人事争议处理暂行规定》，人事争议仲裁处理事业单位人事争议的受案范围主要是：事业单位与职工之间因辞职、辞退、履行合同发生的争议。

2. 特点

人事争议仲裁的特点	单方申请，双方地位平等
	机构独立，一级仲裁
	先行调解，及时裁决
	性质特殊

3. 人事争议仲裁的原则

人事争议仲裁的原则	仲裁机构独立办案的原则
	合议之上的少数服从多数原则
	实施仲裁庭制度（仲裁庭是人事争议仲裁委员会处理人事争议案件的基本形式。仲裁庭可以由 3 名仲裁员或 1 名仲裁员组成。由 3 名仲裁员组成的，设首席仲裁员）
	回避原则

4. 人事争议仲裁的申请条件

人事争议仲裁的申请条件	一是仲裁申请人应当是与本案有直接利害关系的当事人。
	二是有明确的被申请人、具体的仲裁请求和事实依据。
	三是属于该仲裁委员会管辖。

5. 人事争议仲裁程序及时效

人事争议仲裁程序及时效	当事人应当在争议发生之日起或者从知道、应当知道合法权益被侵害之日起1年内，以书面形式向仲裁委员会申请仲裁。当事人因不可抗力或者有其他正当理由超过申请仲裁时效，经仲裁委员会确定应当受理。
	当事人申请仲裁，应按被申请人人数提交申请书副本。
	仲裁委员会收到仲裁申请书后，应当在5日内作出受理或者不予受理的决定。
	仲裁委员会作出的受理或者不予受理决定，应当书面通知当事人。决定不予受理的，应说明不予受理的理由；决定受理的，应当在5日内将仲裁申请书副本送达被申请人。
	被申请人应当在收到仲裁申请书副本之日起10日内提交答辩书和有关证据。
	仲裁庭处理人事争议应先行调解（调解前置）。调解达成协议的，仲裁庭应当根据协议内容制作调解书。调解书自送达当事人之日起生效。调解未达成协议或调解书送达前当事人反悔的，仲裁庭应当及时进行仲裁。
	仲裁委员会处理人事争议，决定开庭处理的，应当于开庭前5日内将开庭时间、地点等书面通知双方当事人。当事人有正当理由的，可以在开庭3日前请求延期开庭。是否延期，由仲裁委员会根据实际情况决定。
	申请人收到书面开庭通知，无正当理由拒不到庭或者未经仲裁庭同意中途退庭的，可以按撤回仲裁申请处理；申请人重新申请仲裁的，仲裁委员会不予受理。被申请人收到书面开庭通知，无正当理由拒不到庭或者未经仲裁庭同意中途退庭的，仲裁庭可以继续开庭审理，并缺席裁决。
	裁决书应当写明仲裁请求、争议事实、裁决理由、裁决结果、当事人权利和裁决日期。裁决书由仲裁员签名并加盖仲裁委员会的印章。对裁决持不同意见的仲裁员，可以签名，也可以不签名。
	仲裁庭处理人事争议案件，应当自仲裁委员会受理仲裁申请之日起45日内结案。案情复杂需要延期的，经仲裁委员会主任或其委托的仲裁院负责人书面批准，可以适当延期，但是延长的期限不得超过15日。

（四）人事争议诉讼

1. 人事争议诉讼的概念

人事争议诉讼是人事争议当事人不服仲裁裁决寻求司法救助，从而保护其合法权益的法律制度。具体讲，就是指人民法院依法对人事争议案件进行审理和判决的司法活动，包括人事争议案件的起诉、受理、调查取证、审判和执行等一系列诉讼程序。

2. 人事争议诉讼的特点

人事争议诉讼属于民事诉讼的范围。与其他民事诉讼活动相比，人事争议诉讼有如下特点：

	人事争议仲裁是人事争议诉讼的前置程序。
人事争议仲裁的特点	人事争议诉讼的当事人是事业单位和职工。
	人事争议诉讼的标的主要是人事权益。